अपनी साहित्यिक पृष्ठभूमि के लिए काल्पनिक शहर मालगुडी के रचयिता आर. के. नारायण की गिनती भारत के श्रेष्ठ लेखकों में की जाती है। वे शब्दों के जादूगर थे जो अपने शब्दों के मायाजाल और जीवन्त चित्रण से पाठकों का मन मोह लेते थे। कहानी का विषय कैसा भी हो, पात्र कितना भी क्रूर क्यों न हो, परिस्थिति कितनी भी विकट क्यों न हो, लेकिन उनकी शालीन कलम हर स्थिति को मानवीय नज़रिये से पेश करती है। कलम की उसी शालीनता का जादू उनकी आत्मकथा *मेरी जीवन गाथा* के पन्नों में उजागर होता है जो कभी पाठकों को गुदगुदाता है तो कभी अचम्भित करता है। आर. के. नारायण को उनके साहित्यिक योगदान के लिए उनके जीवन-काल में 'साहित्य अकादमी पुरस्कार', 'पद्मभूषण' और 'पद्मविभूषण' से सम्मानित किया गया था।

मेरी जीवन गाथा

आर. के. नारायण

अनुवाद
महेन्द्र कुलश्रेष्ठ

ISBN : 9789350643785

प्रथम संस्करण : 2016

© आर. के. नारायण के कानूनी उत्तराधिकारी

हिन्दी अनुवाद © राजपाल एण्ड सन्ज़

MERI JEEVAN GATHA (Autobiography) by R. K. Narayan

(Hindi edition of *My Days* published by Indian Thought Publications)

राजपाल एण्ड सन्ज़

1590, मदरसा रोड, कश्मीरी गेट-दिल्ली-110006
फोन: 011-23869812, 23865483, फैक्स: 011-23867791
e-mail : sales@rajpalpublishing.com
www.rajpalpublishing.com
www.facebook.com/rajpalandsons

1

सारा दिन मैं किले और पहाड़ों की चोटियों के बीच, मद्रास के बेतहाशा गर्म सूरज के नीचे बैठा रहता। एक मोर और एक बन्दर मेरा साथ देने के लिए वहाँ थे। बन्दर एक खम्भे से बँधा रहता था, जिसके सिरे पर उसके रहने के लिए एक छोटी-सी कोठरी बनी थी, लेकिन उसे कोठरी की छत पर पूँछ नीचे लटकाकर बैठना पसन्द था। उसका नाम राम था और ''राम'' कहने पर वह दाँत निकालकर जैसे जवाब देता और मोर पर अपनी नज़र बनाये रखता, जो मिट्टी खोदकर खाने के लिए कीड़े निकालने में लगा रहता था। मैं यह ठीक से तो नहीं कह सकता कि वे मेरी ज़िन्दगी में कब आये, किन्तु मुझे ऐसा लगता था जैसे वे हमेशा से मेरे ही साथ हैं। अपनी बचपन की एक फोटो में, जब मैं चार साल का था, बाँस की छोटी-सी कुर्सी पर बैठा हूँ और बन्दर तथा मोर दोनों मेरे इर्द-गिर्द हैं। मेरे मामाजी, जिन्होंने मुझे पाला, भारत के आरम्भिक शौकिया फोटोग्राफ़रों में रहे होंगे। रोशनी से भरी हर शाम को उनका सिर, सामने तिपाई पर काफ़ी बड़े कैमरे के ऊपर पड़े काले कपड़े के भीतर बन्द नज़र आता था। वे बगीचे में फूलों के पास मुझे खड़ा करके मेरे बगल में मोर और बन्दर के साथ हमेशा फोटो खींचा करते थे। उस वक्त मुझे एकदम चुप, बिना हिले-डुले और सामने देखते हुए खड़ा रहना पड़ता था। हालाँकि मेरे साथियों को चुप रखना आसान नहीं था। मुझे इस सबमें बड़ा मज़ा आता, जबकि मेरी नानी गाहे-बगाहे यह टिप्पणी करती रहती थीं कि फोटो खींचने से खिंचवाने वाले की ज़िन्दगी

घट जाती है। मुझे चित्र में आये दल को देखकर गर्व महसूस होता और मैं सोचता कि मुझमें और राम में समानता नज़र आती है। जब इस बात का मैंने समर्थन चाहा, तो नानी ने घबराकर कहा, ''कैसा मूरख है जो बन्दर से अपनी तुलना कर रहा है। यह साथ अच्छा नहीं है। इस जानवर को हटा दे, बन्दर की तरह दिखना चाहता है तू, जबकि भगवान ने तुझे इतनी बड़ी-बड़ी आँखें दी हैं और गालों पर गिरते घुँघराले बाल।'' उन्हें मेरे बाल इतने पसन्द थे कि नाई को मेरे पास भी नहीं फटकने देती थीं, जिसका नतीजा यह हुआ कि जब भी मैं किसी को देखना चाहता, तो मुझे अपने बालों का पर्दा उँगलियों से हटाना पड़ता था।

मोर अभी तक बड़ा नहीं हुआ था, लेकिन अपने तीन फीट लम्बे पंख घमण्ड से उठाकर दिखाता था। उसे घर की आज़ादी पसन्द थी और जो भी चींटी अपने दुर्भाग्य से उसकी नज़र के सामने आ जाती, उसे चट कर जाता था। ज्यादातर शामों को, जब मैं बालू के ढेर पर खेलता थक जाता, तब पुरसवालकम हाई रोड पर खुलने वाली खिड़की के ऊपर खड़ा हो जाता और सड़क के यातायात को देखता रहता, जिसमें साइकिल-सवार और घोड़े या बैलों द्वारा खींची जाने वाली गाड़ियाँ ही होती थीं। कॉरपोरेशन की गाड़ियों का एक काफ़िला निकलता, जिनमें ऊपर तक कूड़ा भरा होता था और ऊपर की तह समुद्र से आने वाली हवा से चारों तरफ़ उड़ती रहती थी। आखिरी कुछ गाड़ियाँ बड़ी होती थीं, पेन्ट से रंगी और चारों तरफ़ से बन्द, जिनमें मल भरा होता था। सारी कतार पश्चिम की दिशा में मुड़कर शाम के सूरज की धूल-भरी चमक में गायब हो जाती, लेकिन अपने पीछे वह बदबू की तीखी लहर छोड़ जाती, जिसे सूँघते ही मैं उछलकर खड़ा हो जाता और रोता हुआ यह कहता भीतर भागता, ''गंदी वाली गाड़ियाँ जा रही हैं।'' इस घोषणा से दादी सचेत हो जातीं कि उनके शाम के काम का समय हो गया है–यानी, लगभग पचास फूलों की क्यारियों और उनमें लगे गमलों को पानी देना। वह एक कुम्हार को जानती थीं जो उनके लिए विशेष रूप से बहुत ज्यादा बड़े गमले बनाता था, इससे पहले और बाद में भी मैंने इतने विशाल गमले कभी नहीं देखे, हर एक में एक पूरा पेड़ खड़ा हो

सकता था। वह अपने इस बाग़ में बीस से ज़्यादा हिबिस्कस परिवार के फूल उगाती थीं : नीले, भूरे, बैंगनी, दो लाइनों में पंखुड़ियाँ, और कई तरह की चमेली, रात की हवा में तरह-तरह की खुशबू बिखेरतीं और विभिन्न रंगों और शक्लों के अनगिनत विदेशी फूल। उनके बगीचे का एक कोना उन बहुत कोमल फूलों के लिए सुरक्षित था, जो हर जगह साँस नहीं ले सकते। वह जेरोनिया, जेरेनियम, लेवेन्डर और वायलेट भी ले आतीं, जो तीन हज़ार फीट की ऊँचाई पर बंगलोर में ही खिल सकते हैं, लेकिन मद्रास की नमकीन हवा में वह इन्हें उगाने की ज़बरदस्त कोशिश करती ही रहती थीं। ये पौधे अपने बक्सों में ही सूख जाते, लेकिन दीवार से बाहर फेंकने से पहले वह इन्हें कई दिन तक पानी देकर जिलाने का व्यर्थ प्रयत्न करतीं, और अन्त में ये भी पश्चिम दिशा में जाने वाली कॉरपोरेशन की गाड़ियों में ही स्थान पाते।

वह एक-एक करके काँसे के पानी का बड़ा बर्तन, एक बाल्टी और पानी देने वाला टोंटीदार डिब्बा भरतीं, फिर पिछवाड़े लगे नल से सब पौधों को बराबर पानी लगातीं और अन्त में काँसे के एक फुहारे से हवा में चारों तरफ़ स्वर्ग से गिरने वाले उपहार की तरह पानी फेंकतीं, सारे बगीचे को तर कर देतीं, जिससे मिट्टी गीली हो जाती और उससे कुछ ऐसी सुगन्ध उठती कि मिट्टी को खाने का मन होने लगता और हरियाली सूरज में इस तरह चमकने लगती जैसे पानी के हीरे-मोती चमक रहे हों। पानी के पात्र उठाये जब हम ऊपर-नीचे दौड़ते फिरते, तब मोर भी उसी तरह हमारा साथ देता। जब पानी की धार नीचे गिरती तो मोर अपने पंख फैलाकर खड़ा हो जाता और उनके रंग प्रदर्शित करता। इसी समय राम की ज़ंजीर की खड़खड़ाहट सुनायी देती, क्योंकि जब मोर अपने को प्रदर्शित करता, तब वह बेचैन हो उठता और अपनी ज़ंजीर खड़काकर तथा अपनी कोठरी में इधर-उधर चक्कर काटकर अपना विरोध व्यक्त करता। शाम को मैं ड्रॉईंग-रूम के एक कोने में बने बाँस के घेरे में मोर को पहुँचा देता। इस समय उसकी नज़र कमज़ोर हो जाती, मन उचाट हो जाता और उसे जिधर चाहे घुमा-फिरा सकता था।

कई दफ़ा जब मैं सड़क के दरवाज़े पर बैठा रहता, तब मोर भी मेरे बगल में आकर खड़ा हो जाता। हर राह चलता रुककर उसकी तारीफ़ करता, कई दफ़ा कोई बच्चा उसका एक पंख तोड़कर देने की माँग करता। पहली दफ़ा जब किसी ने मुझसे वह माँग की तो मुझे लगा कि मना करने की कोई वजह नहीं है, क्योंकि वह तो एक ही पंख माँग रहा था, जबकि मेरे पास पूरा मोर ही था, इसलिए मैंने उसे एक, सिर्फ़ एक, अपनी पसन्द का पंख तोड़ लेने को कह दिया। लेकिन जब उसने तोड़ने की कोशिश की, तब मोर ने अपनी चोंच उसके हाथ पर मारी और वह रोता हुआ भाग गया। तब तक मैंने यह नहीं देखा था कि यह पक्षी कितना आक्रामक हो सकता है। मैं देखने लगा कि इसका स्वभाव एक निगरानी करने वाले कुत्ते जैसा है। घर में तरह-तरह के लोग आते-जाते रहते थे जिनको नानी से काम होता था—साधु, सब्ज़ी बेचनेवाले, दर्ज़ी और सुनार—और अगर कोई बिना सूचना दिये भीतर आता, तो वह उसके पीछे पड़ जाता था। यह आम तौर पर दरवाज़े के ऊपर की दीवार पर जा खड़ा होता और वहाँ से सीधे आगन्तुकों पर टूट पड़ता और तब तक चोंच मारता रहता, जब तक उसे पूँछ से पकड़कर खींचा और अलग नहीं कर दिया जाता।

मेरे मामाजी, जो परिवार में एकमात्र दूसरे सदस्य थे, अब तक घर नहीं लौटे थे। ऊपर उनका अलग कमरा था, जिसे वे पढ़ने और फ़ोटो स्टूडियो दोनों के रूप में इस्तेमाल करते थे। वहाँ जब वे निगेटिव नहीं धो रहे होते थे, तब अपनी किताबों में डूबे रहते थे। वे सवेरे कॉलेज की ट्राम पकड़ने के लिए घर से बाहर निकलते और शाम को देर से वापस लौटते थे। छुट्टी के दिन शाम को वे कैमरे की ऊँची तिपाई रखते, उस पर कैमरा फिट करते और मेरी फोटो खींचने में लग जाते। कई दफ़ा वे रसोई के फ़र्श पर बैठकर उस दिन हुई कॉलेज की गतिविधियाँ बयान करते थे। वे कॉलेज के ड्रामा ग्रुप के सदस्य थे और शेक्सपियर के नाटक *टेम्पेस्ट* का मंचन करने की तैयारी कर रहे थे; वे अपने दोस्तों की एक्टिंग की नकल करके दिखाते तो हम हँसने लगते; वे अच्छे कलाकार थे और उनकी

बदौलत *टेम्पेस्ट* के बारे में मेरा ज्ञान बहुत बढ़ गया था। उनका रोल उसमें प्रॉस्पेर का था, और उनका घनिष्ठ मित्र केलीबन बना था; उसने अपना पार्ट इतनी अच्छी तरह अदा किया कि रिहर्सल के समय भी लोग उससे डरने लगते थे। वे अपने एक प्रोफ़ेसर, डॉ. स्किनर की बड़ी तारिफ करते थे, जिसके कारण हम भी बिना जाने उनके प्रशंसक हो गये।

सब आवाज़ें बन्द हो गयीं। सड़कें एकदम शान्त हो गयीं, सिवाय हाई रोड के उस पार की दुकान का मालिक नया कर्ज़ माँगने आये पुराने कर्ज़दारों को ज़ोर-ज़ोर से भला-बुरा कह रहा था। वह कर्ज़दारों ही नहीं, उनकी माँओं के लिए भी जिन चुनिन्दा शब्दों का इस्तेमाल करता, उनकी सूची अगर मैं तैयार करता तो वह वहाँ की हवा में उड़कर वार करने वाले हमलों के नायाब शाब्दिक तीर हो जाते।

इस सब शोर-शराबे के बीच वहाँ से दो फर्लांग दूर दुकानों वाली सड़क में लोहे की पटरी पर धीरे-धीरे चलने वाली ट्राम की घड़-घड़ सुनायी देती थी। हमारे घर से पूर्व की तरफ़ दुकानें और ट्राम का टर्मिनल था, जिन पर सवार होकर आदमी बाहरी दुनिया और समुद्र तट पर जा सकता था; जबकि पश्चिम की तरफ़, जहाँ से कॉरपोरेशन का काफ़िला गुज़रता था, हर जगह खतरनाक सम्भावनाएँ दिखायी देती थीं। इस दिशा से एक अदृश्य शराब घर की गाली-गलौज़, और लड़ाई-झगड़े भी सुनायी पड़ते थे। उसी दिशा में शवदाह-गृह था जहाँ जुलूस जाते रहते थे। मुझे उधर देखते हुए भी डर लगता, हालाँकि आगे की दुकानें और ट्राम–देखने की मेरी इच्छा होती थी।

~

एक दिन मामाजी ने मुझे दुकानों वाली सड़क को देखने के लिए अपने साथ चलने के लिए कहा, तो मैं बहुत खुश हुआ। मैं उनकी बाँह पकड़कर चल पड़ा। मैंने देखा कि एक आदमी अपने कन्धे और हाथों में एक बाँस की सीढ़ी, फँसाये हर खम्भे पर जाकर लैम्प जला रहा है। खम्भे गिने-चुने और दूर-दूर थे जिनके ऊपर छह कोने वाले रंगीन शीशे के शेड लगे हुए

थे। लैम्प जलाने वाला बूढ़ा आदमी था जो खाकी कोट पहने था और नीले रंग की पगड़ी बाँधे था। उसके पास लकड़ी की सीढ़ी थी और एक डिबिया दियासलाई, चिथड़े और एक डिब्बा तेल का था। मुझे यह दृश्य बहुत आकर्षक लगा। मैं नहीं जानता था कि रात को रोशनी करने के लिए इतना कुछ करना पड़ता है। मैं मामाजी की उँगली पकड़े उसे देखने लगा कि मेरा सिर मुड़ा–क्योंकि मामाजी अपनी तेज़ चाल से मुझे अपनी तरफ़ खींचे लिये जा रहे थे। लैम्प जलाने वाला सीढ़ी से ऊपर चढ़ा, लैम्प का डिब्बा खोला, उसे बाहर निकालकर चिथड़े से साफ़ किया, तेल भरा, बत्ती जलायी, और दरवाज़ा बन्द करके नीचे उतर आया। फिर सीढ़ी में अपना कन्धा घुसाया और आगे चल पड़ा। यह देखकर मेरे मन में ढेरों सवाल उठने लगे। इस आदमी के बारे में मैं बहुत कुछ जानना चाहता था–उसका नाम, कहाँ रहता था वह, क्या वह सीढ़ियों के बीच घुसा ही सो जाता था, वह कौन था, वगैरह-वगैरह। लेकिन मैं सवाल का वाक्य पूरा बनाता इससे पहले ही मुझे मामाजी के साथ आगे बढ़ना पड़ा।

फिर और दृश्य मेरे सामने आने लगे : पंकज लॉज, एक मिठाई की दुकान जिसमें तरह-तरह की मिठाइयाँ थालों में भरी एक-दूसरे के ऊपर रखी थीं और चश्मा लगाये एक आदमी, जिसके गले में सोने की चेन पड़ी थी, मालिक बना गद्दी पर बैठा था। दुकान पर चीज़ें तले जाने की खुशबू हर शाम सड़क वाले दरवाज़े पर मेरी नाक तक पहुँचती थी। मेरे पीछे मोर होता था और मुझे भूख लग आती थी। आज मामाजी ने मेरे लिए यहाँ से एक छोटा-सा मिठाई का पैकेट खरीदा, जो भूरे रंग के पत्ते में लिपटा था। मैं उसे खाने लगा और लैम्प जलाने वाले को भूल गया। मामाजी मुझे यातायात के संकटों से बचाने के लिए सड़क के किनारे ले आये; उन दिनों रोज़ यह सुनने में आता था कि साइकिलवाले ने इसको गिरा दिया, उसको चोट मार दी। दूधवाले दूध के बर्तन कन्धों पर लादे अपनी गायें बाज़ार से होकर लिये जा रहे थे। गायों को देखते ही मैं कूदकर दूर हो जाता, हालाँकि मामाजी मुझे समझाते कि ये कोई नुकसान नहीं पहुँचायेंगी। जब हम गुलाबी रंग की स्कूल की इमारत के पास से गुज़रे, जिसका

फाटक नीले रंग का था, मामाजी ने मुझसे कहा कि तुम भी एक दिन यहाँ पढ़ने आओगे। मुझे यह बात अच्छी नहीं लगी। वह इमारत मुझे पसन्द नहीं आयी, इसके ऊपर छत पर एक क्रॉस लगा था और पहली नज़र में मुझे इसे देखकर नफ़रत ही हुई।

समय बीतने के साथ मेरा नज़रिया नहीं बदला। जहाँ तक इस स्कूल का सम्बन्ध था, मेरी पहली प्रतिक्रिया अन्तिम प्रतिक्रिया भी साबित हुई। कुछ समय बाद मैं उसमें पढ़ने जाने लगा। पहले दिन तो मैं डर के मारे रोने लगा। अपने साथियों को देखकर मैं परेशान हो उठा। एक बूढ़ा आदमी, जिसकी ठोड़ी पर सफ़ेद बाल थे, सिर पर पगड़ी विराजमान, धरीदार कोट जिसमें बटन नहीं थे, और सफ़ेद धोती पहने, बच्चों की कक्षा का मालिक था, उसके बगल में एक छोटा-सा बेंत हमेशा घुसा रहता था। उसकी तीखी नज़र के नीचे हम ज़मीन पर बैठते और गीली मिट्टी से छोटी-छोटी सब्ज़ियाँ, फल और पता नहीं क्या-क्या बनाया करते थे; हम रंगीन कागज़ भी कैंची से काट-काटकर सब्ज़ियाँ, फल, नाव, जानवर वगैरह बनाते थे। वे मेज़ पर ज़ोर से छड़ी पटकते और हम बच्चों को बताते कि अब क्या करना है। मैं कह सकता हूँ कि मैंने उन्हें हममें से किसी की पीठ पर बेंत का प्रयोग करते तो नहीं देखा, वे शायद अपने को अभिव्यक्त करने के लिए ही इसका इस्तेमाल करते थे, जैसे बाजा बजाने वाला करता है। उन दिनों मेरे जीवन का एक ही उद्देश्य था कि उनकी नज़रों में न आऊँ। मैं चाहे जितनी कोशिश करता, मेरे हाथ में मिट्टी कभी सही रूप नहीं ले पाती थी। दूसरे बच्चों के हाथ में मिट्टी आसानी से खूबसूरत आकार लेती चली जाती, परन्तु मैं उसे कुछ भी शक्ल नहीं दे पाता था—शायद मैं कुछ समय बाद 'आधुनिक' कहलाने वाली कला की दिशा में कदम बढ़ा रहा था। मुझे हमेशा डर लगता कि मास्टरजी क्या कहेंगे, लेकिन सौभाग्य से मैं काफ़ी बाद में दाखिल हुआ था, इसलिए मुझे भी पीछे की लाइन में आखिरी सीट मिली थी, जिस कारण मास्टर साहब को मेरे पास पहुँचने में देर लग जाती और ज्यादातर वे देख ही न पाते कि मैं क्या कर रहा हूँ। तब तक घंटी बज जाती और हम सब पेड़ के नीचे लगे नल की तरफ़

भाग पड़ते और मिट्टी से सने हाथ साफ़ करने लगते थे।

अब यह सब सोचता हूँ तो मुझे आश्चर्य होता है कि खिलौने बना-बनाकर मैं पढ़ना-लिखना कैसे सीख गया। अगर हम मिट्टी न गढ़ते होते तो कागज़ काटते और मोड़ते रहते थे। हमारे हाथ में हथियार की तरह कैंची होती थी। यह निस्सन्देह बहुत अच्छा औज़ार था, लेकिन जब हमें कोई टेढ़ी-मेढ़ी चीज़ काटनी होती, तब हमारी उँगलियों में हल्का दर्द होने लगता था–कैंची किसी चीज़ का कोना सही करके काटने के लिए तैयार ही नहीं होती थी। इसके बाद हमें स्लेट दी गयी जिसकी एक तरफ़ एक अक्षर या संख्या बड़ी-बड़ी करके इधर-उधर घुमाकर लिखना सिखाया जाता था। स्लेट पर बार-बार लिखने और मिटाने से वह सफ़ेद पड़ जाती थी और सफ़ेद ज़मीन के ऊपर सफ़ेद ही अक्षर लिखे जाते थे जिन्हें पढ़ना मुश्किल होता था। इसमें भी मेरे अगल-बगल के बच्चे बाज़ी मार ले जाते थे, क्योंकि वे अपनी स्लेट एकदम साफ़ और काली रखते थे जिस पर लिखे सफ़ेद अक्षर बड़ी आसानी से पढ़े जाते थे। मास्टरजी इस पर ध्यान नहीं देते थे कि मैं कैसा लिखता हूँ कि वह पढ़ा जाता है या नहीं, जब तक मैं किसी और ढंग से परेशानी नहीं पैदा करता था। मुझमें और दूसरे बच्चों में जो अकेली बात उन्हें नापसन्द थी, वह थी लिखते समय जीभ मुँह से बाहर निकलना, जो सब बच्चे आम तौर पर करते हैं। इसकी वह सख़्ती से निगरानी रखते और जब कभी किसी की जीभ निकली देखते, तो मेज़ पर ज़ोर से छड़ी बजाकर डाँटते, ''अबे, ज़बान मुँह के भीतर कर।'' यह सुनते ही हम सब एक साथ 'टक' की आवाज़ के साथ अपनी ज़बानें भीतर खींच लेते–जो इस गम्भीर और शान्त वातावरण में शोर करने का अकेला अवसर होता था।

साढ़े चार बजे हमारी छुट्टी हो जाती। स्कूल के फाटक से बाहर निकल कर हम कॉरपोरेशन के काफ़िले के पीछे चलने लगते, इसके सिवा हमारे लिए कोई और रास्ता नहीं था, क्योंकि हमारी छुट्टी और उसके निकलने का समय तथा रास्ता आसमान में चक्कर लगाने वाले सितारों की तरह निश्चित था। अलग-अलग दिशाओं में जाने वाले अलग-अलग ग्रुप

बना लेते और सब बातें करते खिलखिलाते घर पहुँच जाते।

घर लौटने पर नानी मेरी स्लेट देखतीं और कहतीं, ''लगता है, स्कूल में तुम्हें कुछ पढ़ाया नहीं जाता।'' रोज़ वे यही कहतीं और फिर आदेश देतीं, ''नल पर हाथ-पैर अच्छी तरह धोकर किचन में आ जाओ।'' मैं यह मुश्किल काम किसी तरह करता, फिर किचन में जाकर नाश्ता करता और कॉफ़ी पीता। मेरे लिए वे इस वक़्त बगीचे से निकल आतीं और इसके बाद फिर उसी में घुस जातीं और देर शाम तक लगी रहतीं। बगीचे के बाद वे कपड़े बदलतीं और पान-सुपारी चबाते हुए मेरे पास आ जातीं। मुझे लेकर वे बाग़ में आराम कुर्सी डालकर बैठ जातीं और अपने सामने मेरे लिए एक स्टूल डाल देतीं, लैम्प रखकर वे कोशिश करतीं कि स्कूल में पढ़ाई की कमी जितनी हो सके, पूरी करवायें। उन्होंने मुझे गुणा करना सिखाया; मुझे बारह तक के पहाड़े रोज़ उनके सामने बोलने पड़ते और तमिल भाषा के पूरे तीस अक्षर मुझसे लिखवातीं। इसके बाद वे पुराने ज़माने की तमिल कवयित्री, अव्वेयार के वचन सुनाकर पाठ समाप्त करती थीं।

वे मुझे विद्या की देवी सरस्वती की प्रार्थना भी संस्कृत में याद करातीं। फिर वे कुछ शास्त्रीय संगीत गुनगुनातीं, जिनके राग मुझे बताने पड़ते। अगर मैं बता न पाता तो वे मुझे सख़्ती से डाँटतीं, लेकिन अगर सही-सही बता देता तो पैसे इनाम भी देती थीं। उनका काम विधिवत् होता था और वे अपनी डायरी में हर रोज़ लिखती जातीं कि आज क्या पढ़ाना है। उनका प्रोग्राम निश्चित होता था, जिसे पूरा करने के बाद वे मुझे खाना देती थीं। पढ़ना शुरू करते ही मुझे नींद आने लगती, इसलिए वे अपने साथ एक कटोरा पानी रखतीं, जिसके मेरी आँखों पर छींटे मारकर वे मुझे जगाये रखती थीं, जो एक तरह से अत्याचारियों की नकल थी जो अपने शिकार को ताज़ा रखने के लिए विशेष उपाय करते हैं। उसके लिए नानी का काम सही नहीं था, उन्हें स्कूलों की इन्स्पेक्टर होना चाहिए था। बच्चों को पढ़ाने और योग्य बनाने पर जैसे वे जान देती थीं। बाद के वर्षों में, जब मेरे मामाजी की शादी हो गयी और बच्चे हुए, तो उन्होंने एक-एक करके हरेक को पढ़ाने की पूरी ज़िम्मेदारी निभायी। वह ज़्यादा कठोर भी होती

चली गयीं, क्योंकि पढ़ाते समय वह अपने साथ नारियल के लम्बे पत्तों की छड़ियाँ रखती थीं। बच्चों को नपी-तुली दूरी पर इस तरह बैठाती थीं कि वे उन तक आसानी से पहुँच सकें और पढ़ाते हुए अपने शिष्यों पर उनका प्रयोग भी करती रहती थीं। उनकी सबसे अच्छी शिष्य मेरी कज़िन जानकी थी, जो अब खुद दादी है और दस साल की उम्र में पारिवारिक समारोहों में कविता, गीत और प्रार्थना सुनाने के लिए हमेशा याद की जाती थी और यह सब उसने बड़ी कठिनाई से सीखा था : वह इतनी आज्ञाकारी शिष्या थी कि नानी से पढ़ने के लिए जाते वक्त अपनी किताबों के साथ नारियल की चुनी हुई छड़ियाँ भी ले जाती थी–जिसे हमारे अहिंसा दर्शन का विकसित रूप ही कहना होगा, जिसके अनुसार आप न केवल अपने शत्रु को प्यार करते हैं, बल्कि उसे अपने आपको पीड़ित करने के लिए खुद चुनकर छड़ियों का हथियार भी देते हैं।

~

हमारा स्कूल लूथरन मिशन स्कूल था–अधिकतर धर्म बदलकर ईसाई बने लोगों के लिए। अध्यापक सब ईसाई थे और मुझ जैसे थोड़े से गैर-ईसाई छात्रों के प्रति वे ज़बरदस्त नफ़रत का भाव रखते थे। ज्यादातर ईसाई छात्र भी हमसे दूर रहते थे। धर्म-शिक्षा की कक्षाओं में हिन्दू देवी-देवताओं की तीव्र भर्त्सना की जाती थी और ईसा मसीह को महत्त्व प्रदान करने के लिए मूर्ति-पूजा की निन्दा की जाती थी। गैर-ईसाई छात्रों में अकेला ब्राह्मण मैं ही था, इसलिए मुझ पर ज्यादा ध्यान दिया जाता था और जब कभी अध्यापक कहते कि ब्राह्मण अपने को शाकाहारी कहते हैं लेकिन चुपचाप मछली और मांस खाते हैं, तो सब छात्र मेरी तरफ़ मुड़कर देखने लगते कि इन लोगों की ही वजह से इन चीज़ों की कीमत बढ़ती जाती है। कक्षा में इस तरह दुःखी रहने पर भी मुझे *बाइबिल* की कहानियाँ अच्छी लगती थीं। विशेष रूप से *ओल्ड टेस्टामेंट* के चरित्र मुझे बहुत आकृष्ट करते थे। मुझे रेबेका और रुथ जैसी नारियाँ बहुत अच्छी लगती थीं। जब इनमें से कोई कुएँ से अपनी गागर भरकर लेज़ारस या किसी और प्यासे

के मुँह में पानी डालती, तो अचानक मुझे भी प्यास लग आती और मैं भी वह साफ़ और बर्फ़ की तरह ठंडा पानी पीने की इच्छा करने लगता। मैं खड़ा हो जाता और पिछवाड़े लगे नल पर पानी पीने के लिए छुट्टी माँगता। जब ईसा ने कहा, ''मैं तुम्हें मनुष्यों का मछुआरा बनाऊँगा;'' तो मुझे परेशानी होती और मैं सोचता कि वे मछलियों और ब्राह्मणों के बारे में फिर न सोचने लगें। इन क्षणों में मैं अपना सिर सन्देहपूर्वक झुका लेता।

ग़ैर-ईसाई होने के कारण मुझे कक्षा में जो झेलना पड़ता, उससे कहीं ज्यादा परेशानी उस ईसाई प्रचारक को झेलनी पड़ती, जो हमारी सड़क के कोने पर धर्म-प्रचार करने आता था। यदि ईसाई-मुक्ति कष्ट सहन करने वालों को मिलती है, तो यह आदमी उसके सबसे ज्यादा उपयुक्त था। लम्बी दाढ़ी वाला एक यूरोपियन मिशनरी नये बने भारतीय ईसाइयों के एक ग्रुप से घिरा, जिनके पास वायलिन और हारमोनियम होते थे, वेल्लाल स्ट्रीट और पुरसवालकम स्ट्रीट के चौराहे पर शान्तिपूर्वक आकर खड़े हो जाते। फिर धीरे-धीरे गाना-बजाना शुरू होता। कुछ राहगीर वहाँ आकर देखने लगते, प्रचारक मैत्रीपूर्ण ढंग से उन्हें देखकर सिर हिलाता, फिर चारों तरफ़ नज़र डालता और गानेवाले, सड़क के शोर-शराबे, सौदा बेचनेवालों की आवाज़ों, और गाड़ीवालों के अपने पतले-दुबले घोड़ों के चलते रहने की अजीब-अजीब आवाज़ों के बीच, *बाइबिल* का कोई गाना बड़े तीव्र स्वरों में शुरू कर देते। गली के लड़के सामने की कतार में आकर बैठ जाते और सब तरह के आदमी और औरतें जमा होने लगते। जब प्रचारक को सन्तोष हो जाता कि काफ़ी भीड़ जमा हो गयी है, तब वह गायकों को चुप हो जाने का इशारा करता। शान्ति होते ही वह अचानक एकदम शुद्ध तमिल भाषा में हमारे उद्धार के लिए बोलना शुरू कर देता, जिसको समझने के लिए शब्दकोश की ज़रूरत पड़ती। यह बोलचाल की तमिल भाषा से बिलकुल अलग होती थी। ज़ाहिर था कि भाषा सीखने में प्रचारक ने कितने दिन लगाये होंगे, कितना परिश्रम किया होगा कि श्रोता उसे केवल समझ ही न सकें, बल्कि प्रभावित भी हों। वास्तव में तमिल एक ज़बान-तोड़ भाषा है, जो अन्य प्रदेशों के भारतीयों के लिए भी अत्यन्त कठिन है–समस्या

यह है कि इसकी ध्वनियाँ और उद्गम भिन्न हैं और इसे सीख लेने से ही बोला नहीं जा सकता, कानों को इसका अभ्यस्त होना चाहिए। ऐसा मैं यह बताने के लिए कह रहा हूँ कि प्रचारक को पहले ध्यान से सुना जाता, और कोई उपद्रव नहीं होता था। इससे उसका उत्साह बढ़ता और वह ज़्यादा ज़ोर-शोर से बोलने लगता, हाथ उठा-उठाकर चीखता-चिल्लाता और बीच-बीच में उसके अनुयायी 'आमेन' कहते सुनायी देते।

अचानक श्रोताओं को पता चलता कि यह आदमी तो उन्हें 'पापी' (तमिल में 'पविगल') बता रहा है और उनके देवी-देवताओं को गालियाँ दे रहा है। वह कह रहा है कि इन सब पत्थर के देवी-देवताओं को मन्दिरों के तालाबों में फेंक दो, अपने पापों की माफी माँगो, और बपतिस्मा ले लो, क्योंकि भगवान सब पापियों को माफ कर देगा और उनका बेटा सब पापों का भार अपने सिर पर ले लेगा। जनता को जब समझ आती कि यह आदमी क्या कह रहा है, तब उपद्रव होने लगता। लोग चिल्लाते, उसे चुप होने को कहते और उसके अनुयायियों पर हमला बोल देते–जो अपनी जान बचाने के लिए भागने लगते। लोग प्रचारक पर ईंट-पत्थर और कीचड़ बरसाते और उसे हरी, भीगी घास में रगड़ देते। वास्तव में हर शाम उस जगह गाड़ीवालों के घोड़ों के लिए घास का बाज़ार लगता था, इनमें ज़ोर-ज़ोर से सौदेबाज़ी होती और बेचनेवाली औरतें गंदी-गंदी गालियाँ देते हुए अपने घास के बंडल इधर-उधर लिये फिरतीं। प्रचारक ने इस स्थान का चुनाव करके सही नहीं किया था, लेकिन उसके अपने कारण थे। लोग बंडलों में से घास निकाल-निकालकर उस पर फेंकते, लेकिन इस घमासान के बीच उसकी आवाज़ बढ़ती चली जाती, उसके सहायकों द्वारा जलाये गये लैम्प छीन-छीनकर तोड़े जाते। लेकिन वक्ता कीचड़ और पानी से लबालब अन्तिम क्षण तक बोलता ही रहता। इसके बाद वह रात के अँधेरे में एकदम गायब हो जाता। कोई सोच सकता था कि वह दुबारा नहीं आयेगा, लेकिन अगले हफ़्ते उसी समय वह दूसरी सड़क के कोने पर प्रकट हो जाता।

प्रचारक ने मूर्ख विश्वासी की तरह इसी स्थान का चुनाव किया होगा,

क्योंकि इस आदेश का दूसरा आदेश सबसे अधिक इसी स्थान पर भंग किया जाता था। यदि आप इस स्थान को केन्द्र मानकर एक बड़ा-सा घेरा खींचें तो अनेक मन्दिर इसमें शामिल हो जाते थे जहाँ लोग हर शाम पूजा करने इकट्ठे होते थे। वेल्लाल स्ट्रीट में ही, जो ज्यादा लम्बी नहीं थी, तीन मन्दिर थे, एक हाथी की सूंड वाले गणेशजी का, इसके बाद कृष्णजी का और ज़रा दूर पोन्नी अम्मां का, जो उस समय, जब मद्रास गाँव मात्र हुआ करता था, इस स्थान की रक्षक देवी थीं। जहाँ वेल्लाल स्ट्रीट खत्म होती, वहीं पोन्नी अम्मां स्ट्रीट शुरू हो जाती, जहाँ मकान और दुकानें बहुत घनी बनी हुई थीं। फिर पोन्नी अम्मां स्ट्रीट पर आगे चलें तो आप लॉडर गेट पहुँच जाते–कौन था यह लॉडर? गेट कहाँ था? अब कुछ भी दिखायी नहीं देता और इसके बाद गंगदेश्वरर स्ट्रीट शुरू होती, यह नाम इसे ईश्वर के मन्दिर के कारण मिला था–वह शिव जो गंगा को अपने बालों में धारण करते हैं–बहुत बड़ा और बहुत पुराना मन्दिर, जिसका द्वार तीस फीट चौड़ा था, गलियारे बहुत लम्बे-चौड़े थे, जिनमें लोग परिक्रमा करते थे और नहाने-धोने तथा पावन होने के लिए तालाब, जो कभी-कभी डूबने के भी काम आता था। आज भी इसका कोटा निश्चित है–हर साल एक मौत। ईश्वर का यह मन्दिर विवाहों और शवदाह क्रियाओं का केन्द्र बिन्दु है, और ईश्वर से सम्बन्ध रखने के अलावा सामाजिक उत्सव यहाँ धूमधाम से मनाये जाते हैं। मद्रास का पहला राष्ट्रीय आन्दोलन, 1916 में, यहीं से शुरू हुआ था, जिसमें रॉलट एक्ट नामक किसी कानून का विरोध किया गया था। देशभक्ति के गानों और राष्ट्रीय नारों से गूँजता जुलूस यहीं से शुरू हुआ था, जो सड़कों पर चक्कर लगाता रहा। मैं भी इस जुलूस से आकर्षित होकर इसमें शामिल हुआ था और जब घूम-घामकर सब यहाँ वापस लौटे, तो किसी उत्साही ने–शायद पंकज लॉज ने–थकी-माँदी भीड़ को जलपान भी कराया था। जब मैं देशभक्ति का प्रदर्शन करके घर लौटा, तब मेरे मामाजी ने मुझे डाँट-फटकार लगायी, क्योंकि राजनीति उन्हें पसन्द नहीं थी और वे मुझे मार्ग-भ्रष्ट होते नहीं देखना चाहते थे। वे हर शासक, सरकार और प्रबन्धन को शैतान ही मानते थे और शासक बदलने में उन्हें कोई तर्क नहीं दिखायी देता था।

सड़क के किनारे इस मन्दिर के आगे छोटा-सा मन्दिर गणेशजी का था, जो स्कूल जाने वालों को विशेष प्रिय था; एक बहुत अनुकूल जगह स्थित इस मन्दिर में पूजा बहुत होती थी और चढ़ावा भी बहुत चढ़ता था तथा दरवाज़े पर ही लगे बक्से में पैसे भरे रहते थे। इसी के सामने हनुमानजी का मन्दिर था, जिन्हें शक्ति का देवता माना जाता है। इन सब मन्दिरों में हर शाम इस इलाके के नागरिक बड़ी संख्या में एकत्रित होते थे। कुछ ही समय पहले मैं पुरसवालकम गया था और उस क्षेत्र का निरीक्षण करने में मैंने दो घंटे लगाये, तब मैंने पाया कि यद्यपि बहुमंज़िली इमारतों, नयी-नयी दुकानों और आधुनिक मकानों तथा बढ़ते यातायात ने इलाके का माहौल एकदम बदल दिया है, लेकिन इन चार-पाँच मन्दिरों का जो मैंने ज़िक्र किया है, वे सभी ठोस और अपरिवर्तित हैं और आधी या ज्यादा शताब्दी पहले तेल के दीये जिस प्रकार जलते थे, वैसे ही आज भी जलाये जाते हैं और विरोधी धर्म भंजक तथा उनके भी ध्वंसक स्वधर्म रक्षकों के बावजूद जो उसे कीचड़ तथा घास के पुलिंदों से मारते-पीटते थे, इनकी गरिमा आज तक कायम है।

2

यह घटना क्रमानुसार नहीं आ रही है, क्योंकि यह मेरे स्कूल जाने से पहले हुई थी। मैं पोन्नी अम्मां के मन्दिर का ज़िक्र कर चुका हूँ। साल में एक दिन देवी की प्रतिमा वेल्लाल स्ट्रीट से उठाकर जुलूस में हमारी सड़क के छोर पर लायी जाती और हमारे घर के सामने एक ईंधन की दुकान के द्वार पर रखी जाती। मुझे कभी यह पता नहीं चला कि वह दुकान इस उत्सव के साथ कैसे आ जुड़ी, लेकिन होता यही था—यह पुरानी परम्परा थी, जिसके अनुसार देवी का वार्षिक उत्सव यहीं मनाया जाता था और दस दिन तक ईंधन की बिक्री का काम रुका रहता। दुकान का मालिक, जिसका नाम कोदन्डम् था, आग्रही किस्म का व्यक्ति था, जो धरती-आसमान एक कर देता अगर कोई यह कहता कि देवी की पूजा कहीं और की जाये और उसे मेज़बान बनने का मौका न दिया जाये। वह लाठी घुमाने में इतना माहिर था कि उससे अपने इर्द-गिर्द सुरक्षा का मज़बूत माहौल खड़ा करके किसी भी हमले को उलट सकता था। वह इस कला में माहिर था और अपने सामने और किसी को भी टिकने नहीं देता था। वह ज़रा उग्र किस्म का आदमी था, जो इस काम में किसी और को बर्दाश्त करने को तैयार नहीं था, और जो भी कुछ विशेष करतब दिखाने की जुर्रत करते, उन्हें पीटने को तैयार हो जाता था। दो सड़कों के जोड़ पर उसकी दुकान पश्चिम की तरफ़ जाने वाले मृत व्यक्तियों के जुलूसों का रास्ता भी था और जब कभी कोई विशेष व्यक्ति मरता तो उसके आगे सम्मान प्रदर्शन के लिए अरथी उठाने वाले विशेष ढंग से मार्च करते।

परम्परा थी कि वे जब ईंधन की दुकान के सामने से गुज़रें तब अपने झंडे नीचे झुका लें, नहीं तो झगड़ा हो सकता था। ऐसी कुछ घटनाएँ हो चुकी थीं जब कोदन्डम् ने शव ले जाने वालों को रोक लिया था और मारपीट कर भगा दिया था और सजी-धजी अरथी सड़क के बीच पड़ी रह गयी थी।

यह आदमी देवी का ऐसा मेज़बान था। वह अपना डंडा हाथ में उठाकर प्रतिमा के सामने चलता और समय-समय पर अपनी लाठी चलाने की कला का भी प्रदर्शन करता था। इन दिनों हमारे इर्द-गिर्द का नक्शा बदल जाता था। फूल, मिठाई और खिलौने बेचनेवाले—जो दफ़्ती से खिलौने सबके सामने बनाते, छोटे-छोटे स्टाल लगाकर जहाँ-तहाँ बैठ जाते और अपने चारों तरफ़ तेल के दीये जलाकर रख लेते। मैं कमरे की खिड़की पर बैठकर इन लोगों के बाजों की आवाज़ सुनता रहता। प्रतिमा के सामने मिट्टी के चबूतरे पर रात को देर से बकरियों और मुर्गियों की बलि चढ़ायी जाती। जब कभी नानी खम्भे से बकरा बँधा देखतीं, वह सारे दरवाज़े और खिड़कियाँ बन्द कर देतीं, हालाँकि मैं इनसे गहरी अरुचि होने पर भी, बलि की क्रिया पूरी देखने को उत्सुक रहता था। इस भयंकर क्रिया के अलावा उत्सव का सब कार्य बहुत रोचक होता था और लाखों फूलों से ढँकी प्रतिमा बड़ी आकर्षक लगती थी।

एक शाम, खिड़की से पीछे मुड़कर मैंने देखा कि ईंधन की दुकान का मालिक हमारे बगीचे में पौधों के बीच घूम रहा है। मैं उसे देखकर काँपने लगता था, क्योंकि मैं जानता था कि उसका एक काम सड़क के शैतान लड़कों को काबू में रखना भी है। उसकी हमेशा बड़ी माँग रहती थी। वह अपने इलाके में शैतानी करने वालों को अपने ढंग से दुरुस्त करता और जब वे चीखकर अपील करते, तभी उन्हें छोड़ता था। जब मैंने उसे अपने बाग़ में देखा तो मैंने सोचा कि यह मेरे लिए ही आया है। हालाँकि मैंने दण्ड के लायक कुछ भी नहीं किया था। मुझे लगा कि मुझ पर हमला करने का मज़ा लेने के लिए ही वह यह करेगा।

उसके हाथ में एक टोकरी थी जिसमें वह नानी की अनुमति से देवी के लिए फूल तोड़ता और इकट्ठा करता था। दादी सामान्यतया किसी को फूलों को हाथ नहीं लगाने देती थीं, लेकिन कोदन्डम् की स्थिति अलग थी (यह बात मुझे बाद में पता चली)। इस वक्त उसे देखते ही मैं डर गया और चुपचाप भागकर ऊपर चढ़ गया। छज्जे पर खड़े होकर मैंने सोचा कि वह चला गया होगा, लेकिन वह इधर-उधर देखता—शायद मेरे लिए—घूमता फिर रहा था। मैं फौरन मामाजी के कमरे में घुस गया और एक स्टैंड पर टँगे कपड़ों के भीतर जा छिपा। मुझे विश्वास था कि यदि वह ऊपर आया, तो भी मुझे ढूँढ नहीं पायेगा। हालाँकि धोबी के यहाँ जाने वाले इन कपड़ों की बू बर्दाश्त के बाहर हो रही थी। मैं यह काम करके कितना सही था, यह मुझे घंटे दो घंटे बाद पता चला, जब लोगों ने मेरी तलाश करना शुरू किया। रात भी हो गयी और मैंने फ़ैसला कर लिया कि वहाँ से बाहर नहीं निकलूँगा। यह भयानक बात थी, लेकिन अँधेरे के डर और कोदन्डम् के सामने पड़ने के डर के बीच यह डर मुझे कहीं ज़्यादा मंज़ूर था। मुझे विश्वास था कि कोदन्डम् अनन्त काल तक मुझे ढूँढता रहेगा। मैं कई घंटे पहले नानी से दूर हो गया था। मेरा खयाल था कि वह रसोई में होंगी। लेकिन कोदन्डम् के होते हुए मैं उनकी तलाश नहीं कर सकता था। मेरे बचने का अकेला रास्ता सीढ़ियों से ऊपर जाना ही था। इसलिए मैं वहाँ एकदम चुप बैठा रहा, हालाँकि नानी मुझे आवाज़ लगाते हुए मुझ से सिर्फ़ इंच-भर की दूरी पर खड़ी थीं। फिर मेरे मामाजी, तीनों किरायेदार जो हमारे घर के पिछवाड़े रहते थे, फिर उनके लड़के, सब मेरा नाम लेकर चिल्लाते, सिर्फ़ उन कपड़ों को छोड़कर, सब जगह मुझे ढूँढते फिरते रहे। कपड़ों की तरफ़ वे देखते ही नहीं थे। मैं भी जवाब देता, पर दबी ज़बान से, ''मैं यहाँ हूँ। पहले उसे भगा दो।'' फिर वे आपस में सलाह-मशवरा करने लगे।

''मैंने वहाँ जाकर भी पूछा, पर ईंधनवाले के यहाँ किसी ने उसे नहीं देखा।''

''बहुत बुरे दिन चल रहे हैं—कुछ भी हो सकता है—खास तौर से

उत्सव के समय, बच्चे उठाने वाले चारों तरफ़ निकल पड़ते हैं।''

''कई लोग उन्हें बलि चढ़ाने के लिए ले जाते हैं।'' यह सुनकर नानी ने ज़ोर-ज़ोर से रोना शुरू कर दिया। मैं पत्थर का बुत बना यह सब सुन रहा था, पर बाहर आने की हिम्मत जुटा नहीं पा रहा था। मेरी इसके लिए भी खबर ली जायेगी कि इतनी देर क्यों चुप रहा। अब मुझे इनसे भी उतना ही डर लगा, जितना कोदन्डम् से लग रहा था। वे नीचे चले गये, लेकिन कुछ देर बाद फिर लौट आये और इसी तरह आते-जाते रहे। हर दफ़ा जब वे मेरे पास से गुज़रते, मैं चिल्लाकर कहना चाहता, ''मैं यहाँ हूँ। आप ज़रा पहले कोदन्डम् को क्यों नहीं भगा देते? तभी मैं बाहर आऊँगा।'' लेकिन मेरा गला काम न करता।

कुछ देर बाद मुझे नीचे से बहुत-सी मिली-जुली आवाज़ें सुनायी देने लगीं। मेरा नाम तो लिया ही जा रहा था, इसमें देवी के जुलूस के धूम-धड़ाके भी शामिल हो गये। फिर हमारे घर की आवाज़ें एकदम बन्द हो गयीं। चारों तरफ़ गहरा अँधेरा छा गया। इस अँधेरे से मैं बहुत डरा, इसलिए मैं धीरे से खड़ा हुआ और नीचे नानी के सामने जाकर खड़ा हो गया।

वह सिर थामे एक कोने में बैठी थीं। उन्होंने मुझे नहीं देखा, एक दीया टिमटिमा रहा था। मैंने यह कहकर उनका ध्यान अपनी तरफ़ खींचा, ''मुझे भूख लगी है।''

उन्होंने सवालों की झड़ी लगा दी, लेकिन मैंने कोई जवाब नहीं दिया, सिर्फ़ यह कहा, ''मैं ऊपर था।''

मेरे मामाजी और किरायेदार सब रात को देर से लौटे। ''हमने पुलिस में रिपोर्ट लिखा दी है। उन्होंने सब स्टेशनों पर सूचना भेज दी है कि घुँघराले बालवाला, एक ही मोती का ईयर-रिंग पहने लड़के की तलाश करनी है।''

''एक ही क्यों?'' किसी ने उत्सुकता से पूछा। मैंने फुर्ती से कहा, ''एक ही था मेरे पास।''

''गलत कहता है,'' नानी चीखकर बोली। ''मैंने इसके दोनों कान छिदवाये थे और दोनों में सोने में जड़े बुन्दे पहनाये थे। वे मेरे पिताजी के थे, जब वे आर्कोट के दीवान थे। इस लड़के को यह भी याद नहीं है।'' यह कहकर उन्होंने मुझे घूरकर देखा।

यह सुनकर सब लोग मुड़कर मुझे देखने लगे कि कैसा बदहवास है जो न सिर्फ़ खुद को खो बैठा, बल्कि अपने परबाबा का एक मोती भी खो दिया। फिर सबने एक स्वर में कहा, ''अब तुम यह मोती भी निकाल दो, नहीं तो कोई चोर इसे भी खींचकर ले जायेगा।'' ''और इसे उसका भी पता नहीं चलेगा,'' किसी और ने जोड़ा।

हालाँकि मुझे विश्वास नहीं है, इस कोदन्डम् कांड के बाद ही मुझे स्कूल में भर्ती कराया गया। उन्होंने महसूस किया कि यह असली दुनिया से दूर रहने लगा है और सपनों की दुनिया में खोता चला जा रहा है–मेरे व्यवहार से उन्हें ज़रूर अचम्भा हुआ होगा, क्योंकि मैंने कोदन्डम् के डर की चर्चा किसी से नहीं की। मैं सब बात बता भी देता, लेकिन मुझे कई सन्देह थे। शायद इसके लिए भी मुझे ही डाँटा जाता। अगर वे यह बात कोदन्डम् को भी बता देते, तो वह भी भड़क कर मेरे खिलाफ़ हो सकता था या शायद नानी ही इससे भड़क कर कि वह फूल चुरा रहा था, उसके खिलाफ़ कुछ कर बैठतीं।

बचपन में डर और गुप्त बातें और चुपचाप किये या होने वाले काम उस आयु के स्वाभाविक कार्य होते हैं, क्योंकि बड़ों द्वारा नियन्त्रित इस दुनिया में उन्हें जीवित रखकर आगे बढ़ना होता है। जब वे मुझसे सच कहलवाने में नाकाम रहे तो उन्होंने मुझे चेतावनी दी, ''तुम्हारा नाम अब हर पुलिस स्टेशन में लिखा हुआ है–सावधान रहना।'' अब वेल्लाल स्ट्रीट और हाई रोड के चौक से जब भी मैं गुज़रता, लाल पगड़ी पहने सिपाही को देखकर डर जाता।

इन दिनों मेरे मन की शान्ति समाप्त हो गयी थी। बन्दर के साथ मुझे जो चैन मिलता था, वह भी जाता रहा। राम भी अब शैतान होता जा रहा

था। निरन्तर प्रयत्न और अभ्यास करने से कमर की पट्टी और गले की चेन को खोलना सीख लिया था, जिससे वह अपने केबिन से बँधा रहता था।

पहले दिन जब उसे अपनी आज़ादी का ज्ञान हुआ, वह घर की छत पर जा कूदा और मेरी तरफ़ देखते हुए दाँत निकालने लगा। मैंने उससे नीचे उतर आने की मिन्नत की, लेकिन उसने परवाह नहीं की। वह एक छत से दूसरी छत पर इधर-उधर भागता फिरा और शाम को देर से अपने यहाँ वापस आया, लेकिन वह केबिन में जाने को तैयार नहीं हुआ और दूसरों को भी दूर भगाता रहा। हमारी तरफ़ से ज़रा भी प्रयत्न होते ही वह पीछे कूद जाता और पकड़ से बाहर निकल जाता। अगर आप उसे मूँगफली या खाना देकर आकृष्ट करने की कोशिश करते तो वह ललचाई नज़रों से उसे देखता लेकिन पास नहीं आता था। मामाजी ने उसे पकड़ने की बड़ी कोशिश की, पर हार मानकर छोड़ दिया। कहा, ''इसे अकेला छोड़ दो। छत पर रहना ज्यादा अच्छा लग रहा है। इससे कोई नुकसान नहीं होगा।'' समस्या केवल बन्दर की सुरक्षा की नहीं थी, उससे पड़ोस के लोगों की सुरक्षा की ज्यादा थी। वह घर की सीमाओं में प्राप्त आज़ादी से ही सन्तुष्ट नहीं रहा, उसने शहर में घूमना शुरू कर दिया। वह सड़क पर बने मकानों की छतों पर शुरू से आखिर तक घूमता और जिस किसी इमारत की खिड़की खुली पाता, उसके भीतर घुस जाता। कमरे में जो कुछ देखता, उसे उठा लेता और पीछा किये जाने पर भाग जाता। लेकिन दिनभर वह चाहे जहाँ घूमता, शाम को घर ज़रूर लौट आता और कभी-कभी अपनी लायी चीज़ें भी हमें दिखाता। एक दफ़ा वह एक काले रंग का फ़ाउन्टेन पेन ले आया, जिसकी गर्दन उसके चबाने से तुड़-मुड़ गयी थी और उसके होंठों में काला रंग लग गया था। एक और दिन उसने शेविंग ब्रश ला दिया। एक दिन उसने शादी में एक किचन पर हमला बोल दिया और आराम से खा-पीकर मुँह में और भी बहुत-सा खाना भरकर ले आया। फिर कई दिनों तक उसने खाने की माँग नहीं की। वह मुहल्ले के हर फलवाले पेड़ को विधिपूर्वक खाली करता और लोग उसकी शिकायतें लेकर हमारे दरवाज़े पर भीड़ लगाने लगे। सब हमें बुरा-भला कहने लगे। लेकिन नानी गुस्सा होकर

जवाब देतीं, ''तो हमें क्यों परेशान करते हो? तुम बन्दर का जो चाहे करो, हम कुछ नहीं कहेंगे'' पर वे कुछ कर नहीं पाते थे, बन्दर बहुत फुर्तीला था और किसी की पकड़ में नहीं आता था। एक दिन शनिवार को, जब कॉलेज की छुट्टी थी, मामाजी ने पहले तो उसे बहुत फुसलाया, लेकिन वह जब पास न आया, तो खाने का कुछ सामान रखकर बगल में कंबल ओढ़कर बैठ गये। घंटों इन्तज़ार करते रहे और अन्त में जब वह सावधानी से खाने की तरफ़ बढ़ा, तो हाथ बढ़ाकर उसे पकड़ने की कोशिश की। लेकिन राम, छिटककर भाग गया और इसके बाद हफ़्ते भर तक वहाँ नहीं आया। यह समय उसने शायद एक लड़कियों के स्कूल के पास बिताया, जहाँ वह उनके हाथों से खाना छीन लिया करता था।

वह बदनाम हो गया, सारा शहर उसके पीछे पड़ा था। मैं जिन-जिन देवताओं को जानता था, उन सबसे प्रार्थना करने लगा कि बन्दर को पकड़े जाने से बचायें। फिर किसी ने मामाजी को राय दी कि इसके लिए शराब का इस्तेमाल करो। उन्होंने देसी ठर्रे की दुकान से एक बोतल खरीदी और उसमें मूँगफली के दाने भिगोकर एक बर्तन में छज्जे पर रख दिये। ताज्जुब की बात है कि यह उपाय काम कर गया। अगली दफ़ा जब राम ने इधर का रुख किया, तो खाना देखकर वह रुका। वह बर्तन की तरफ़ बढ़ा और मूँगफली के दानों से मुँह भरने के बाद ठर्रा भी धीरे-धीरे पी गया। इसके बाद जब वह छत पर कूदने के लिए आगे बढ़ा, तो उसके पैर डगमगाने लगे और वह बेहोश होकर वहीं लुढ़क गया। मेरे मामाजी ने, जो सारा दिन यह जाल बुनने और प्रतीक्षा करने में लगे रहे थे, उसे पकड़ा और ज़ंजीर डालकर उसके केबिन में पहुँचा दिया। कुछ दिन बीते और मैं बालू के ढेर पर खड़े होकर फिर उससे बातें भी करने लगा। उसने सड़क की आज़ादी का मज़ा चख लिया था और फिर वह उसी की कामना करने लगा। मशहूर जादूगर हूदिनी की तरह वह बन्धनों से निकलने में कुशल हो गया था। एक दिन वह सवेरे अपनी कमर की पेटी से सरककर निकल आया और गायब हो गया। फिर मैंने उसे कभी नहीं देखा। मुझे कभी पता नहीं चला कि उसे उसके दुश्मनों ने खत्म कर दिया या वह नये ठिकाने

की खोज में कहीं चला गया या पड़ोस के आम के बगीचे में दूसरे बन्दरों के साथ जाकर रहने लगा।

इसके बाद मुझे अपने दूसरे साथी, मोर के साथ अकेले जीवन बिताने को विवश होना पड़ा, जिसमें बन्दर की तरह स्थिरता नहीं थी– मेरे विचार के अनुसार–बल्कि जो बहुत चंचल था, हमेशा कीड़ों की तलाश में लगा रहता था और चलता-फिरता रहता था, अपनी लम्बी पूँछ फैलाये–जो निरन्तर और लम्बी तथा भारी होती जा रही थी। जब मैं सड़क की तरफ़ देखता दरवाज़े पर बैठा रहता, तब वह आज्ञाकारी की तरह मेरे बगल में आकर बैठ जाता और आने-जाने वालों को डराने की कोशिश करता रहता। फिर उसने नम्बर एक, वेल्लाल स्ट्रीट से आगे की जाँच-पड़ताल भी शुरू कर दी। वह ज़ोर से पंख फड़फड़ाता हमारे घर की दीवार से उड़कर दरवाज़े के सामने वाले पेड़ की शाखा पर जहाँ भी चाहता, धप्प से गिर पड़ता। यहाँ घूम-फिरकर वह शाम को खुद ही वापस लौट आता या जब कभी कोई ''मायला'' कहकर उसे आवाज़ देता, तब वह कहीं से लम्बी महीन आवाज़ में जवाब देता। हम उसे अकेला छोड़ देते, पड़ोस के लोग उसके अभ्यस्त हो गये थे। स्कूल के बच्चे उसे प्यार करते थे और उसे कुछ-न-कुछ खिलाया करते थे, पर जब वे उसका पंख उखाड़ने की कोशिश करते, तब वह इसका सख्ती से प्रतिकार करता था। जब मैं स्कूल जाने लगा, तब लौटते वक्त उसे देखता और अपने साथ वापस लाता था। उसने अपने आवागमन का इलाका बहुत बढ़ा दिया था और एक दिन वह हमारे स्कूल की दीवार पर आकर बैठ गया–लेकिन जब मैंने उसे देखा, तो बच्चे उसके इर्द-गिर्द घूम रहे थे और मैंने उसे अपनाने की कोशिश न करके उसे जो चाहे करने के लिए आज़ाद छोड़ दिया, क्योंकि हमारे मास्टर लोग पता नहीं इसे किस ढंग से लेते। कभी-कभी वह दूसरी दिशा में चलता-फिरता देसी शराब की दुकान पर पहुँच जाता, जहाँ पीने वाले उसे भी वे ही नमकीन, मूँगफली वगैरह खिलाते, जो वे खुद शराब पीने के साथ खाते थे। कोई-न-कोई हमारा परिचित 'मायला' को घर छोड़ जाता था।

लेकिन एक दिन दो रिक्शेवाले उसकी लाश लेकर हमारे यहाँ आये

और बगीचे में छोड़ गये। वे बोले, ''लगता है किसी ने इसकी गर्दन मरोड़ दी है।'' वह मिट्टी में बेजान पड़ा था और लम्बी पूँछ दूर तक फैली थी।

नानी उसे इस प्रकार देखकर शोक से पागल हो उठीं और बोलीं, ''इसे मेरे सामने से ले जाओ।''

वे बोले, ''हमने सोचा, 'आप इसकी पूँछ लेना चाहें'–पंखे बनाने वाले अच्छी कीमत देते हैं।''

नानी मुझे पकड़कर भीतर चली आयीं। चुप हुई तो कहने लगीं, ''मैं जानती थी, ऐसा ही कुछ होगा। हमें इसे निकलने नहीं देना चाहिए था।''

मैं बोला, ''मैं स्कूल न जाता होता तो इसकी रक्षा करता।''

~

एक छोटी-सी मैना मेरी प्रिय पक्षी थी। उसका शरीर भूरा और चोंच पीली थी। मेरे मामाजी ने इसे एक पक्षी बेचनेवाले से खरीदा था। शाम को जब मैं स्कूल से घर आता, तब कॉफ़ी में ब्रेड के टुकड़े डुबोकर उसे खिलाता था। यह आराम-पसन्द चिड़िया थी जो कभी बाहर उड़ जाने की कोशिश नहीं करती थी, बल्कि घर में ही इधर-उधर आज़ादी से घूमती, लकड़ी के खम्भों के इर्द-गिर्द मँडराती और जब मैं स्कूल से आता, तब मेरे कन्धों पर आकर बैठ जाती थी। यह पक्षी समुदाय की उस श्रेणी से सम्बन्धित थी, जो सिखाने पर कुछ शब्द बोल सकते हैं, और मैं इसके कानों में घंटों तमिल के कुछ शब्द और वाक्य गुँजाया करता था। यह निचली मंज़िल में आराम से और सुरक्षित रहती थी, पर एक शाम मैंने यह गलती कर दी कि मैं इसे ऊपर छज्जे पर छोड़ गया। मैंने उसे छज्जे की ज़मीन पर बैठा दिया और अपने हाथ से कॉफ़ी में भिगोये ब्रेड के टुकड़े खिलाता रहा। मैंने नहीं देखा कि कुछ ही गज़ दूर छत पर बिल्ली बैठी है। वह नीचे देखती रही और मौका पाते ही नीचे कूदी, मैना को दाँतों में दबोचा और वापस छत पर भाग गयी। मैं

चीखा, चिल्लाया और बिल्ली को बुरा-भला कहता रहा। मामाजी ने मुझे खुश करने के लिए दो-चार दिन में एक और चिड़िया ला दी। पिंजरे में एक तोता जिसे उन्होंने कील से लटका दिया। मैं स्कूल जाने से बचे समय में एक स्टूल पर खड़ा होकर उसे तीलियों के बीच से केला, लाल मिर्च और पका हुआ चावल खिलाता और उसे 'रंगा, रंगा' या 'कौन है?' कहना सिखाता। मैं यह सिखाते-सिखाते थक गया लेकिन उसने एक शब्द भी नहीं बोला। वह सिर्फ़ चीख-चीखकर आसमान गुँजा देता। हालाँकि हमने उसे बचाने की पूरी कोशिश की, लेकिन एक दिन एक बिल्ली ऊपर छत पर चढ़ गयी और पिंजरे में अपने पैर डालकर उसके पंख नोच डाले। सवेरा हुआ तो तोता लुटा-पिटा, सिर के बाल गायब, पिंजरे में पड़ा था। वह साँस तो ले रहा था पर हिल नहीं पाता था। कोई आया और यह कहकर उसे ले गया कि वह जानता है वह जगह जहाँ ऐसे पक्षियों का इलाज किया जाता है, लेकिन इसके बाद न हमने तोते को देखा, न पिंजरे को और न इस सहायक को।

मेरे मामाजी यह चाहते थे कि कोई पशु या पक्षी घर पर रहे। शायद मेरे खेलने के लिए, परन्तु अब वे समझ गये कि पक्षी रखना आसान नहीं है, इसलिए अब वे एक बिल्ली का बच्चा लाये जिसकी पूँछ बड़ी झब्बेदार थी। जो मैना झपटने वाली बिल्ली से एकदम भिन्न थी। जो ''नागू'' कहकर बुलाने पर ''म्याऊँ'' कहती थी। खाने के समय हमारे साथ बैठती और घी डाला हुआ चावल बड़े मज़े से खाती थी। अब मैं अपना पहले हुआ सब नुकसान भूल सकता था। किसी और जानवर की अपेक्षा बिल्ली कम परेशान करती है। कुछ हफ़्ते बाद जब वह एक दिन बाहर निकली, तो एक पड़ोसी ने सड़क पर उसका पीछा किया, तो वह एक तेज़ी से बहते नाले में जा गिरी और डूब गयी।

इसके बाद एक छोटा-सा कुत्ता एक रुपये में खरीदकर लाया गया। यह एक बटलर ने बेचा था जो शराबघर के बगल में एक यूरोपियन के घर में काम करता था। उसने विश्वास दिलाया कि यह कॉकर-स्पेनियल है। इसकी खाल देखकर यह लगता तो था, लेकिन अफ़सोस, यह भी नहीं

रहा। यह दिनभर घर में घूमता–जो मुझे लगता कि भूखा रहता है, इस कारण घूमता है और हर तरह की चीज़ें, कागज़, चिथड़े, भगवान की पूजा के लिए दीये में लगायी जाने वाली रुई की बत्तियाँ, बगीचे में पेड़ों से गिरे पत्ते, खाद और बालू निगल जाता और फूला हुआ पेट लिये फ़र्श पर पड़ा रहता था और एक दिन जब मैं शाम को स्कूल से लौटा, उसे साँस लेने में भी तकलीफ़ हो रही थी। यह उसका अन्त था। इसके बाद मामाजी ने कसम खायी कि कोई पशु-पक्षी घर नहीं लायेंगे।

3

गर्मी शुरू होती थी, तो मद्रास में सूरज इतनी तेज़ी से चमकने लगता कि लोग शहर छोड़कर भागने लगते थे। पैसेवाले तो कोडइकनल और ऑटकमंड जैसे हिल स्टेशनों पर चले जाते, पर मेरे लिए अपने माता-पिताजी के पास जाना ही सबसे सरल था। मेरे पिताजी मैसूर राज्य के चेन्नापट्टन में एक गवर्नमेंट हाईस्कूल के हेडमास्टर थे, जहाँ पहुँचने के लिए पहले तो रात भर का सफ़र तय करके बंगलोर पहुँचना पड़ता था, फिर एक छोटी-सी ट्रेन द्वारा जो बहुत धीरे-धीरे चलती थी, वहाँ पहुँचते थे–वह पहाड़ी इलाके से गुज़रती थी। जब स्कूल में गर्मी की छुट्टियाँ होतीं, तब मेरी नानी खुद ही मुझे चेन्नापट्टन ले जाती थीं, लेकिन इसकी तैयारी में वह छुट्टियों के पूरे तीन हफ़्ते बिता देती थीं। इसमें सबसे ज़्यादा समय वह चावल और दालों को कूट-पीसकर उनकी लुगदी बनाकर बड़ियाँ और मंगोड़ियाँ बनाने और सुखाने में लगाती थीं, जिन्हें तेल या घी में तलकर खाया जाता है और सालभर जिनका इस्तेमाल किया जाता है। इसी तरह वह कई दालों को नमकीन पानी में भिगोकर रखतीं और फिर सुखातीं जिससे वे बेमौसम भी साल में जब चाहे बनाकर खायी जा सकती थीं। यह बड़ा लम्बा-चौड़ा काम होता था जिसकी योजना कई हफ़्ते पहले फरवरी में ही बनायी जाती थी, जब हवा में हल्की नमी होती है। वह इनकी सूची बनाते हुए कहतीं, ''शिवरात्रि के दस दिन बाद कोहरा एकदम छँट जायेगा और तब तक मुझे सब तैयारी कर लेनी है।'' पहला काम था दालों और मसालों को खरीदना। सौभाग्य से हमारे मकान के एक हिस्से में पूरा-का-पूरा

कंज्यूमर (Consumer) स्टोर था, जहाँ हम बाथरूम के बगल का दरवाज़ा खोलकर पहुँच जाते थे। दरअसल हमारा मकान काफ़ी बड़ा था जिसके ज़्यादातर हिस्सों में नानी ने दफ़्तर, स्टोर और मकान किराये पर दिये हुए थे और अपने लिए सिर्फ़ एक किचन, एक कमरा और ऊपर मामाजी के लिए एक कमरा रखा हुआ था। उस समय मैं यह नहीं समझ पाया कि नानी किराये की आमदनी पर कितना निर्भर हैं।

नानी किसी दिन दोपहर को सूची बनाकर दुकान से सामान खरीदने जातीं। जब मैं स्कूल से घर लौटता, फ़र्श पर बोरियाँ और कागज़ के लिफ़ाफ़े बिखरे पड़े होते। मुझे यह सब देखकर खुशी होती। पर जब मामाजी कॉलेज से लौटते, तो वे मुँह टेढ़ा करके कुछ कहते, जिससे नानी को परेशानी होती थी। वह कुछ तीखी बात कहतीं, तो वे और भी कड़वी बात कहते। वे क्या कहते हैं, यह मेरी समझ में नहीं आता था, लेकिन मैं दोनों के चेहरे ध्यान से देखता और समझने की कोशिश करता कि उनका मतलब क्या है। मुझे सिर्फ़ एक शब्द समझ में आता था, 'ज्ञान' जो मेरी माँ का नाम था। नानी कहतीं, ''हम खाली हाथ तो नहीं जा सकते। ज्ञान को कुछ देना पड़ता है। वह खुद तो कुछ बना नहीं सकती, क्योंकि हमेशा बीमार रहती है।'' मामाजी अपनी बहन को बहुत प्यार करते थे और यह सुनकर चुप हो जाते और कुछ भुनभुनाते हुए सीढ़ियाँ चढ़कर ऊपर गायब हो जाते।

इसके बाद नानी की मदद के लिए बहुत-सी औरतें आने लगतीं, जिनमें कोई चीज़ें साफ़ करती, कोई सुखाती, कोई कूटती-पीसती और कुछ गूँधती रहतीं। ये सब या तो उनकी सहेलियाँ, या किरायेदारनियाँ या नौकरानियाँ होती थीं। सारा घर तरह-तरह की आवाज़ों से गूँजता रहता। लोहे के इमामदस्ते में कूटने की, छानने और फटकने की, सिल पर बट्टे से लगातार पीसने की और इन सबसे ऊपर औरतों के हर वक्त कौं-कौं करते बातें करने की। नानी इनके लिए छज्जे पर खजूर वगैरह की चटाइयाँ बिछा देती थीं। कई खाने की चीज़ें बनाने वाली छोटी-छोटी मशीनों से तरह-तरह के आकारों में छोटी-बड़ी चीज़ें बनकर निकलतीं और सूखने के लिए खुली धूप में चटाइयों पर डाल दी जाती थीं। इनकी देखभाल करने

के लिए छोटे सदस्यों की नानी ड्यूटी लगा देतीं, जो छड़ी हाथ में लिये कौए वगैरह को भगाया करते। जब मेरी ड्यूटी लगती तो मैं छाँव में बैठ जाता और कौआ देखते ही चीखकर उसे भगा देता था। इसके लिए शाम को मुझे एक आना इनाम मिलता। इस पैसे के अलावा मैं सूख रही चीज़ों को भी बीच-बीच में खाया करता, जो आधी सूखी होने के कारण पेट में दर्द करने लगती थीं। मामाजी इन सब कामों को नज़रअन्दाज़ करते और चुपचाप छज्जे से निकल जाते और शाम होने पर नानी इनमें से कुछ चीज़ें तलकर उनके सामने खाने के लिए रख देतीं और जब मैं प्लेट लेकर उन्हें देने जाता तो देखता कि वे मज़े से खा रहे हैं।

अन्त में ये सब चीज़ें डिब्बों और कनस्तरों में भरी जातीं और पास तथा दूर के परिवारवालों को समय-समय पर बाँटी जातीं। इनमें सबसे बड़ा हिस्सा माँ का होता। ''बेचारी के कई बच्चे हुए हैं, हमेशा बीमार रहती है, कमज़ोर है, खुद कुछ नहीं कर पाती,'' नानी अपने जानने वालों से हमेशा कहतीं। ''उसे ही सबसे ज़्यादा मदद की ज़रूरत है। मैं मदद न करूँ तो पता नहीं क्या हो!''

मेरी नानी के कार्यकलाप अनेक थे और वे बहुतों से सम्बन्धित रहती थीं। अनेक व्यक्तियों के जीवन का वह केन्द्र थीं। वह बहुत ज्ञानी और मददगार थीं। वह शादियाँ तय कराती थीं, जन्मकुंडलियों को देर तक देखतीं और सही व्यक्ति से विवाह करने के लिए लोगों को समझाती थीं। मैं उनके बारे में सोचता हूँ तो वह हमेशा खुरपी लिये अपना खाली वक़्त बाग में काम करती नज़र आती हैं। वह क्यारियों में काट-छाँट करने के साथ अपनी परिचितों से गम्भीर विषयों पर चर्चा करती थीं। कई दफ़ा, ज़्यादातर शाम के समय कोई किसी को लाकर कहता कि इसे बिच्छू ने काट लिया है। वह उसे चुप रहकर बैठने या लेटने को कहतीं और पिछवाड़े जाकर कहीं से कुछ पत्तियाँ उखाड़कर लातीं, उन्हें उँगलियों में ही मरोड़कर रस निकालतीं और काटे पर लगा देतीं, फिर उसे वे ही पत्तियाँ खाने को कहतीं। ये कड़वी पत्तियाँ खाकर आदमी मुँह बनाता तो वह कहतीं, ''यह संजीवनी है जिसका रामायण में वर्णन किया गया है। इसका रस तुम्हें सबसे काले कोबरा के ज़हर से भी बचा सकता है। मुँह मत बनाओ, सब

खा जाओ।'' कई दफ़ा वह अपनी कॉपी निकालकर देखतीं, जिसमें उन्होंने कुकर खाँसी और लकवा की दवायें लिखी हुई थीं। कोई पड़ोसी उल्टियों से परेशान अपने बच्चे को लेकर आता, तो वह अपना काम छोड़कर कहीं जाने लगतीं और आने वाले को समझा जातीं–''डर की कोई बात नहीं है, सिर पर ठंडी पट्टी रखो और पैरों को गर्म पानी में डाल दो, सब ठीक हो जायेगा।''

उन्हें सवेरे से रात तक इतना काम होता था कि मुझे चेन्नापट्टन पहुँचाने के लिए समय निकालना आसान नहीं था। इसलिए मेरी यात्रा बार-बार स्थगित हो जाती और नानी सोचती रहतीं कि जल्द ही कोई और वहाँ जाने वाला मिल जायेगा जिसके साथ इसे भेज दूँगी। लेकिन चेन्नापट्टन ऐसी जगह थी जहाँ सामान्यतया कोई नहीं जाता था। किसी ने इसका नाम भी नहीं सुना था, हालाँकि नानी के लिए यह दुनिया की सबसे महत्त्वपूर्ण जगह थी, क्योंकि उनकी बेटी और नाती-नातिनें वहाँ रहते थे।

स्कूल बन्द हो गये तो मेरे पास करने को कुछ नहीं रहा। मैं सारी शाम सड़कों पर घूमते-फिरते बिताता और इसमें मुहल्ले के और बेकार लड़के भी शामिल हो जाते। मेरे पास एक लोहे का पहिया था जिसे मैं सड़क पर घुमाता, मेरे पीछे और लड़के दौड़ते, और हमारा रास्ता वेल्लाल स्ट्रीट से बायें मुड़कर ऑडियप्पा मुदाली स्ट्रीट होते हुए गंगादेश्वरर और हाई रोड की तरफ़ जाता था। यह काफ़ी लम्बा चक्कर था जिस पर हम बार-बार घूमते ही रहते। ईश्वर ही जानता है कि यह कितने मील था, लेकिन तपता हुआ सूरज हमारे खुले हुए सिरों पर तपता रहता था, धोती ऊपर कमर में घुसेड़ी होती, ऊपर मामूली शर्ट और पीठ भी एकदम खुली। एक लड़के के हाथ में साइकिल का हत्था होता, दूसरे के हाथ में पीछे की पट्टी, और दो और लड़के खाली हाथ। हम सब काल्पनिक पहिया हाथ में पकड़े दौड़ते चले जाते। हम तब तक सुरक्षित थे जब तक किसी साइकिल से न टकराते, गाय-बैलों और गाड़ियों से दूर रहते और कोई हमारी परवाह न करता। हम सोचते कि हम ट्रेन बन गये हैं–तब मोटरकार का ज्यादा प्रचार नहीं हुआ था और हवाई जहाज़ बने नहीं थे। हम अंधों की तरह दौड़ते और बजरी में गोले की आवाज़ सुनकर खुश होते रहते।

शाम ढलने के बाद रात होने लगती, दुकानों में रोशनियाँ जल जातीं, तब हम घर वापस लौटते। थके-माँदे, भूखे और गिर पड़ने को तैयार। दूसरा दिन फिर इसी तरह शुरू हो जाता। उन दिनों मैं ज्यादातर सड़कों पर ही रहता था और इसकी तरफ़ किसी का ध्यान नहीं जाता था कि तभी चेन्नापट्टन से मेरी माँ का पोस्टकार्ड प्राप्त हुआ, जिसमें उसने लिखा था कि दिन भर मैं सूरज के नीचे रहता हूँ, इस तरह से मेरी सेहत पर असर पड़ेगा और मुझे तुरन्त भेज दिया जाये। यह उसे किसी ने बताया था जो मुझे वहाँ दौड़-भाग करते देख गया था। दरअसल यहाँ की धूप इतनी तेज़ होती थी कि उसमें साँप भी मुरझा जाये। नानी ने पत्र पढ़कर मुझे सुनाया और कहा, ''दिन में बाहर मत निकलो, शाम को ही निकलो।'' उनके पास मुझे रोकने का कोई बहाना नहीं था और जैसे ही वह भीतर गयीं, मैं बाहर निकलकर दौड़ने लगा और यह सोचता रहा कि माँ को कैसे पता चला कि यहाँ साँप निकलते हैं और धूप में मर जाते हैं।

अन्त में एक रात हम बंगलोर की ट्रेन में बैठ ही गये और हमारे चारों तरफ़ नानी के बनाये सामान के डिब्बे भरे पड़े थे। दूसरे दिन दोपहर को हम चेन्नापट्टन पहुँचे और तुरन्त मैं मद्रास लौटने की इच्छा करने लगा। यहाँ की दुनिया मुझे एकदम अलग लगी : नये चेहरे, नयी भाषा, नयी आवाज़ें। माता-पिताजी का मकान बहुत बड़ा था : बड़ा हॉल, बड़ा आँगन और बाग़-बगीचा; पिताजी के कई नौकर कोट पहने और पगड़ियाँ बाँधे। चेन्नापट्टन मुझे एक आँख नहीं भाया। मद्रास और वहाँ के अपने दोस्तों की बहुत याद आती। मैं अपने लोहे का पहिया भी साथ नहीं ला सका था। मैं सारा समय अपनी नानी के साथ ही बिताता क्योंकि इस अजनबी शहर में एक वह ही ऐसी थीं जो मुझे अपनी लगतीं। चेन्नापट्टन के घर में मेरे माता-पिता, दो बहनें, दो भाई (बड़े का नाम पताही और छोटे का नाम सीनू) और एक नवजात बहन थे। चेन्नापट्टन में सभी ने बहुत उत्साह से मेरा स्वागत किया लेकिन मुझे उनके साथ रहना बहुत ही मुश्किल लग रहा था। जब मेरी माँ मुझसे कुछ बात करने की कोशिश करतीं तो मुझे बड़ी शर्म और घबराहट होती और पिताजी के सामने तो मेरी बोलती बन्द हो जाती। पिताजी देखने में बहुत कठोर लगते और उनकी ऊँची आवाज़ और

जिस तरीके से वह अपनी ऐनक में से मुझे घूरते–मुझे बहुत डर लगता। लगता है जब मेरी सबसे छोटी बहन का जन्म हुआ तो माँ के लिए इतने बच्चों का ध्यान रखना मुश्किल रहा होगा। इसलिए जब मैं दो साल का था तो नानी मुझे अपने साथ मद्रास ले गयीं। मद्रास को ही अब मैं अपना घर मानता था। मेरे भाई-बहन सब मेरे इर्द-गिर्द ही रहते और घर में सभी मुझे मिठाइयाँ और किस्म-किस्म के पकवान खाने को देते। लेकिन जैसे ही शाम होती में उदास हो जाता और मुझे अपने घर की बहुत याद आती और मैं मद्रास वापस जाने के लिए फूट-फूटकर रोता।

अपने नये घर, नये वातावरण का आदी होने में कुछ समय लगा। धीरे-धीरे सभी के लाड़-प्यार और माँ के बनाये खास पकवान, इनका मैं मज़ा लेने लगा। शाम को नौकर मेरे छोटे भाई को गोद में लेकर हम सबको हाई स्कूल के कम्पाउंड में खेलने के लिए ले जाता। मेरा सबसे बड़ा भाई अपने दोस्तों के साथ अलग से खेलता और हम छोटे भाई-बहनों के साथ अपना समय नहीं बिताता।

मेरे बड़े भाई का अपना अलग कमरा था, जिसमें उसके प्रिय पशु-पक्षी रहते थे और बाहर जाते वक्त जिन्हें वह बन्द कर जाता था। कभी-कभी वह मुझे बाहर घुमाने ले जाता, जगहें दिखाता, अपने परिचितों और दुकानदारों से मिलाता, जो उन्हें हर चीज़ माँगते ही दे देते थे– उन्होंने मुझे मिठाइयाँ, भुने हुए मेवे और केले दिये और दुकानदार से कन्नड़ में कुछ कहा जो मेरी समझ में नहीं आया। शायद वह कह रहा होता कि मैं मद्रास से आया वो लड़का हूँ जिसके पास अपना एक बन्दर था और जो खाने के सामान के पैसे बाद में देगा। इसके बाद हम एक साइकिलवाले के यहाँ गये जहाँ गटर के ऊपर चार साइकिलें दीवार के सहारे रखी थीं–मेरे भाई ने, जो साथ ही था, ''मुझे बताया, मुझे जब चाहूँ, साइकिल दे देता है।''

''तुम साइकिल चलाना जानते हो?'' मैंने पूछा। इसके जवाब में उसने एक साइकिल उठायी, उसकी घंटी बजायी, जिसे सुनकर दुकानदार ने उसकी तरफ़ देखकर कुछ कहा, जो मेरी समझ में नहीं आया, भाई साइकिल सड़क पर लाया, कुछ दूर चलाई और फिर वहीं वापस रख

दी। यहाँ से हम स्कूल के मैदान में पहुँचे, जहाँ वह खिलाड़ियों के साथ शामिल होकर बॉल को किक मारकर दौड़ाने लगा। उसने मुझसे कहा कि गोल के पास खड़ा होकर खेल देखूँ।

कुछ दिन बाद उसके साइकिल की दुकानवाले दोस्त ने उसकी हमारे पिताजी से डाँट पड़वा दी। एक दिन भाई घर आते ही अपने कमरे में चला गया और भीतर से दरवाज़ा बन्द कर लिया। उसके पीछे साइकिलवाला आया और जो पिछले दिन हँस रहा था, आज एक टूटी-सी साइकिल मुश्किल से घसीटता हुआ वहाँ पहुँच गया। उसने इतने ज़ोर-ज़ोर से चिल्लाना शुरू किया कि सारा परिवार बाहर निकल आया और पिताजी भी अपने कमरे से नीचे उतर आये। भाई ने यह साइकिल किराये पर ली थी, लेकिन वह सड़क पर गिर पड़ा जिससे साइकिल को नुकसान पहुँचा और वह साइकिल को स्टैंड पर रखकर बिना पैसे दिये भाग आया। पिताजी ने उससे बातचीत की और वापस कर दिया, फिर भाई का दरवाज़ा खटखटाकर उसे बाहर निकाला। उसकी नाक से खून बह रहा था और कपड़े खून और मिट्टी में सने थे। पिताजी ने उसे घूरकर देखा और पूछा कि यह क्यों हुआ। उन्होंने उसे एक चाँटा मारा, लेकिन दूसरा मारते, इससे पहले ही घर की औरतें चिल्लाने लगीं और उसको बचाने दौड़ पड़ीं। नानी बहुत चीख रही थीं और अपनी सास से बहस करना गलत समझकर पिताजी ऊपर चले गये।

मैं एक खम्भे के पीछे खड़ा यह सब देख रहा था, मैं भी बहुत डर गया। मैंने तय किया कि पिताजी के सामने पड़ने से बचूँगा। उनका व्यक्तित्व बहुत अफ़सरी था–लोग कहते थे कि वे हेडमास्टर नहीं, कमांडर-इन-चीफ़ लगते हैं। दमदार आवाज़, नुकीली नाक और शेर की तरह चलना-फिरना। वह बच्चों पर ज्यादा ध्यान नहीं देते थे और दूसरों की तरह घरवालों के साथ मिल-बैठकर बातचीत भी नहीं करते थे। घर में वह निश्चित रास्तों से ही आते-जाते थे। उनके कमरे से डायनिंग रूम और बाथरूम का रास्ता ही तय था, और निश्चित समय पर निश्चित स्थानों पर ही वह दूसरों से मिलते थे, इसलिए मैं सोचता था कि इन रास्तों से दूर रहा जाये तो उनसे बचा जा सकता है। वह साइकिल पर बैठकर सुबह साढ़े नौ बजे स्कूल

जाते थे। ट्वीड का सूट पहने, टाई लगाये, सिर पर चमकती सफ़ेद पगड़ी बाँधे और रात को नौ बजे घर लौटते थे; उनकी शाम स्थानीय क्लब में बीतती थी जहाँ वे टेनिस खेलते, अपने मित्रों से मिलते, जो ज्यादातर सरकारी अफ़सर होते थे। रात को एक नौकर हाथ में लालटेन लिये उन्हें क्लब से घर लाने जाता था और वह उनका रैकेट भी सँभाल लेता और वे खुद छड़ी हिलाते हुए धूल में अटे गुर्राते हुए गली के कुत्तों को हटाते हुए धीरे-धीरे वापस लौटते थे।

जब वे घर पहुँचते, हम बच्चे चुप हो जाते, खेलना और चिल्लाना बन्द कर देते और अपने को नियन्त्रित कर लेते थे। फिर हम रात का खाना खाते और एक कतार में लगे बिस्तरों पर लेटे हुए कुछ दिमागी खेल खेलते रहते थे। जैसे, बिना देखे दीवार पर लगी तस्वीरों को गिनना, गरुड़ पर विराजमान विष्णु से गणना शुरू होती और सोलहवीं तस्वीर पर यह खत्म होती, जिसका अंग्रेज़ी में शीर्षक था 'वेनिटी' (घमण्ड)। इसमें एक स्त्री शानदार वस्त्र और कीमती आभूषण पहने खड़ी थी। देवी-देवताओं के साथ अकेली मानव आकृति। मेरी माँ को देवी-देवताओं के लिथो चित्र उनके चारों तरफ़ सुनहरी लेस चिपकाकर दीवार पर टाँगने का शौक था। हम दबी ज़बान में बातें करते और हँसते जब तक पिताजी की आवाज़ सुनायी देती, खेलते रहते थे। खाने के वक्त माँ हमेशा उनके साथ रहतीं। पिताजी उन्हें स्कूल की बातें सुनाते या खाने की आलोचना करते या किसी और विषय पर गर्मजोशी से बहस करते। अन्त में जब हम आश्वस्त हो जाते कि वे ऊपर अपने कमरे में चले गये, तब हम चादर और तकिया फेंककर फिर शोर मचाने लगते। माँ अपनी छोटी बच्ची को वहाँ सुलाकर और यह देखकर कि पिताजी कुर्सी पर बैठकर पढ़ने लगे हैं–वे आधी रात तक पढ़ते थे–नीचे आकर हम सबको एक-एक गिलास दूध पीने को देतीं और कुछ देर गलियारे में बैठकर नानी से बात करतीं। जो मुझे वहीं छोड़कर वापस मद्रास जाने का विचार करने लगी थीं। माँ हमें बार-बार कहतीं, ''अब सो जाओ, पिताजी पढ़ रहे हैं। तुम्हारी बातचीत से उन्हें परेशानी होगी।''

मेरे भाई ने मुझे सिखाया कि टिड्डे कैसे पकड़े जाते हैं और उन्हें

कैसे प्रशिक्षित किया जाता है। एक शाम हम शहर की सीमा पर घूम रहे थे, तो हमने हर गड्ढे और घास-फूस में से ढूँढ-ढूँढ कर टिड्डे इकट्ठे किये और छोटे कनस्तरों में भरकर घर लाये; वह हमेशा हरे वाले टिड्डे मेरे लिए छोड़ देता और बड़े भूरे अपने लिए रख लेता। हम उन्हें गत्ते के डिब्बों में रखते और उनके खाने के लिए हरी पत्तियाँ, चीनी और दूसरी चीज़ें रखते और उन्हें उलटना-पुलटना सिखाते, परन्तु उनमें से ज़्यादातर दो दिन बाद मरे हुए पाये जाते। ताज्जुब तो होता लेकिन हम इसकी ज़्यादा जाँच-पड़ताल नहीं करते और अगली शाम दूसरे पकड़ने के लिए चल पड़ते थे।

जब मेरी छुट्टी के आठ सप्ताह समाप्त हो गये और मुझे मद्रास वापस जाना था, तो मुझे बुरा लगने लगा। अपने भाई-बहनों का साथ, माँ की देखभाल और नौकरों की सेवा के कारण मुझे वापस जाना बहुत बुरा लगने लगा जहाँ सड़क पर घूमने वाले लड़के, गालियाँ देने वाले स्कूल मास्टर, बोर्डिंग में कक्षा के साथी और सबसे ज़्यादा मद्रास के घर में एकदम अकेलापन था। लेकिन इससे बचने का कोई उपाय नहीं था। मेरे मामाजी का बहुत सुन्दर, मोती समान अक्षरों में लिखा पोस्टकार्ड प्राप्त हुआ, जिसमें स्कूल खुलने की तारीख की सूचना दी गयी थी और यह भी बताया गया था कि मैं पास होकर नयी कक्षा में पहुँच गया हूँ। मुझे इसमें सन्देह नहीं कि मुझे चालबाज़ी से पास किया गया था, क्योंकि स्कूल का बूढ़ा पुराना क्लर्क, जो रजिस्टर में पास-फेल दर्ज करता था, अक्सर हमारे घर आया करता था और मामाजी ने उसे बहुत-सी छोटी-बड़ी चीज़ें दी थीं। बाद में वह घर पर मुझे पढ़ाने भी आने लगा और कई साल तक पढ़ाता रहा और मुझे आगे धकेलता रहा, विशेष रूप से गणित और भूगोल के खतरनाक समुद्र में, जो कभी-कभी शिक्षण के सहायक के रूप में छड़ी का प्रयोग भी कर लेता था और मुझे बिलकुल सुनसान और भोजनविहीन कोठरी से, जो लूथरन मिशन स्कूल की वेदी के एकदम नीचे बताई जाती थी, बचाये रखने का वादा भी कर दिया था, लेकिन इम्तिहानों के बाद आगे बढ़ाने में हमेशा साथ देता था।

माँ ने मेरे लिए कई तरह की मिठाइयाँ, काफ़ी दिन तक चलने के लिए बनायीं और मद्रास जाने वाले किसी व्यक्ति के साथ मुझे वापस भेज दिया। मेरी विदाई के समय पिताजी मेरे आस-पास टहलते रहे और हँसते हुए मुझे सलाह दी, ''मद्रासी लफंगा मत बन जाना,'' और मुझे कुछ पैसे भी दिये।

~

मुझे याद पड़ता है कि पहले विश्वयुद्ध के ज़माने में समुद्री जहाज़ 'एमडेन' ने मद्रास पर गोले बरसाये, तब भी मुझे चेन्नापट्टन भेज दिया गया था। रॉबर्ट क्लाइव के ज़माने के बाद मद्रासियों ने कोई लड़ाई नहीं देखी थी, इसलिए उन्हें इस बात का अन्दाज़ा भी नहीं हुआ कि समुद्र से उन पर गोलाबारी की जा रही है। वे समुद्र की तरफ़ से आसमान में फैलतीं सर्चलाइटों की रोशनी देखते, जिसके बाद धमाकों की आवाज़ें आने लगतीं, जिन्हें लोग छतों पर चढ़कर देखने की कोशिश करते और ताज्जुब करते कि ये सितारों की तरह चमकती फुलझड़ियाँ क्यों उड़ रही हैं। एक गोला हाई कोर्ट की इमारत पर गिरा, जिससे उसकी दीवार उड़ गयी, दूसरे दिन उसके टुकड़े लॉ कॉलेज के वरांडे में पाये गये; दूसरा गोला बन्दरगाह के तेल-भण्डार पर पड़ा जिससे वह धू-धू कर जल उठा और तीन-चार मील दूर अपने घर की छत से मैं इसे देखता रहा। जर्मनी का राजकुमार, 'एमडेन' जहाज़ का कमांडर था और वह समुद्र में घूमता अंग्रेज़ों के जहाज़ नष्ट कर रहा था और भारत के समुद्र से गुज़रते हुए उसने शायद मनोरंजन के लिए यह गोलाबारी की होगी। उसे हमसे कोई दुश्मनी तो थी ही नहीं और अपने दिल में वह ज़रूर मित्रता की भावना रखता होगा। लड़ाकू लोग कुछ ऐसी ही मिश्रित भावनाओं से बने होते हैं। वे तमाशे के लिए भी विनाश कर सकते हैं या करने की कोशिश करते हैं। यह समझ में नहीं आता कि कोई कमांडर अपना युद्धपोत लेकर कहीं सिर्फ़ इसलिए जाये कि वहाँ से हाई कोर्ट की कुछ फीट लम्बी दीवार को तोड़ना है, लेकिन इस घटना के कारण नगर के पूर्वी भाग में रहने वाले लोग बहुत डर गये–यानी जॉर्ज टाउन का इलाका जो समुद्र तट के पास है–लेकिन यहाँ से दो मील दूर

रहने वालों ने कोई ध्यान नहीं दिया। जॉर्ज टाउन में रहने वाले बहुत से लोग गाड़ियों पर चढ़कर पश्चिम की ओर किलपॉक की दिशा में रहने चले गये। इससे कुछ ही समय पहले कहा गया था कि समुद्र में बड़ा तूफ़ान आयेगा और उसी दिन सारी दुनिया खत्म हो जायेगी, इसलिए बहुत से लोग अपनी कीमती चीज़ें इकट्ठी करके कांजीवरम जाने की तैयारी कर रहे थे, जो वहाँ से चालीस मील दूर है—जब यह घटना हुई, वे जाने को तैयार थे।

4

जब मेरा तीसरा भाई तीन महीने का था, पिताजी का तबादला चेन्नापट्टन से हासन नामक जगह के हाई स्कूल के लिए हो गया। उनके मित्रों ने उन्हें सलाह दी कि बंगलोर स्थित विभाग के अधिकारियों से कहें कि उनका बच्चा अभी तीन महीने का ही है, इसलिए जगह बदलना मुश्किल है। लेकिन वे बड़े अनुशासित अफ़सर थे और अपने लिए किसी विशेष सुविधा की बात भी नहीं सोच सकते थे। इसलिए अगली छुट्टियों में मुझे एक बहुत टेढ़ा-मेढ़ा सफ़र तय करना पड़ा : रातभर ट्रेन में बिताकर सवेरे बंगलोर पहुँचना, दूसरी रात का कुछ हिस्सा दूसरी ट्रेन में, फिर अरिसिकेरे नामक एक छोटे से स्टेशन पर उतरना; फिर वेटिंग रूम की एक मेज़ पर कुछ घंटे की नींद, इसके बाद तड़के ही बैलगाड़ियों के एक काफ़िले पर चढ़कर आगे की यात्रा। इसके लिए मुझे सवेरे ठीक समय पर जगाया गया और चटाई से ढँकी बहुत बड़ी गाड़ी पर, जिसे दो बैल खींचते थे, चढ़ाया गया; नीचे बिछी घास-फूस पर एक दरी पड़ी थी और हासन के हाई स्कूल का एक लम्बा-चौड़ा चपरासी बैल हाँकने वाले के बगल में बैठा था। उसका नाम मन्जा था। यहाँ से आगे के सफ़र पर वह मेरा अकेला साथी था। मद्रास से अरिसिकेरे तक इसी दिशा में आने वाला एक व्यक्ति मुझे छोड़ गया था। मन्जा कन्नड़ भाषा में बातें करता रहा, जिसे मैं अभी तक समझ नहीं पाता था। उसकी बड़ी-बड़ी मूँछें थीं और कानों में कुंडल लटक रहे थे। वह हासन के अपने घर की बातें करता रहा उसने मुझसे जो कुछ कहा, उसमें से कुछ भी मेरे पल्ले नहीं पड़ा, इसलिए वह

टूटी-फूटी तमिल में मुझे समझाने की कोशिश करता रहा। उसने कहा :
''पहली बात, तुम मुझे विश्वास दिलाओ कि अपने माता-पिताजी को देखते
ही उनके पैरों पर गिरकर उन्हें प्रणाम करोगे। नहीं तो मैं तुमसे कभी बात
नहीं करूँगा।'' मैं समझ नहीं पाया कि वह मुझसे बात नहीं करेगा, तो
मेरा क्या नुकसान होगा, लेकिन मैं डर गया और मैंने तय कर लिया कि
यह ज़रूर करूँगा–यद्यपि यह धारणा मुझे पसन्द नहीं है, आज भी नहीं
है–कि किसी के पैरों पर गिरा जाये। लेकिन उसका विरोध सम्भव नहीं
था, मैं पूरी तरह उसके अधीन था।

हमारे सफ़र के कुछ हिस्से में मन्जा अपनी लाठी तानकर गाड़ी के
आगे-आगे चला। इस पहाड़ी और जंगल से घिरे इलाके में कई जगह
डाकुओं का खतरा होता है और उनसे बचने का उपाय यही है कि
बैलगाड़ियाँ एक साथ चलें और आगे बढ़ें और मन्जा जैसा पहलवान डंडा
लेकर चुनौती देता हुआ उनका नेतृत्व करे। उन दिनों डाकुओं को दूर रखने
का यह अच्छा उपाय माना जाता था। हम कई मील की दूरियों को तय
करते हुए पेड़ों से ढँके इस रास्ते पर धीरे-धीरे आगे बढ़ते रहे; आम और
बबूल के बड़े-बड़े पेड़, लेन्टाना की हरी-हरी रंगीन फूलों से ढँकी झाड़ियाँ
चारों तरफ़ फैली थीं। दो-तीन दफ़ा हमारे बैल पानी पीने के लिए तालाब
या कुएँ के पास भी रुके। सड़क ऊपर-नीचे चढ़ती-उतरती दूर तक फैली
थी। मैंने आज तक ऐसा रास्ता नहीं देखा था। हासन वास्तव में हिल स्टेशन
है–आज भी इसे 'गरीब आदमी की ऊटी' कहा जाता है। ऊटी आठ हज़ार
फीट की ऊँचाई पर बसा है और यहाँ सरकारी अफ़सर और पैसेवाले लोग
गर्मियों में आराम करने आते हैं। गाड़ी में घास-फूस की तीखी गन्ध और
घंटियाँ बजाते चले जा रहे बैलों की धीमी चाल के कारण मुझे झपकी
लग आयी, हालाँकि मैं मन्जा की चेतावनी के कारण मन-ही-मन परेशान
था। हमें सत्ताइस मील का सफ़र तय करना पड़ा। घंटों तक घास-फूस
पर उछलते हुए हम दस एकड़ के खेत में बने एक बँगले पर पहुँच गये।
फाटक में घुसने से पहले मन्जा ने मुझे फिर वही चेतावनी दी। लेकिन
खूबसूरत बेलों से सजी चारदीवारी में प्रवेश करते ही मैंने मन्जा की उपेक्षा

करना शुरू कर दिया और उसकी तरफ़ देखने से भी परहेज़ किया। वह मेरा सामान उठा-उठाकर भीतर रखता रहा। इसके बाद तीन महीने के मेरे निवास के दौरान उसने फिर कभी इस बात का उल्लेख नहीं किया और मुझे विश्वास है कि यदि मैंने ज़मीन पर लेट कर माता-पिताजी को प्रणाम करने जैसा नाटक किया होता, तो उन्हें बहुत अजीब लगता।

~

मेरी छोटी बहन और भाई की उम्र उस समय सात और पाँच साल की थी–यानी उन्हें गम्भीरता से लेना ज़रूरी था। बँगले के विशाल अहाते में हम खेलते ही रहते थे। हवा साफ़ थी और सामने खड़ा गुलमोहर का पेड़ फूलों से भरा रहता था। बँगला उपनिवेशी ढंग का था, ऊँची छतें, घुमावदार दरवाज़े और वेनिशियन शटर। सामने की घुमावदार चौहद्दी पर बैंगनी रंग के फूल हमेशा ऊपर से नीचे झूलते रहते थे। गुलमोहर से अनन्त संख्या में फूल गिरते रहते थे। हम उनकी लम्बी जटायें तोड़ लेते, उनके सिर आपस में जोड़ते, उनसे खेलते और जो बाज़ी मार लेता, उसे एक प्वाइंट मिल जाता था। पेड़ के नीचे बैठे हम यह खेल घंटों खेलते रहते थे।

मेरा बड़ा भाई जब समय मिलता मेरा साथ देता था। लेकिन वह बहुत व्यरत रहता था, खेल-कूद और शारीरिक क्रिगाओं का नह नड़ा जानकार था और अपने साथियों में उसकी बड़ी माँग रहती थी। वह अपना ज़्यादातर समय घर से बाहर ही बिताता और काफ़ी रात होने पर लौटता और लेन्टाना की झाड़ियों के बीच एक खाली जगह से भीतर आकर अपने कमरे की खिड़की फाँदकर चुपचाप अपने बिस्तर पर जाकर लेट जाता। उसे यह तरकीब इसलिए इस्तेमाल करनी पड़ती थी, क्योंकि अँधेरा होने से पहले लौटने की उसे हमेशा ताकीद की जाती थी–जो उसके लिए शायद असम्भव था। हासन के मैदान और सड़कें कोबरा साँपों से भरी रहती थीं और झाड़ियाँ भी बहुत खतरनाक थीं, लेकिन वह इनकी परवाह नहीं करता था। एक दफ़ा एक चीता जंगल से भाग निकला और जहाँ-तहाँ देखा गया,

जिससे सारे शहर में सनसनी फैल गयी; लोगों ने शाम होते ही दरवाज़े बन्द करना शुरू कर दिया और घरों से बाहर नहीं निकलते थे। लेकिन मेरा भाई उसी समय पर वापस लौटता, चीते की नयी कहानियाँ सुनाता कि कैसे वहाँ उसने एक आदमी को दबोच लिया, कैसे कहीं और एक गाय को उठा ले गया वगैरह-वगैरह। पिताजी भी स्कूल के बाद टेनिस खेलने क्लब जाते और नौ बजे से पहले अब भी नहीं लौटते थे। लेकिन उनकी सुरक्षा के लिए मन्जा था जो हरीकेन लालटेन और बड़ा बाँस का डंडा लिये उनको पहुँचाने आता था। अगर ज़्यादा चीतों और कोबरा साँपों का खतरा होता, तो वह लालटेन की लौ तेज़ कर देता और डंडा भी बड़ा साथ ले लेता। पिताजी के आने तक हम सब बच्चे कम्बल से मुँह ढँके बिस्तर पर सोये पड़े होते थे–हासन में इतनी सर्दी पड़ती थी कि मेरे दाँत गर्मियों में भी बजते रहते थे।

कभी-कभी मेरा बड़ा भाई मुझे अपने साथ ले जाता। हम एक लाल रंग के और गंदे पानी से भरे तालाब पर जाते जो हमारी कोठी के विशाल अहाते के पीछे की तरफ़ था–हम उसके पानी में टखनों तक खड़े होकर पत्थर फेंकते थे जिससे लहरियाँ बनती थीं। इन पर सवार सरकंडे के टुकड़े तैरकर किनारे पर आ जाते। मेरा खयाल है कि इसमें हमारे डूबने का खतरा भी था और मेरा भाई एक सावधानी यह बरतता कि मुझे घर पर किसी को कुछ न बताने की आज्ञा जारी कर देता था। इस शरण स्थल की उसे इसलिए ज़रूरत थी क्योंकि वह सिगरेट लाता था और यहाँ हम दोनों पीते थे। जब हम घर लौटते, तो उसकी गन्ध छिपाने के लिए वह पिपरमिंट मुँह में रख लेता था। हमें डर था कि सिगरेट पीते हुए हमें कोई देख न ले और हमें पुलिस के हवाले न कर दिया जाये, लेकिन यह तालाब सुरक्षित जगह थी। यहाँ कुछ चरवाहे ही आते थे, उनके अलावा कोई और नहीं आता था। हम अपने घर पर भी विशाल अहाते के एक कोने में पड़े एक जस्ते के छप्पर के नीचे सिगरेट पीते थे। भाई सिगरेट के पैकेट और बुझी हुई दियासिलाइयाँ कुएँ के पार कोने में डाल देता था। एक शाम मेरी बड़ी बहन ने मुझे रंगे हाथों पकड़ लिया, तब हमने उससे वादा करवाया कि

वह किसी को यह नहीं बतायेगी और पिपरमिंट भी खाने को दीं। लेकिन घर में घुसते ही उसने माँ को यह बात बता दी। माँ मुझे अलग ले गयीं और पूछने लगीं, ''क्या यह सच है कि तुम सिगरेट पीते हो? मद्रास में तुमने यही सीखा है? मैं पिताजी को यह बात बताऊँगी तो वे तुम्हारी खाल उधेड़कर रख देंगे।'' आज तक माँ ने मुझे इस तरह कभी नहीं डाँटा था। मैं घबरा गया और समझ नहीं पाया कि क्या कहूँ और बेवकूफ़ की तरह आँखें मिचकाता खड़ा रहा। तब उसने कहा, ''गधे, जाओ, खाना खा लो। और तुम्हारा भाई कहाँ है?''

भाई पहले ही भाँप गया था कि क्या होने वाला है, इसलिए बुलाये जाने पर चुप साधे बैठा रहा। मैंने अपना खाना पेट में ठूँसा, बिस्तर पर आया और कम्बल सिर तक ढँककर लेट गया और मन्जा की लाठी की बाहर खट-खट सुनने लगा। कम्बल के भीतर मेरा दम घुटने लगा, लेकिन मैं पिताजी के आने का इन्तज़ार करता उसी तरह पड़ा रहा कि वे शिकायत सुनकर हमारे पास आयेंगे और डाँट-फटकार करेंगे। लेकिन ऐसा कुछ नहीं हुआ। मैं तब तक इन्तज़ार करता रहा, जब तक सब लोग सो नहीं गये, चारों तरफ़ शान्ति हो गयी और सिर्फ़ लैम्प ही जलता रहा। लेकिन कुछ नहीं हुआ और ज़ाहिर है कि माँ ने हमें बचा लिया, जबकि बहन ने धोखा दिया था।

~

अब मद्रास लौटते हैं। मैंने लूथरन मिशन स्कूल की आखिरी कक्षा पास कर ली। विदाई समारोह के बाद हमारी फोटो ली गयी। इसमें हमारे हेडमास्टर बीच में बैठे हैं और उनके दोनों ओर स्कूल के चार टीचर जो बहुत अच्छे अध्यापक माने जाते थे और एक दर्जन के लगभग क्लास में पढ़ने वाले छात्र उनके पीछे दो कतारों में खड़े हैं। यह पुरानी फोटो मेरे पास है। यही ग्रुप फोटो अब तक पीली नहीं पड़ी है, न समय के प्रभाव से भूरी हुई है, बल्कि काफ़ी साफ़ और ताज़ा है। इसकी चमक और स्पष्टता मुझे आश्चर्यजनक लगती है और जिसे देखकर मुझे शर्म आती है। इसने समय

के प्रभाव को झेला है और नाश से बची रही है। बस, इसका सीपिया रंग ज़रा हल्का ज़रूर पड़ गया है। इसकी ताज़गी मुझे उम्र के असर से बचाती है, जो पुरानी फोटो देखने पर अक्सर महसूस होता है।

कभी-कभी मैं इसमें खड़े अपने शिक्षकों और सहपाठियों के नाम याद करने की कोशिश करके अपना मनोरंजन करता हूँ। हेडमास्टर साहब से शुरू करूँ जो सुनहरी लेस लगी सफ़ेद पगड़ी बाँधे, सिल्क का कोट पहने, जिसके बटन ऊपर तक लगे हैं, तुर्रेदार मूँछें जो दोनों कोनों पर शान से मुड़ी हुई हैं–मुझे कभी उनका नाम पता नहीं चला, कोई सोच ही नहीं सकता कि हेडमास्टर का कोई नाम भी हो सकता है। वे हेडमास्टर की सही तस्वीर थे। अच्छे आदमी थे, मीठा बोलते थे, लेकिन छड़ी को ज़रा ज़्यादा ही घुमाते-फिराते थे; वे इसे हाथ में लेकर घूमते-फिरते थे, हालाँकि फोटो खिंचवाते वक्त उन्होंने इसे नीचे रख दिया था। वे नियमित रूप से हर सोमवार को मेरी फैली हुई हथेली पर इसके वार करते थे, क्योंकि मैं हर शुक्रवार को ड्रिल की कक्षा से भाग जाता था। शुक्रवार से सोमवार बहुत दूर होता था, इसलिए मुझे ज़्यादा परवाह नहीं होती थी। मैं बिना सोचे भाग निकलता था। हथेली पर छह सड़ाक खानी पड़ती थीं। यह चुनाव मैं ज़रूर कर सकता था कि छहों एक ही हथेली पर खाऊँ, या तीन-तीन दोनों पर। हेडमास्टर के दाहिनी तरफ़ गुरु स्वामी बैठे हैं जो हमें अंग्रेज़ी, तमिल और गणित पढ़ाते थे; और जिनके सिर पर ऊनी टोपी के नीचे बहुत से बालों की मोटी-सी चुटिया किसी तरह भीतर खुसी रहती थी। उन्हें मैं अपना मित्र मानता था क्योंकि वे मुझे अपने छोटे-मोटे कामों के लिए बाहर भेजते रहते थे, जैसे सड़क पार की दुकानों से पान का बीड़ा या खाने का पैकेट लाना और उनकी सेवा करके मुझे सम्मान महसूस होता था। उनके चेहरे पर चेचक के दाग़ थे और वे अकेले थे इसलिए स्कूल के ऊपरी वरांडे के बगल वाले सामान रखने के कमरे में रहते थे। दूसरी तरफ़ मुलायम मखनियाँ मुँह वाले अध्यापक थे, जिनकी चोटी उनके क्रिस्टीज़ (लन्दन) कही जाने वाली फेल्ट टोपी से बाहर झाँकती रहती थी। वे बड़े मधुर स्वभाव के व्यक्ति थे जो इतिहास और भूगोल पढ़ाते थे–वे हमसे

उतना ज़्यादा डरते थे जितना कि हम उनसे। उनका नाम भी आश्चर्यजनक था–मृत्युंजयम् जिसे न हम बोल पाते थे, न जिसके हिज्जे कर पाते थे।

पीछे खड़े सहपाठियों को मैं ध्यान से देखता हूँ, लेकिन एक को छोड़कर किसी का भी नाम याद नहीं कर पाता–वह जो चोटी के ऊपर ज़रीदार टोपी लगाये है–उन दिनों चोटियाँ रखने का कितना रिवाज़ था–कपाली, हमारा मॉनिटर, मेरी दृष्टि में महापुरुष, शान और अधिकार का प्रतीक। मैं उसकी बातें बड़े ध्यान से सुनता और जब वह मुझसे कुछ कहता, बहुत खुश होता था। अब ये सब कहाँ हैं और क्या कर रहे हैं? जैसे विशाल समुद्र में गुम हो गये हैं। मैं सिर्फ़ अपने को जानता हूँ, जो काला कोट पहने है–जिसे सिलकर देने में अप्पू मिस्तरी ने महीनों लगाये थे। वह हर महीने, जब नया निकलता चन्द्रमा तीन दिन का होता था, आता था, हमारे छज्जे से चाँद पर लम्बी नज़र डालता और फिर तुरन्त सौभाग्य के लिए मेरे मामाजी को देखता था। वह कहता था; ''शास्त्रों में लिखा है कि नये चाँद को देखने के बाद किसी शुभ आत्मा को देखो तो पूरा महीना भाग्यशाली होता है।'' वह हमेशा कठिनाइयों से घिरा रहता था, इसलिए हर महीने मामाजी का मुँह देखने आता था–जो उसके आस-पास अकेले शुभ आत्मा थे। वह मेरा कोट पहले ही दे देता, अगर वह शुभ आत्मा के चक्कर से मुक्त रहता और मशीन चलाने पर ज़्यादा ध्यान देता। यह एक पुराना काले रंग का कोट था जिसे वह मेरे नाप का बनाने के लिए ले गया था और मुझे रोज़ उसके पास जाना पड़ता। जो हो, फोटो खिंचने तक उसने इसे मुझे दे दिया और वह स्थायी बन गया। बहुत याद करने पर भी मुझे किसी का नाम नहीं याद आ रहा, हालाँकि आठ लम्बे वर्षों तक हम साथ पढ़े, खेले और मास्टरों की सज़ायें भुगतने में साथी रहे थे।

जब हम अन्तिम कक्षा में पहुँचे, हमारा कमरा ऊपर की मंज़िल पर था और अपने से छोटी कक्षाओं के छात्रों के सीनियर बनकर अकड़ते फिरते। हम लकड़ी की सीढ़ियों पर दनदनाते हुए उतरते, स्कूल के सबसे बड़े छात्रों की तरह अधिकारपूर्वक और ऊपर खड़े होकर नीचे छोटी कक्षाओं के छात्रों की भीड़ को गौरव से देखते, जैसे ओलिम्पियन देवता नीचे घूमते

पिग्मियों पर नज़र डाल रहे हों। लेकिन आज मैं पूछता हूँ कि आज मेरे ये ओलिम्पियन देवता कहाँ हैं? शायद अपने नाती-पोतों को देख रहे हैं, या इन्तज़ार कर रहे हैं कि कब वे खेल-कूदकर आयेंगे या छुट्टी बिताने यहाँ आयेंगे। यदि कभी किसी प्रकार भाग्य के प्रभाव से किसी से मुलाकात हो जाये, मुझे विश्वास है कि हम सब अपने गठिया के दर्द की तुलना करेंगे जिसके कारण घर के चबूतरे से आगे जाना सम्भव नहीं होता, या हाइपर एसिडिटी की चर्चा होगी जो भीतर से शरीर को नष्ट करती रहती है, जो खाने को ज़हर में बदल देती है या ब्लड प्रेशर की शिकायत करेंगे जिससे कान भीतर से बजने शुरू हो जाते हैं और शेक्सपियर के 'मैकबेथ' की तरह आदेश देते हैं, ''सोना बन्द करो।'' और यह सब भी इसी आशा के साथ कि वे सब अभी जीवित हैं और पहचाने भी जा सकते हैं। अगर आज मैं उन्हें पार्क की बैंचों पर एक कतार में बैठा देख लूँ, तो मैं उन्हें बिना पहचाने निकल जाऊँगा, आँखें भी आश्चर्य करेंगी कि यह गंजा आदमी इतने घमण्ड से क्यों चला जा रहा है, जो उसे इस समय शोभा नहीं देता। एक अमेरिकी होटल मैनेजर ने एक दफ़ा मुझ से कहा था, ''सन आफ़ ए गन (Son of a gun) एक मुहावरा : ओ भले आदमी, तुम्हारी उम्र मेरे बराबर ही होगी, हालाँकि तुम उतने दिखायी नहीं देते, ज़्यादा दबाव मत डालो अपने ऊपर, आराम से रहो।'' उसे तभी दिल का दौरा पड़ा था और वह जानता था कि वह क्या कह रहा है।

~

चौथी कक्षा के लिए स्कूल का परिवर्तन, जिसका नाम था सी.आर.सी. हाई स्कूल, जो एक संस्था द्वारा चलाया जाता था, जिसके स्वामी का नाम इतना लम्बा था कि व्यावहारिक कारणों से उसे संक्षिप्त करना पड़ा। इस स्कूल की किसी अच्छाई या बुराई से मेरा कोई वास्ता नहीं था। मेरे लिए इस परिवर्तन का परिणाम सिर्फ़ यह हुआ कि यहाँ पहुँचने के लिए मुझे पहले ट्राम के टर्मिनस के पास की दुकानों से गुजरना पड़ता, जिससे मुझे लगता कि मैं बड़ी दुनिया का हिस्सा हो गया हूँ। इस अवस्था में स्कूल

की पढ़ाई दूसरे महत्त्व की हो जाती है–अब दूसरी बहुत-सी बातें मेरे लिए महत्त्वपूर्ण हो गयीं। अब मैं स्काउट हो गया–और गर्व से एक नयी दुनिया में प्रवेश कर गया, खाकी निकर, दो जेबों वाली सफ़ेद कमीज़, हरी पगड़ी, कन्धों पर पट्टियाँ, चमकता हुआ गले का स्कार्फ़, हाथ में छोटा-सा डंडा–ये सब पहनकर परेड करना, बायें हाथ से एक-दूसरे को सेल्यूट मारना, क्योंकि यह दिल से किया जाना चाहिए, जो बायीं तरफ़ होता है। लॉर्ड बेडेन पावेल हमारे अनदेखे देवता थे, जिन्होंने ब्रिटिश साम्राज्य के युवा प्रजाजनों को स्वस्थ, सुदृढ़, और ईश्वर, ताज तथा देश के आज्ञाकारी नागरिक बनाने के उद्देश्य से इस योजना तथा संगठन का आयोजन किया था। लेकिन खेद की बात है कि यह धारणा गलत सिद्ध हुई। हम बी.एस.ए., यानी बेसेंट स्कॉउट्स ऑफ इंडिया में शामिल कर लिये गये–एनी बेसेंट इसकी अध्यक्षा थीं, जो होम रूल फ़ॉर इंडिया का उद्देश्य लेकर चली थीं और हमारी तीन ऊपर उठी उँगलियाँ ईश्वर, ताज और देश को इंगित न करके ईश्वर, आज़ादी और इंडिया के प्रति शपथ दिलाती थीं। हम इस ड्रिल के बाद 'गॉड सेव दि किंग' के लहज़े में जो गीत गाते थे, वह अब हो गया : 'गॉड सेव अवर इंड, गॉड सेव अवर नोबल लैंड, गॉड सेव अवर मदरलैंड।'

हमारा सैनिक दल बहुत अनुशासित और उद्देश्यपूर्ण दल था, जो मालाबरी हाउस नामक एक भवन में केन्द्रित था, जहाँ एक सुशिक्षित स्काउट मास्टर हमें प्रशिक्षण देता था। हर स्काउट का मुख्य कार्य था कि हर रोज़ कम-से-कम एक अच्छा काम करना। हमें छोटी-छोटी 'नोटबुक्स' दी जाती थीं, जिनमें रोज़ किये गये अच्छे काम लिखने पड़ते थे। अच्छे काम की तलाश करना आसान नहीं होता था। मुझे याद है कि इन दिनों मैं सड़क की तरफ़ देखते हुए इन्तज़ार करता रहता कि कोई लड़खड़ाकर गिरे या किसी साइकिल वगैरह से टकराकर दुर्घटनाग्रस्त हो जाये, तो मैं अपना 'फर्स्ट एड बॉक्स' लेकर उसका इलाज़ करने दौड़कर जाऊँ। हमें टॉर्नीक्वेट बाँधना, चोट की पट्टी करना इत्यादि सिखाया जाता था। लेकिन अफ़सोस कि ऐसी दुर्घटनाएँ बहुत कम होती थीं। कई दफ़ा मैंने अपनी

नोटबुक में लिखा, 'भिखारी को पैसा दिया' या 'नानी का बिस्तर बिछाया।' स्काउट की तीन श्रेणियाँ होती थीं; 'टेंडरफुट', 'सेकिंड क्लास' और 'फ़र्स्ट क्लास'–और इसके अनुसार उसे सीने पर लगाने के लिए बिल्ले दिये जाते थे। मुझे पहली श्रेणी (फ़र्स्ट क्लास) का बिल्ला नहीं मिला, हालाँकि यहाँ तक मैं पहुँच गया था। मैं केवल एक दियासलाई से कभी न कैम्प फायर, या कोई और फायर जला सका; गाँठों का मेरा ज्ञान रीफ़ नॉट से आगे कभी नहीं बढ़ा। हालाँकि चार और गाँठें मुझे सीखनी थीं; और मैं कभी दबे हुए खजाने के संकेतों और रास्तों को नहीं पढ़ सका। मैं हमेशा गलत दिशा में चल पड़ता। इसके बावजूद जब लॉर्ड बेडेन पावेल ने मद्रास का दौरा किया, तब बाँस के डंडे से दस हज़ार छात्रों के साथ उनको सेल्यूट किया।

स्काउटिंग के बाद फुटबॉल मेरा दूसरा शौक था। हमने अपनी टीम का नाम 'जम्पिंग स्टार्स' रखा था, और 'लेक' नामक स्थान पर हम खेलने जाते थे। यह नाम पता नहीं क्यों रखा गया था, क्योंकि यहाँ मीलों तक पानी की एक बूँद भी नहीं थी; अब भी इसे लेक या स्पर टैंक कहते हैं, हालाँकि यह इलाका रेगिस्तानी है। हम लोग दस थे–कोई गोलकीपर, कोई फुल बैक, हाफ़ बैक या सेंटर फारवर्ड–दोनों पक्षों में। और हमारे कैप्टन का नाम जुम्बू था। वह हम से समय-समय पर चार आने प्रति व्यक्ति लेता था और बाकी पैसा अपना खर्च करता था। उसकी शर्ट और धोती सबसे सफ़ेद और चेहरा तथा बाल सबसे ज्यादा काले थे। वह हमेशा सेंटर फारवर्ड खेलता था और उसमें नेतृत्व का जन्मजात गुण था। हम किसी और को अपने साथ शामिल नहीं होने देते थे। हम आँखें बन्द करके कैप्टन के आदेशों का पालन करते थे और दूसरी टीमों के जो लोग हमारे मैदान पर कब्ज़ा करने के लिए हमसे पहले वहाँ आते थे, उन पर काबू पाने का काम हम उसी पर छोड़ देते थे। हम हर दिन 'सुब्रह्मण्य पिल्ले' स्ट्रीट के कोने पर उससे मिलते थे, फिर भी मैं कभी यह नहीं जान सका कि वह रहता और पढ़ता कहाँ था। वह मेरे स्कूल में तो पढ़ता नहीं था; किसी 'सैदापेट' के स्कूल का नाम लेता था, जो हमारे लिए एक नयी दुनिया

थी। ईश्वर ही जानता है कि वह कब स्कूल जाता था और कब घर लौटता था, क्योंकि वह हमेशा उस कोने पर खड़ा दिखायी देता था, सफ़ेद कपड़े पहने और खेलने के लिए तैयार फुटबाल को पकड़े हुए।

जुम्बू ने ही हमारी टीम बनायी थी और इसमें कई स्कूलों के लड़के थे। स्कूल खत्म होते ही हम सड़क के कोने पर इकट्ठे हो जाते और बॉल पैरों से उछालते, किक लगाते, एक-दूसरे को निशाना बनाते, सड़क पर चल रही गाड़ियों के पहियों के बीच से निकलते, लेक की ओर चल पड़ते। लोग इस सबसे बेपरवाह अपनी राह चलते रहते। हम 'वेल्लाल स्ट्रीट' से गुज़र कर 'पौन्नी अम्मां स्ट्रीट' होते हुए लेक मैदान में पहुँचते। वहाँ रेलवे लाइन के बगल में हमारा खेल का मैदान था। फिर एक पत्थर वगैरह साफ़ करके गोल का निशान लगाते और अँधेरा होने तक खेलते रहते। हम हाँफते हुए, पसीने से लथपथ और भूखे-प्यासे वापस लौटते और कोने पर फिर रुककर उस दिन की हार-जीत का हिसाब लगाते और दूसरे दिन का कार्यक्रम तय करते। हमें कई बार समस्याएँ भी सुलझानी पड़तीं, जैसे हमसे ज़्यादा अच्छी किसी टीम की चुनौती या बॉल का कोई हिस्सा ज़रा-सा कट-फट जाने के कारण हारने का डर। लेकिन जुम्बू बड़ी शान्ति से इनका हल निकालता। साल खत्म होने पर पता चलता कि जम्पिंग स्टार्स ने काफ़ी अच्छा काम किया है और हमारे अपने रिकॉर्ड के अनुसार–जिसकी जाँच नहीं की जा सकती और यह हमारा पक्षपात कर सकती है–सप्ताहांत में खेले जाने वाले दस मैचों में हमने दसों जीत लिये थे–जिसका इनाम यह होता कि प्यास मिटाने के लिए हर व्यक्ति को आधी बोतल लेमन पीने को दी जाती थी–और ये भी जुम्बू ही हमें पिलाता था।

5

सी.आर.सी. के बाद मामाजी ने मुझे क्रिश्चियन कॉलेज हाई स्कूल में, वहाँ के पुराने छात्र होने के प्रभाव का इस्तेमाल करके, दाखिल करा दिया। यहाँ आकर मुझे गर्व महसूस हुआ। मैं सवेरे अपना लन्च-पैकेट लेकर ट्राम से जॉर्ज टाउन आता, जो करीब चार मील दूर था, भीड़-भाड़ से होकर मैं शहर के बीच आ जाता। मुझे जैसे अचानक खुली, बड़ी दुनिया में छोड़ दिया गया था। शाम को मैं पुरसवालकम पहुँचता, जो बहुत पिछड़ा हुआ इलाका लगता था। एसप्लेनेड पर क्रिश्चियन कॉलेज एक तरह से पहली इमारत थी, जिसके बाद सड़क थी, जो समुद्र तट को घेरती थी। कॉलेज के छज्जे से नीला समुद्र दिखायी देता था और उसमें चल रहे स्टीमर नज़र आते थे और नमकीन हवा सारा दिन बहती थी। हमारे अध्यापक अच्छे कपड़े पहनते थे, दयालु और विनम्र थे और छात्र उन छात्रों से भिन्न थे, जिनसे मेरा साबिका लूथरन मिशन और सी.आर.सी. स्कूलों में पड़ा था। चौड़े गलियारे, गोथिक टॉवर जिसमें घंटी लगी थी, एक गिरजा, खुले, रोशनी से भरे क्लास रूम और पुस्तकों से भरा पुस्तकालय। लन्च के समय मैं अपना चावल और दही का पैकेट पास की एक किताबों की दुकान पर ले जाता और वहाँ अलमारियों के पीछे जाकर खा लेता था। यह मद्रास की सबसे पुरानी किताबों की दुकानों में से एक थी, जो सारी दुनिया से किताबें मँगाती और बेचती थी। मैं यह स्पष्ट नहीं कर सकता कि मैं वहाँ जाकर लन्च क्यों करता था, सिर्फ़ इसलिए कि दुकान के मालिक मामाजी के सम्बन्धी थे और वे चाहते थे कि मैं शान्ति के साथ अकेले ही भोजन करूँ।

लन्च के बाद मैं शैल्फों में लगी किताबों के शीर्षक देखता, जब तक कि कॉलेज टॉवर का घंटा एकदम बड़ी ज़ोर से बजने न लगता। कभी-कभी जब इन्टरवल लम्बा होता, मैं सड़क पार करता और पटरियाँ कूदकर हाई कोर्ट की विशाल इमारत में चला आता–इसी पर पिछले वर्षों में 'एमडेन' समुद्रपोत का गोला आकर गिरा था–और सावधानी से घूमता, जिससे वहाँ घूमने वाला सार्जेन्ट, जिसकी ड्यूटी ''हश, सायलेंस, सायलेंस'' कहते हुए सारे इलाके में शान्ति बनाये रखने की थी, मेरी किसी क्रिया से परेशानी महसूस न करे। दिन बीतने पर मैं अपने सहपाठियों के साथ बीच स्टेशन तक दौड़कर आता, इलैक्ट्रिक ट्रेन पर चढ़ता और एगमोर स्टेशन पर उतर जाता, जहाँ से मेरा घर पास था और एक तरफ़ के ट्राम-किराये की बचत भी होती थी। मैं इसके लिए टिकट नहीं खरीदता था और अनुभवी मित्रों की सलाह के अनुसार स्टेशन से कुछ पहले ही कूदकर उतर जाता और कोयला-भरे उस इलाके में पैदल चला आता था। मैं चुपचाप यह काम करता, पर एक दिन घर पर बहादुरी दिखाने के लिए मैंने इसकी चर्चा कर दी, जिसका नतीजा यह हुआ कि मामाजी ने मुझे खूब डाँटा और चेतावनी दी कि किसी दिन मैं इसके कारण जेल पहुँच जाऊँगा।

~

लेकिन क्रिश्चियन कॉलेज की मेरी शान बहुत थोड़े समय ही रही। पहले सत्र की समाप्ति पर, जब 'माइकेलमस' की छुट्टियाँ चल रही थीं, मुझे मैसूर भेज दिया गया, जहाँ मेरे पिताजी को महाराजा कॉलिजिएट हाई स्कूल का हेडमास्टर बनाकर भेज दिया गया–'कॉलिजिएट' का मतलब था कि इसमें यूनिवर्सिटी में प्रवेश की कक्षा भी थी। पिताजी की मेरे पिछले स्कूलों के बारे में अच्छी राय नहीं थी, वे सामान्यतया मद्रास के स्कूलों के विरुद्ध थे और मुझे मैसूर में ही रखना चाहते थे। क्रिश्चियन कॉलेज के मेरे हेडमास्टर डॉ. एण्डरसन ने उन्हें व्यक्तिगत तौर पर लिखा भी था कि मुझे वापस भेज दें और मामाजी ने भी उनसे आग्रह किया कि जिस स्कूल में प्रवेश पाना गौरव की बात मानी जाती है, उसी में मुझे पढ़ने दें, लेकिन पिताजी ने कहा, ''मेरा स्कूल अच्छा खासा है। फिर रोज़ ट्राम में

सफ़र करना भी खतरे की बात है, उसमें सुरक्षा नहीं है...''

इस प्रकार मद्रास के व्यक्ति के रूप में मेरा जीवन समाप्त हो गया और मैं मैसूरियन बन गया। पहले तो, स्वाभाविक रूप से मैंने मद्रास की कमी महसूस की—मेरे साथी, वहाँ की सड़कें और शोर-शराबा और इनसे भी ज्यादा क्रिश्चियन कॉलेज का छात्र होने का विशेष गौरव। लेकिन जल्द ही मैंने मैसूर को सराहना आरम्भ कर दिया। यह करीब दो हज़ार फीट की ऊँचाई पर बसा है जिससे यहाँ की जलवायु शीतल है। मद्रास के विपरीत, जहाँ बदन पर कमीज़ भी परेशान करती है, आप पूरे कपड़े पहन सकते हैं—कोट, टोपी और जूते—जिसका मेरे पिताजी हेडमास्टर और पिता दोनों के नाते विशेष आग्रह करते थे। पहाड़ के ऊपर जातीं और नीचे उतरती सड़कें मुझे बहुत आकृष्ट करती थीं और रात को रोशनी से जगमग करती चामुंडी हिल किसी बड़े रहस्य का आभास देती थी। आसमान ज्यादा रंग-बिरंगा और अपना लगता था और सड़कों पर गलियारा बनाते हुए बड़ी संख्या में लगे हुए पेड़ रोज़ स्कूल जाने पर बहुत आकर्षण पैदा करते थे। घर की भीड़ भी मुझे अच्छी लगती थी। अब मेरी पारिवारिक तस्वीर में दो और भाई शामिल हो गये थे। बड़ी बहन की शादी हो गयी थी और वह अपने पति के साथ रहने कोयंबटूर चली गयी थी। पिताजी भी मृदुल हो गये थे और 'जियो और जीने दो' के दर्शन पर आचरण करने लगे थे। उनका दैनिक कार्यक्रम अन्य स्थानों जैसा ही था—स्कूल, क्लब और घर, लेकिन अब उन्हें कहीं ज्यादा छात्रों और अध्यापकों का प्रबन्धन करना होता था।

जल्द ही मुझे महसूस हो गया कि हेडमास्टर का बेटा होने का लाभ क्या होता है। उसे ज्यादा-से-ज्यादा लोग मित्र बनाना चाहते हैं। अध्यापक सामान्यतया ज्यादा विनम्र थे—सिवाय बॉटनी के अध्यापक के, जो हेडमास्टर तथा उसके बेटे दोनों के विरुद्ध बिफरते रहते थे और कहते—''मैं परवाह नहीं करता कि कोई हेडमास्टर का बेटा है। अगर वह रंगीन क्रेयॉन लेकर क्लास में नहीं आया तो मैं उसे निकाल बाहर करूँगा।'' एक दिन यह क्रेयॉन की समस्या होती, तो दूसरे दिन मेरे ड्राइंग पेपर पर ज़रा-सी टेढ़ी खिंची लाइन या बिना तराशी पेंसिल या मेरे क्लिप बोर्ड की चटखती

आवाज़–कोई भी ऐसी बात जिसका दोषी पचास छात्रों की कक्षा में कोई भी हो सकता था, लेकिन इन मास्टर साहब का निशाना मैं ही होता था और वे, हेडमास्टरों के लड़कों को कैसे ठीक किया जाता है, इस पर लम्बी टिप्पणी करते थे। इस समय सारी क्लास मेरी तरफ़ मुखातिब हो जाती और दाँत निकालकर मुझे देखती। लेकिन जल्द ही मैं भी इसका आदी हो गया और मैं भी दाँत निकाल कर उन्हें देखता, जिसका असर और ज़्यादा बुरा होता। वह अपने हाथ में लटकता पौधा मेज़ पर रख देते और वह पूरी दृढ़ता से घोषणा करते, ''वह हेडमास्टर का लड़का हो, तो भी मैं उसे निकाल बाहर करूँगा। यह हँसने की बात नहीं है, ध्यान रखना।'' यह कहते हुए उनकी आँखें गोल-गोल घूमने लगतीं। मैं नहीं जानता, पिताजी सरकारी तौर पर उनसे कैसा व्यवहार करते थे–क्योंकि वे घर पर स्कूल की बातें करते ही नहीं थे, इसलिए जाँचने का कोई उपाय नहीं था। लेकिन मुझे लगता था कि वे भी उसे नापसन्द करते थे, क्योंकि वे छात्र और अध्यापक दोनों के प्रति समान रूप से सख्ती का व्यवहार करते थे। वे जब कॉमन रूम से गुज़रते, तब आवाज़ें मद्धिम पड़ जाती थीं। फिर भी कुछ अध्यापक अपनी भावनाओं पर काबू रखकर यह कोशिश करते कि हेडमास्टर का लड़का अपने काम में कमज़ोरी न दिखाये। इसलिए उनमें से कोई-न-कोई मुझ से कहता रहता, ''अगर तुम्हें कभी कोई परेशानी हो तो बेखटके मेरे पास चले आना।'' लेकिन इसकी गुंजाइश ही कहाँ थी? समस्या तब आती है जब समझ अधूरी हो। अगर मुझे पता होता कि मेरा अज्ञान कहाँ है, तो मैं स्वयं उसे दूर भी कर लेता। मुझे शर्म आती जब कोई मुझसे यह बात कहता और मैं डरते-डरते कहता, ''आप फ़िक्र न करें, सर...'' या ''ऐसी कोई बात नहीं सर।'' हमारे ज़ूलॉजी के अध्यापक इस पर ज़रा ज़्यादा ही ज़ोर देते और वह उलटकर मुझसे कहते, ''कोई बात नहीं, सर, से तुम्हारा मतलब क्या है? मतलब है कि तुम पास नहीं होना चाहते?''

''मैं आपको तकलीफ़ देना नहीं चाहता''

ये मास्टर साहब कद में बहुत छोटे थे, सिर्फ़ साढ़े चार फीट लम्बे। दूर से देखने पर बच्चे ही लगते थे जो ज़रा लम्बा हो गया है। बस, सूट

और पगड़ी से पता चलता था कि वे क्या हैं? वे कीड़ों की शरीर रचना बताने के लिए बहुत से रंग लगाकर उनके चित्र बनाते, जिसके कारण उनकी उँगलियाँ हर वक्त चॉक से सनी रहती थीं। कई दफ़ा उनकी नाक का एक हिस्सा गुलाबी या हरा होता था और उनको देखकर कोई भी मुस्कुराये बिना नहीं रह पाता था और वे भी प्रत्युत्तर में भोलेपन से मुस्कुराने लगते थे। उनके नाम का संक्षेप अंग्रेज़ी में 'एम.एम.' था और हम उन्हें 'मिलीमीटर' कहते थे। बॉटनी के अध्यापक के विपरीत वे मुझे 'हेडमास्टर का लड़का' कहने से विशेष रूप से बचते थे और मेरे दिखायी पड़ने पर हमेशा मुझसे पूछते थे कि कोई समस्या तो नहीं आ रही है। शनिवार को सवेरे हमारी जूलॉजी प्रेक्टिकल की क्लास होती थी और हमें बोर्ड पर किसी जानवर की लाश का हिस्सा बिछाकर उस पर चाकू फिराने को कहा जाता था। मुझे यह काम करते हुए बड़े गर्व और आत्मविश्वास का अनुभव होता था, जैसे मैं सर्जन बनने जा रहा हूँ, और इस काम में इस्तेमाल होने वाले कारबोलिक लोशन की बू में एक खास इत्र की खुशबू महसूस होती थी। मैं बहुत घमंड के साथ उसकी काट-पीट करता, लेकिन दिमाग़ का उपयोग नहीं कर पाता था। बस, बगल का लड़का जो कर रहा होता, उसकी नकल करता चला जाता था और घंटी बजने पर कक्षा से बाहर निकल आता था। इसलिए अध्यापक मुझसे समस्या जानना चाहें, तो वह क्या हो सकती थी–कुछ नहीं। मैं अपने अध्यापक को, जो पूरे समय यही विषय पढ़ाते रहे थे, कैसे बताता कि मैं तो अज्ञान के गहरे बादल से घिरा हूँ। मैं अपनी कक्षा के वातावरण से अछूता रहता था–इस समय मैं खिड़की से बाहर गायों को देख रहा था जो घास चर रही थीं।

हमारी तरह के परिवार में धर्म के बाद शिक्षा का महत्त्व सबसे ज्यादा था, लेकिन शिक्षा के बारे में मेरा दृष्टिकोण परिवार के पारम्परिक मत से नहीं मिलता था। मैं आन्तरिक भावना से शिक्षा और परीक्षा, दोनों को स्वीकार नहीं करता था, क्योंकि इनकी अनावश्यक गम्भीरता और अतिवादी सुझाव मुझे पसन्द नहीं आते थे। इस मामले में चूँकि विद्रोह करना अव्यावहारिक होता, मैं रुचि के बिना ही यह सब करता रहता था, इसलिए इसमें उन्नति भी नहीं करता था। रोज़ पढ़ने के लिए स्कूल जाना मुझे कभी

न खत्म होने वाली बकवास मालूम होता था और जाता इसलिए था क्योंकि यह ज़रूरी था। मद्रास के लूथरन मिशन स्कूल के दिनों में मामाजी मुझे घर पर नहीं रहने देते थे, मैं चाहे जितनी कोशिश करूँ। मैं जब भी सिर दर्द का बहाना करके आह-ऊह करता बिस्तर पर लेटा रहता, वे कहते, ''उठो जल्दी करो, मैं खुद तुम्हें स्कूल ले जाऊँगा और मास्टर साहब से कह दूँगा कि तुम्हें ज्यादा काम न दें।'' और मैसूर में अपने पिताजी के स्कूल में मेरी स्थिति और ज्यादा खराब थी। हेडमास्टर के बेटे को स्कूल में हेडमास्टर और घर पर पिताजी के रूप में हेडमास्टर का सामना करना पड़ता था। यद्यपि पिताजी ज्यादा हस्तक्षेप नहीं करते थे, लेकिन हाज़िरी के रजिस्टर की–जिसे दुनिया की सबसे बदनुमा किताब कहा जाना चाहिए, पूरी जाँच करना उन्हें बहुत प्रिय था। क्लास में भी, जब वे सप्ताह में एक बार अंग्रेज़ी गद्य की कक्षा लेने आते थे, बोलते-बोलते बीच में रुककर रजिस्टर उठा लेते और पिछले हफ़्ते से इस हफ़्ते तक गैर-हाज़िर रहे छात्रों से जवाबदेही करते रहते थे। इसका नतीजा यह होता कि वे लैम्ब के निबन्ध की आरम्भिक पंक्तियों से आगे बढ़ ही नहीं पाते थे, ''दि एल्डर्स विद हूम आई वाज़ ब्रॉट अप वर ऑफ़ ए नेचर नॉट लाइकली टू लेट स्लिप ए सेक्रेड ऑब्ज़र्वेन्स एण्ड रिंगिंग इन दि न्यू ईयर...'' ('The elders with whom I was brought up were of a nature not likely to let slip a sacred observance and ringing in the New Year...') इस बिन्दु पर वे किसी तरफ़ मुड़कर पूछने लगते, ''सेक्रेड ऑब्ज़र्वेन्स–तुम बताओ कि यह क्या है? अरे तुम? पिछले हफ़्ते तुम कहाँ थे? ज़रूरी काम होगा, मेरा खयाल है–देखते हैं कि तुम्हें कब-कब ज़रूरी काम होता है। रजिस्टर लाओ,'' इस स्वभाव के पिताजी और हेडमास्टर के सामने कोई कैसे गैर-हाज़िर रह सकता है। वे तुरन्त आपको खड़ा कर देते और दण्ड की घोषणा करते और इससे भी ज्यादा यह कि घर पर आपको अपने कमरे में बुलाते और कहते कि तुम कितने बेशरम हो। इसलिए हाई स्कूल में मैं सौ फ़ीसदी उपस्थित रहा–हालाँकि मेरा कितना मन करता था कि बगल के नर्सरी बगीचे में घूमूँ-फिरूँ या बाहर के छोटे से तालाब पर जाकर बैठ जाऊँ, जहाँ लिली के फूल खिले हुए हैं, बड़े-बड़े पेड़ जिसके चारों

तरफ़ फैले हैं और जिसके किनारों पर सौ साल पहले गुज़रे हुए लोगों के स्मारक दिखायी पड़ते हैं। मैं निश्चयपूर्वक अपनी इन सब रुचियों पर लगाम लगाता और पहली घंटी बजते ही कक्षा में आकर बैठ जाता, नहीं तो दरवाज़े बन्द कर दिये जाते और लेटलतीफ़ों को प्रवेश नहीं मिल पाता था–इसके बाद हेडमास्टर आते और एक-एक को डाँट-फटकार और चेतावनी देकर भीतर किया जाता था।

~

बी.ए. करने के लिए यूनिवर्सिटी में मेरा प्रवेश एक वर्ष के लिए रुक गया, क्योंकि मैं प्रवेश-परीक्षा में फेल हो गया। यह परीक्षा हाई स्कूल के बाद देनी होती थी। मुझे लगता था कि फ़िजिक्स और केमिस्ट्री में मैं निकल नहीं पाऊँगा, जो दोनों मेरी समझ में नहीं आते थे; मैं कभी यह समझ नहीं पाया कि कथित समस्याओं के साथ दिये गये 'डेटा' का मैं क्या करूँ, 'वायुमंडलीय दबाव' और 'आणविक भार' की उपयोगिता क्या है, या लोगारिद्म की तालिकाओं का क्या करूँ, या 'नॉर्मल सॉल्यूशन' का क्यों और कैसे का अर्थ क्या है। ये विषय मेरी समझ में न मेरे अपने प्रयत्न से आये और न अध्यापक के देर तक स्पष्ट करने से। इन दोनों विषयों में मेरा फेल होना निश्चित था, लेकिन इन दोनों में किसी चमत्कार की तरह, पास हो गया था, हालाँकि नम्बर बहुत अच्छे नहीं आये थे।

मैं उस विषय में फेल हुआ था, जिसमें पास होने का मुझे पूरा विश्वास था–अंग्रेज़ी। इसमें मेरे इतने कम नम्बर आये थे कि लोगों को आश्चर्य हुआ–मैं बिलकुल साक्षर भी था या नहीं, मेरे पिताजी में स्कूल में बहुत सख़्ती बरतने के बाद भी एक अच्छाई थी। वे परीक्षा के नतीजे की बिल्कुल परवाह नहीं करते थे। फेल हुए विद्यार्थी के लिए उनके मन में सहानुभूति रहती थी। दरअसल यह व्यवस्था ही उन्हें पसन्द नहीं थी। लेकिन इस बार उन्होंने भी आश्चर्य व्यक्त किया, ''बेवकूफ़ लड़के, अंग्रेज़ी में फेल हो गये? क्यों?''

अंग्रेज़ी की योग्यता सामाजिक प्रतिष्ठा के लिए आवश्यक मानी जाती

थी; मैं कोई भी उत्तर दिये बिना चुप खड़ा रहा–हालाँकि मैं जानता था कि कारण क्या है। हमारी अंग्रेज़ी की किताबों में एक बोरियत से जमा देने वाली भूरी जिल्द-बन्द किताब थी–*एक्सप्लोरेशन्स एण्ड डिस्कवरीज़* जिसमें मुंगो पार्क और दूसरे अन्वेषकों के यात्रा-वर्णन थे। अपने सारे कैरियर में मैंने इतनी उबाऊ और कोई किताब नहीं देखी। मुझे यह एकदम बकवास लगी और इसे मैंने अपनी दुनिया से बिल्कुल निकाल दिया था, और तय किया था कि *ओलिवर ट्विस्ट* और *पोएटिकल सिलेक्शन्स* से सम्बन्धित प्रश्नों के ही उत्तर दूँगा। लेकिन परीक्षा कक्ष में जाने पर पाया कि छह प्रश्नों में से चार इसी से सम्बन्धित हैं–लगता था कि प्रश्न-पत्र तैयार करने वाला भयंकर व्यक्ति खुद पागल अन्वेषक रहा होगा। इसलिए मैंने हथियार डाल दिये और आधे घंटे में ही परीक्षा-कक्ष से बाहर आ गया और लिली के फूलों से भरे तालाब के किनारे बैठकर इसी उधेड़बुन में लगा रहा।

शिक्षा के बारे में मेरे विचार अभी तक नहीं बदले हैं। कुछ साल पहले जब मेरी बेटी ने निराश होकर पढ़ना छोड़ दिया और प्रश्न किया, ''मैं गणित की परवाह क्यों करूँ?'' तो मैंने एक शब्द भी नहीं कहा। इसके बाद उसे घर पर पुस्तकों तथा संगीत के लिए ज्यादा समय मिलने लगा। अब जब मेरा पोता स्कूल जाने से बचने की कोशिश करता है, तो मैं हमेशा उसका पक्ष लेता हूँ, हालाँकि उसके माता-पिताजी का मत कुछ और होता है। दादा के रूप में मैं उसके अध्यापकों को, जिन्हें मैंने देखा भी नहीं, जटिल, दुर्भाग्यपूर्ण व्यक्ति मानता हूँ, जिन पर विश्वास नहीं किया जा सकता। मैं ज़मीनी स्थिति पर नज़र रखकर यह मानने की कोशिश करता हूँ कि उसके स्कूल में कोई बात तो नहीं हुई है। मैं इस व्यवस्था के खिलाफ़ रहा कि अज्ञात आत्माविहीन कुछ व्यक्ति किताबों के एक सेट को पाठ्य पुस्तकें घोषित कर दें और इन्हीं के अध्ययन के आधार पर बच्चों को अच्छा या बुरा मान लिया जाये। इस अकादमिक शिक्षा के विरुद्ध मेरे विचारों को रवीन्द्रनाथ ठाकुर के शिक्षा सम्बन्धी एक निबन्ध से भी बल मिला। इससे भी मेरे अनोखे विचारों की पुष्टि हुई। मैं चाहता हूँ कि लोग जो चाहे पढ़ें और परीक्षा बिलकुल खत्म कर दी जाये।

6

यूनिवर्सिटी की प्रवेश-परीक्षा में अनुत्तीर्ण होने के बाद मेरे पास काफ़ी समय रहता था, क्योंकि अगली प्रवेश परीक्षा मैं कक्षाओं में जाये बिना दे सकता था। अब मैं पूरा एक साल जो चाहे पढ़ने के लिए स्वतन्त्र था और जहाँ चाहे घूम-फिर सकता था। हर रोज़ सवेरे मैं कूकनहल्ली तालाब के चारों ओर घूमने के लिए जाता, जेब में एक किताब पड़ी होती। यह पालग्रेव की *गोल्डेन ट्रेज़री* हो सकती थी या टैगोर की *गीतांजलि* या वर्ल्ड क्लासिक्स में से कीट्स की कोई किताब। तालाब का चक्कर लगाने के बाद मैं ऊँची ज़मीन पर एक अकेले पेड़ के नीचे बैठ जाता और धीरे-धीरे पढ़ते हुए पानी में तैरने वाले पक्षी देखता रहता। गायें और भेड़-बकरियाँ भी, जो मैसूर में दिखायी नहीं देती थीं, यहाँ घास चरती रहतीं। ये सब यहाँ के दृश्य में बड़ी खूबसूरती से शामिल हो जाती थीं।

मैं दोपहर तक पढ़ता, फिर घर लौटता। मैं नहीं जानता कि उन्होंने इस प्रकार मुझे फेल करके बुद्धिमत्ता का कार्य किया, क्योंकि पूरे वर्ष मैं पढ़ता और घूमता, अपनी मनमानी करता रहा। कई दफ़ा मैं देर शाम कूकनहल्ली तालाब पर वापस लौट आता और शाम का सूरज जल की लहरों पर अजीब-अजीब रोशनी पैदा करता और पश्चिमी आकाश में सूरज डूबने के समय तरह-तरह के रंग पैदा होते। आज भी मैं यही कहता हूँ, जबकि मैंने दुनिया के बहुत से भाग इन आँखों से देख लिये हैं, मैसूर के समान सूर्य डूबने का विलक्षण नज़ारा और कहीं नहीं दिखायी देता। मैं

तालाब के किनारे किसी बैंच पर बैठा रहता और यह दृश्य देखता रहता, रंगों का धीरे-धीरे हल्का पड़ना और कालिमा छाने के पश्चात् आसमान में पहले सितारे का चमकना। जब मानसून शुरू हो जाता, काले पहाड़ी बादल उमड़ते दिखायी देते, किनारों पर बिजली की चमक, फिर घनघोर वर्षा। जून में हल्की बारिश के साथ सूरज चमकता रहता और सड़कों के किनारे जंगलों की लपट, लाल गुलमोहर और जकरण्डा खिलते दिखायी देते थे। जुलाई-अगस्त की वर्षा थमने का नाम नहीं लेती थी, भूरे-काले बादल और गीली-सर्द हवा। ऋतु के ये परिवर्तन मुझे बहुत आकृष्ट करते थे। टैगोर की कविता–जिसका आज मैं कुछ आलोचक भी हो गया हूँ–मेरे पैर उखाड़ देती थी। जब मैं पढ़ता–

> *बरसते जुलाई की घनी छाया में*
> *तुम धीमे कदम चले आ रहे हो।*

मुझे लगता कि प्रकृति के रहस्य का मैं अंग बन गया हूँ। पालग्रेव, कीट्स, शैली, बायरन और ब्राउनिंग का भी यही प्रभाव होता। उन्होंने जिस अनुभव की चर्चा की है, वही इस वातावरण की सत्यता और वास्तविकता थी, जो मुझे कहीं भीतर तक हिला देती। परीक्षा की असफलताओं और सहपाठियों का आगे बढ़ते चले जाना मुझमें एक शहीद का प्रभाव पैदा कर देता जिसके कारण किसी अद्भुत ढंग से, मेरी संज्ञा तीव्र हो उठी थी।

मैसूर में अपने निवास का एक-एक क्षण मैंने गहराई से भोगा। कई दफ़ा मैं वहाँ के पार्कों में घूमता और महाराजा के पैलेस के रोशनी से जगमग मैदान में चक्कर लगाता। कई दफ़ा मैं पहाड़ी की एक हज़ार सीढ़ियाँ चढ़ता और चामुंडी के मन्दिर में प्रार्थना करता, उनकी प्रतिमा पर नारियल चढ़ाता और लौटते हुए बड़े स्वाद से उसे खाता हुआ उतरता। कई दफ़ा मैं बादल घिरते देखकर वहाँ से दौड़कर सीढ़ियाँ उतरता और बाकी रास्ता भी उसी प्रकार तय करके लगभग दो मील दूर अपने घर पानी से तरबतर, हाँफता, गिरता-पड़ता वापस पहुँचता और पागल कर देने वाली आँधी, बिजली, पानी से जीवित बच निकलने की अपार प्रसन्नता में

डूब जाता। इन कई यात्राओं में छोटा भाई सीनू और कुछ मित्र भी मेरे साथ होते। चामुंडी पहाड़ी पर देवी का मन्दिर तो आकर्षण का केन्द्र था ही, उसके ऊबड़-खाबड़, पथरीले जंगल, जानवर, खोहें और पेड़-पौधे सभी कुछ बहुत आश्चर्यजनक थे। इस यात्रा में एक बार पहाड़ी के दक्षिणी छोर पर हम एक अद्भुत गुहा मन्दिर में जा पहुँचे, जिसके बड़े-बड़े खम्भों के नीचे गलियारे, गुप्त कमरे और ज़मीन के नीचे गोदाम थे और जिसके ऊपर एक विशाल पत्थर की छत भी थी। यहाँ मैंने बार-बार जाना शुरू कर दिया और लोगों के इस प्रवाद की परवाह नहीं की कि इन गुप्त स्थानों में साँप, बिच्छू, चीते वगैरह भी हो सकते हैं। हम भाग्य को धोखा देते नीचे जाते और दीवारों पर वहाँ बिखरे पड़े कोयले के टुकड़ों से अपने नाम और पते लिख देते। यहाँ दूसरे किनारे पर जो मैसूर का सबसे ऊँचा हिस्सा था और चामुंडी मन्दिर का सबसे ऊँचा शिखर भी था, वहाँ मेरा नाम लिखा होना चाहिए। एक दफ़ा मैं सीढ़ियों के सहारे यहाँ तक जा पहुँचा था और शिखर को सुशोभित करने वाले बृहदाकार परनाले की लम्बी जीभ पर खड़ा हो गया था। यहाँ से मैसूर नगर का दृश्य अद्भुत था और दीवार पर अपना नाम, पता और एक संदेश भी लिखकर वापस लौट आया था–'भूत चला गया, वर्तमान जा रहा है, भविष्य स्पष्ट नहीं है।' मेरा खयाल है कि मेरा नाम संदेश अब भी वहाँ होना चाहिए, यदि अन्वेषक ये सब चढ़ाइयाँ पार करके वहाँ न पहुँच पाये हों। दो साल पहले मैं यह गुफ़ा देखने फिर गया था, तो पाया कि उस पर अधिकार कर लिया गया है और उसकी सफ़ाई कर दी गयी है। इसके चारों ओर काँटेदार तारों का घेरा लगा दिया गया है, चारों तरफ़ की ज़मीन पर सीमेंट लगा है, फूलों के गमले कई क़तारों में सजे हैं, बगीचे में बिजली की रोशनी है और पानी के लिए पाइप है, सारी गुफ़ा को चूने से पोत दिया गया है और आराम से रहने का सब बन्दोबस्त कर दिया गया है। राज परिवार के किसी सदस्य को यह जगह इतनी अच्छी लगी कि उसने इसे पूरी तरह बदलकर अपने लिए बना लिया; वह यह भूल गया कि यह सार्वजनिक स्थल है और इस पर प्रत्येक नागरिक का समान अधिकार है। खंडहर भी एक दिन में खड़ा नहीं हो जाता, उसे यहाँ तक पहुँचने और ऐतिहासिक महत्त्व प्राप्त करने

में समय लगता है–अनियन्त्रित ढंग से पेड़-पौधों की वृद्धि, काँटे, झाड़, साँप, जंगली जानवर, फूल-पत्ती, वन प्रांत, मौसम, घास और मिट्टी, ये सब तत्व मिलकर धीरे-धीरे श्रेष्ठ खंडहर का निर्माण करते हैं। इसमें किसी भी प्रकार के हस्तक्षेप को मैं अनधिकार हस्तक्षेप और गुंडागर्दी मानता हूँ। मैं कहूँगा–''राजपरिवार, दूर रहो।''

~

हेडमास्टर का बेटा होने के कारण मुझे स्कूल की लायब्रेरी में विशेष सुविधा प्राप्त थी। गर्मी की छुट्टियों में लायब्रेरियन अलमारियाँ खोल देता था। किसी भी दिन वे बन्द नहीं रहती थीं, हालाँकि फॉर्म भरने के जटिल नियमों के कारण सामान्य व्यक्ति के लिए पुस्तक ले जाना आसान नहीं होता था। वह शायद यह सोचता होगा कि मुझे यह सुविधा देकर वह हेडमास्टर की सराहना प्राप्त करेगा, परन्तु मेरा विचार यह है कि उनका जैसा स्वभाव था, उसमें उनके बेटों के लिए इस तरह के किसी परिवर्तन की गुंजाइश नहीं थी–मेरे बड़े भाई को भी यह सुविधा प्राप्त थी। छुट्टियों में मैं सारी दोपहर और शाम लायब्रेरी में ही बिताता, मेज़ पर पड़ी सभी पत्रिकाएँ पढ़ता, सब अलमारियाँ खुलवाता, एक साथ चार किताबें निकलवाता और सब एक साथ पढ़ना शुरू कर देता। अपनी एक पाठ्य-पुस्तक का एक हिस्सा, स्कॉट की *दि ब्राइद ऑफ़ लेमरमूर*, मुझे इतना पसन्द आया था कि उसने पर्वतीय क्षेत्रों की धुँध में गहरी रुचि पैदा कर दी थी, उसका रोमांस मुझे बहुत आकर्षित करता था। क्योंकि उसमें प्रेम-प्रसंग दिये जाते थे। मैंने सर वाल्टर की *दि ब्राइड ऑफ़ लेमरमूर* और छह अन्य उपन्यास पढ़े और पर्वतीय क्षेत्रों में रहने वालों के गहरे प्रेम तथा गहरी घृणा से भरपूर जीवन-प्रसंगों से बहुत प्रभावित हुआ। मैं स्कॉट का इतना प्रशंसक हो गया था कि उसके चित्र की तलाश में जुट गया, जो आखिरकार मुझे एक सेकिंड हैंड किताबों की दुकान में मिल ही गया–बहुत छोटे टाइप और डबल कॉलम में छपे तीन उपन्यासों के एक संकलन में, जिसमें प्रथम चित्र के रूप में काँसे के बने मोटे कागज़ पर चिपकाया हुआ था। इसमें और भी बहुत से चित्र बलवती इच्छा-शक्ति वाले पुरुषों और अकेली,

उजड़ी हुई स्त्रियों के थे, जिनसे उपन्यासों में जान पड़ जाती थी। स्कॉट के बाद एडिकेन्स की अलमारी में लगी एक पूरी कतार, उसका वर्णित लन्दन और उसकी चित्र-विचित्र प्रतिकृतियाँ मुझे बहुत प्रिय थीं। राइडर हैगर्ड, मेरी कोरेली, मॉलियर, पोप और मारलो, टॉल्सटॉय, थॉमस हार्डी—इन सबका आयोजित घाल-मेल, यह सब मैं बड़ी तत्परता के साथ पढ़ गया।

घर के बाहर अपने ही इलाके में मेरा और मेरे बड़े भाई का एक संयुक्त कमरा था, जहाँ हम दोनों जैसे एक-दूसरे से होड़ बदकर पढ़ते ही रहते थे। वह मुझसे ज़्यादा तेज़ी से पढ़ता था, एक डायरी में उनके सम्बन्ध में अपने विचार लिखता जाता था और जो अंश उसे अच्छे लगते थे उन्हें नकल कर लेता था। कई दफ़ा वह नाटक ज़ोर-ज़ोर से पढ़ता था, शेक्सपियर और मॉलियर के नाटक—जिन्हें सुनने के लिए मैं अपनी किताब बन्द कर देता था। कई दिन तक लगातार हम घर पर ही रहकर पढ़ते रहते और मौसम के परिवर्तन का हमें आभास भी नहीं होता था, न समय बीतने की जानकारी होती थी। भोजन के समय हम घर के भीतर दौड़कर जाते, खाना खाते और पीछे के दरवाज़े से वापस लौटकर फिर पढ़ने लगते थे। हम अपनी अलग दुनिया में रहने लगे थे। कहानी-उपन्यास के अलावा कुछ समय हम अंग्रेज़ी साहित्य का इतिहास पढ़ने में भी लगाते थे। इस विधा का एक छोटा ग्रन्थ, लॉन्ग का *इंग्लिश लिटरेचर* मेरे हाथ पड़ गया और आरम्भ में ही छपे 'मैग्ना कार्टा' के चित्र से ही यह मुझे बहुत अच्छा लगा। मेरे जीवन का यह उद्देश्य ही बन गया कि अंग्रेज़ी साहित्य के प्रत्येक युग के, एंग्लो रोमन्स से आरम्भ करके, कम-से-कम दो ग्रन्थ अवश्य पढ़ूँ। लेकिन यह हो नहीं सका। यद्यपि आरम्भिक साहित्य के लॉन्ग द्वारा किये गये संक्षेपीकरण बहुत अच्छे थे, लेकिन मैं समझ गया कि मूल रचनाएँ अपठनीय, आसानी से समझ में आने वाली नहीं हैं। *ब्योवुल्फ़* बिलकुल समझ से बाहर था। *स्पेन्सर* भी विलक्षण था। *बेन जॉन्सन* से ही मेरी शुरुआत हो सकती थी और हर रोज़ मैंने एक घंटा व्यवस्थित रूप से पढ़ने में लगाने का निश्चय किया। मैंने अपने लिए बहुत से नियम बनाये और वीर बहादुर की तरह उनका पालन करने लगा। साठ मिनट खत्म होने के बाद मैं फिर उपन्यास उठा लेता था।

मुझे दु:खान्त उपन्यास पसन्द थे। मैं ऐसी किताबों की तलाश में रहता था, जो मुझे अन्त में बेहाल कर दें। इसलिए मिसेज़ हेनरी वुड्स का *ईस्ट लिन* खत्म करके मैंने रोना शुरू कर दिया; यह उपन्यास मैंने बार-बार पढ़ा। इसकी हीरोइन, धनी परिवार की एक लड़की थी। पराये के प्रेम में पड़कर घर छोड़कर भाग गयी। फिर उसके प्रेमी ने भी उसे छोड़ दिया, रेल-दुर्घटना में मृत समझकर उसकी लाश पायी गयी, लेकिन वह बच गयी और अपने ही घर में नौकरानी बनकर बच्चे सँभालने लगी। उसे पहचानना आसान नहीं था क्योंकि वह नीले रंग का चश्मा लगाती थी और इसलिए उसके बच्चे और पति उसके साथ नौकरानी का सा व्यवहार करते रहे और अन्त में जब वह तपेदिक़ और खाँसी से मरने लगी, तब बड़े कष्टप्रद ढंग से उसकी असलियत सामने आयी। इसे बार-बार पढ़ते हुए मेरे गले में हमेशा गोला-सा अटकने लगता और यह उदासी मुझे बहुत सुखदायक प्रतीत होती थी। मैं चुन-चुनकर ऐसी कहानियाँ ढूँढता जिनमें हीरोइनें तपेदिक का शिकार होती थीं—सुन्दर स्त्री अपनी बेवकूफ़ी के कारण जाल में फँसती और बहुत देर बाद यह जान पाती कि पुरुष दग़ा करते हैं। *डिकेन्स* में मुझे ऐसे बहुत से कथानक मिले, लेकिन इस श्रेणी में सर्वोत्तम रचना मुझे एच.जी. वेल्स की *पैशनेट फ्रेंड्स* लगी—हालाँकि मुझे याद नहीं पड़ता कि वह तपेदिक़ का शिकार हुई थी या स्ट्राइकानाइन की। एक किताब जिसे प्राप्त कर मुझे ज़बरदस्त खुशी हुई, वह थी विक्टोरिया क्रॉस की—लेकिन यह थी कौन? इसकी कोई दूसरी रचना मेरे हाथ कभी नहीं आयी—इसमें स्त्री प्लेग या कॉलरा से मरती है और अपने प्रेमी को दुख-कष्ट से तड़पता छोड़ जाती है, और जो फिर कभी सहज नहीं हो पाता।

मेरी कॉरेली ने मुझे सबसे ज्यादा प्रभावित किया। मैंने पिछले दिनों उसकी कुछ किताबें फिर पढ़ने का प्रयत्न किया, लेकिन ज्यादा सफल नहीं हुआ—हालाँकि वह नॉर्वे, इजिप्ट या अंग्रेज़ों के ग्राम्य-जीवन का अत्यन्त सजीव वातावरण पैदा करने में बहुत कुशल है। अल्पवय की अबोध मानसिकता में मस्तिष्क सभी अच्छे-बुरे का सार तत्व ग्रहण कर लेता है। लेकिन अपनी साहित्यिक पढ़ाई की उस अवस्था में मैंने उसके एक दर्जन उपन्यास पढ़ डाले और अन्त करते समय हमेशा दु:खी होता रहा कि

यह पाँच सौ पृष्ठों से ज़्यादा लम्बा क्यों नहीं था। उसकी अति उत्तेजक रोमांटिकता, इंग्लिश समाज के बारे में तीखी टिप्पणियाँ और साहित्य के आलोचकों की खिंचाई मुझे चकित कर देती और मैं उनका समर्थन करता था। मैंने *बुकमैन* से उसका चित्र काटकर निकाला और उसे अपनी किताबों की अलमारी में लगा दिया।

मेरे पिताजी लायब्रेरी के लिए निश्चित बजट तो पूरा इस्तेमाल करते ही थे, खेलकूद तथा अन्य विभागों से बचने वाला पैसा भी इसी में लगा देते थे। नतीजा यह होता था कि दुनियाभर की पत्रिकाएँ लायब्रेरी की मेज़ पर दिखायी देती थीं। सप्ताहांत में, जब विदेशी पत्रिकाएँ आतीं, बहुत उत्तेजना का समय होता था। एक नौकर डाकखाने से एक बड़े थैले में भूरे कागज़ों में लिपटी ये पत्रिकाएँ लाता। पहले वे घर ही आतीं और नौकर उन्हें खोल-खोलकर पिताजी की मेज़ पर रख देता–इनमें लन्दन से प्रकाशित हर पत्रिका होती : *लिटिल फ़ोक्स* से लेकर *नाइन्टीन्थ सेंचुरी एण्ड आफ्टर* और *कॉर्नबिल* तक। पिताजी हमें कभी नहीं रोकते थे कि हम क्या ले जाते हैं पढ़ने के लिए–बशर्ते हम उन्हें सही सलामत उनकी मेज़ पर वापस रख दें। सोमवार को सवेरे वे स्कूल पहुँच जातीं और लायब्रेरी की मेज़ पर दिखायी देतीं। इस तरह सप्ताह के अन्तिम दिनों में हम बहुत तरह की चीज़ें पढ़ लेते थे। हम *बॉयज़ ओन पेपर* और *स्ट्रैंड* पत्रिका के विज्ञापनों में ढूँढकर कल्पनाएँ करने लगते। स्ट्रैंड पत्रिका से हमें इन लेखकों का परिचय मिला : कॉनन डायल, वुडहाउस, डब्लू.डब्लू. जैकब्स, ऑर्नल्ड बैनेट और हर जानने योग्य उपन्यास-लेखक।

बुकमैन से हमें उन दिनों के लेखकों की गतिविधियों की जानकारी मिलती थी–जिस पर शॉ, वैल्स और हार्डी छाये हुए थे। मैं जानता था कि ये लोग एक-दूसरे के बारे में क्या-क्या कहते हैं, रॉयल्टी से उनकी क्या आमदनी होती है और किसी समय वे क्या लिख रहे होते हैं। उनकी व्यक्तिगत छोटी-बड़ी बातें, बर्नाड शॉ या किसी अन्य के विरुद्ध, चेस्टर्टन बेलॉक़ का गठजोड़, लन्दन की गहमा-गहमी से भरी साहित्यिक दुनिया बहुत रोचक लगती थी। मैसूर की बोज्जाना लाइन्स में अपने कमरे में

तकिये पर लौटते समय हम लन्दन के साहित्यकारों की कारगुज़ारियाँ पढ़ते रहते थे। इसी प्रकार *हार्पर्स, एटलांटिक* और *अमेरिकन मर्करी* से हमें नयी उभरती साहित्यिक दुनिया दिखायी देती रहती थी।

लन्दन का *मर्करी*, जिसका कवर गुलाबी और पृष्ठ अनकटे होते थे, हमें विशेष पसन्द था। मुझे जे.सी. स्क्वायर ऐसा लगता था जैसे वह हमारा पड़ोसी है। *जॉन ओ, लन्दन* और *टी.पी'ज़.* वीकली प्रकाशकों और लेखकों के बारे में फैली अफ़वाहों की मनोरंजक जानकारी देता था। *दि स्पेक्टेटर, टाइम्स लिटरेरी सप्लीमेंट* और *मानचेस्टर गार्जियन* पतले पीले कवर में आते थे। पढ़ने की सामग्री इतनी ज़्यादा होती थी कि चौबीस घंटे काफ़ी नहीं होते थे। धीरे-धीरे मैं यह जानने लगा कि प्रभावी आलोचक कौन हैं और उनके मत क्या हैं। धीरे-धीरे मैं लायब्रेरी में उपलब्ध उपन्यास ही पढ़ने नहीं लगा, बल्कि रिव्यूज़ के द्वारा भी नयी रचनाओं के बारे में जानकारी पाने लगा, जिसके परिणामस्वरूप मैं कुछ लेखकों का चुनाव कर सका–जैसे मेरी कोरेली।

~

इस समय तक मैंने लिखना आरम्भ कर दिया था, जो ज़्यादातर मेरे चारों तरफ़ हो रही घटनाओं से प्रभावित होता था और उस समय जो लेखक मेरे दिमाग़ में चल रहा होता, उसकी शैली का मुझ पर असर पड़ता था। उस समय मेरे पिताजी के एक घनिष्ठ मित्र का देहान्त हो गया, जिससे वे बहुत प्रभावित हुए। उनकी पीड़ा का वर्णन करते हुए मैंने दस पृष्ठ की एक रचना की, जिसका शीर्षक था 'मित्रता', जिसमें *एडोनायस* के विलाप का सीधा असर था, जिसे मैंने काव्यात्मक गद्य में लिखा था। इसे मैंने अपने छोटे भाई सीनू को पढ़कर सुनाया, जिस पर सदा यह विश्वास किया जा सकता था कि उत्साहजनक शब्द ही कहेगा, लेकिन बड़े भाई से इसे छिपा लिया क्योंकि उसकी आलोचना से मैं डरता था; और अपने कुछ चुने हुए घनिष्ठ मित्रों को भी इसे सुनाया, जो मेरे साथ कूकनहल्ली तालाब की सैर के लिए तैयार रहते थे, क्योंकि मैं अपनी रचना हर समय

अपनी जेब में ही रखता था। जब कभी सम्भव होता, मैं उन्हें हंड्रेड फीट रोड के एक रेस्तराँ में कॉफ़ी भी पिलाता था। कॉफ़ी के स्वाद से उनकी आलोचनात्मक क्षमता कम हो जाती और वे निस्संकोच मेरी रचना को 'मास्टरपीस' घोषित कर देते थे। जब मैं कूकनहल्ली के एकमात्र पेड़ की छाया में बैठकर इसे धीरे-धीरे पढ़ता और अपने ही शब्द अपने कानों में पड़ते हुए सुनता, तो मुझे एक अजीब सुख की अनुभूति होती। अन्तिम पंक्ति के बाद शान्ति छा जाती और मैं अपने चुने हुए श्रोताओं से अच्छे शब्द सुनने का इन्तज़ार करता।

''तुम चाहो तो मैं दोबारा पढ़ूँ,'' मैंने उनसे पूछा, तो जवाब आया, ''नहीं, मैं हर शब्द पी गया हूँ।''

''तो क्या विचार है तुम्हारा...''

''मेरे आँसू निकलने लगे, और मैंने ज़बरदस्ती उन्हें रोका।'' वाह! यही शब्द मैं अपनी रचनाओं के बारे में सुनना चाहता था। फिर मैंने पूछा, ''इस तरह की कोई और चीज़ पढ़ी है तुमने?''

''यह अद्भुत प्रयत्न है, अपनी तरह का अकेला। कई दफ़ा मुझे शैली के *अडोनायस* या शेक्सपियर के *सॉनेट्स* की याद आती है।''

''एकदम सही, बिलकुल सही! कोई और तुलना इतनी अच्छी और सही नहीं होती!''

~

मेरा दूसरा प्रयत्न था 'डिवाइन म्यूज़िक'। कूकनहल्ली तालाब की बैंच पर बैठकर मैंने सब कुछ भूलकर इसकी रचना की थी। मैं एक शाम वहाँ गया, जब सूरज तेज़ी से चमक रहा था, मेरे पास पैड और पेंसिल थी और मैं पन्ने पर पन्ने भरता चला गया, सूरज डूब गया और मुझे पता ही न चला। पानी के किनारे बैठा मैं लहरों का उतरना-चढ़ना देखता रहा। (बाद में मुझे पता चला कि यह लेखिका मेरी कोरेली के उपन्यास की छाया थी जिसकी

शुरुआत थी–'लहरों का धीरे से उठना और तेज़ी से गिरना... समुद्र में दूर नाविक के गाने की आवाज़।' मिट्टी के किनारे से लहर के बाद लहर टकराती, उसकी सतह पर पूरे चाँद का प्रतिबिम्ब–यह दृश्य और उसकी निरन्तर कोमल फुसफुसाहट और रात की ठंडी हवा मन में एक तरह का आत्मविस्मरण उत्पन्न करती है, जिसमें मैं एक अकथनीय चेतना की पीड़ा अनुभव करता हूँ, जिससे मात्र एक आँसू उत्पन्न होता है, जो नीचे आ गिरता है, लेकिन ज़मीन छूने से पहले घास की पत्तियों में फँस जाता है और हीरे या सितारे की तरह चमकने लगता है। जिस क्षण यह आँसू अलग होता है, पापी का प्रायश्चित–कौन सा पाप? मैं कह नहीं सकता–स्वीकृत हो जाता है और उसकी आत्मा को मुक्ति मिल जाती है, वह निकलकर लहरों और आकाश को भर लेती है और उसे लोक का संगीत स्पष्ट सुनायी देने लगता है। क्या था इस सबका अर्थ? मैं नहीं जानता..., लेकिन मैं गहराई से प्रभावित और द्रवित हो उठा था और मुझे विश्वास हो गया कि यह रचना विश्व साहित्य को और समृद्ध करेगी। स्वभावत: मेरे छोटे भाई और कॉफ़ी पीने वाले मित्र ने मेरे इस विचार का समर्थन किया। मेरे पाठकों का दायरा अब बढ़ रहा था, जिसके कारण हंड्रेड फीट रोड के रेस्तराँ में मेरा कॉफ़ी का खर्च भी बढ़ रहा था। मुझे अपनी माँ से अपना जेब खर्च बढ़ाने का आग्रह करना पड़ा। उसने बिना ना-नुकुर करे मेरी सहायता की–मेरा जेब खर्च 3 रुपये से बढ़ाकर ५ कर दिया और यह विरोधी प्रतिक्रियाओं पर नियन्त्रण करने और प्रशंसात्मक सम्मति देने की प्रेरणा जागृत करने के लिए पर्याप्त थे। इस कारण बिना समय बर्बाद किये मैंने तीसरा प्रयत्न भी कर लिया। यह भी आसमान के सितारों और उनके पार आकाश में उड़कर जाने के बारे में था। यह मुझे अब याद नहीं आ रहा कि इसको मैंने क्या शीर्षक दिया, लेकिन मेरे श्रोताओं के साथ पिछले दो की अपेक्षा यह कम सफलता प्राप्त कर सका, क्योंकि यह उनसे ज़रा ज़्यादा हवाई और रहस्यपूर्ण था। मेरे ये प्रयत्न किसी भी श्रेणी में रखने योग्य नहीं थे–न ये कविता थे, न गद्य और न कथा। इनका शरीर गद्य का था, ध्वनि और गूँज कविता की थी और उड़ान कथा की पराकाष्ठा थी। मन तथा विचारों का अजीब-सा मिलन।

मैंने इन्हें साफ़-सुथरे डिमाई आकार के बॉण्ड कागज़ पर, दायें-बायें की पंक्तियों में और कागज़ के एक ही ओर टाइप कराया—यह मैंने *अपनी पांडुलिपि कैसे बेचें?* पुस्तक से सीखा था।

टाइपिस्ट वास्तव में वायलिन वादक था और वीनस टाइपिंग इन्स्टीट्यूट नामक संस्था चलाता था। यह अपने काम में कुशल, मेरा परिचित और 'पैसा बाद में' व्यवस्था के अन्तर्गत दो आना प्रति पृष्ठ चार्ज करता था। जब मुझे उससे काम होता, तो मैं उसे घर जाकर ही मिल लेता था, जो 'जगन मोहन' पैलेस के पास है और जब वह उँगली से घी चुपड़कर सवेरे की चपाती खा रहा होता, दरवाज़े पर ही उसका इन्तज़ार करता। वह मेरे और रसोई के बीच घूमता हुआ बिना कोई जल्दबाज़ी दिखाये, चपाती खाता रहता था। घर पर ही उससे मिलने का मेरा कारण यह था कि वह पहले अपने टाइपराइटर को ही खोले, यह नहीं कि वायलिन उठाकर कहीं संगीत मंडली में चला जाये। वह धोती के ऊपर कोट पहनता, फर की टोपी सिर पर रखता, छाता बगल में दबाता और बाहर निकलता। मैं उसके वायलिन-वादन की प्रशंसा करता—जिसे वह हमारे हाई स्कूल के जलसों में अक्सर बजाता था—और फिर अपनी पांडुलिपि की चर्चा करता और बताता कि ये मैं लन्दन में प्रकाशित करने के लिए भेज रहा हूँ। उसे प्रभावित करने के लिए मैं कुछ नाम भी उसके सामने उछालता, जैसे *लन्दन मर्करी* के जे.सी. स्क्वायर का, एलिस रॉबर्ट्स का जो *लाइफ़ एण्ड लैटर्स* से सम्बन्धित थे, आर. स्कॉट जेम्स वगैरह। मैं इनका ज़िक्र इस तरह करता, मानो मेरे जिगरी दोस्त हों। हम परकला मन्दिर के पास की गली से होते हुए लैंड्सडाउन बाज़ार में उसके छोटे से दफ़्तर पहुँचते। उसके पास दो टाइपराइटर थे और छह सीखनेवाले। मुझे एक मशीन के खाली होने का इन्तज़ार करना पड़ता, फिर वह उस पर कागज़ चढ़ाता। उसने मेरा काम पूरा करने में एक हफ़्ता लिया। टाइप्ड कागज़ देखकर मुझे विश्वास हो गया कि स्कॉट जेम्स या जे.सी. स्क्वायर इसे तुरन्त स्वीकार कर लेंगे। मैंने एक-एक करके इन्हें भेजा, जिसके लिए माँ ने विशेष ग्रान्ट मंजूर की।

अब मैं पोस्टमैन का इन्तज़ार करता कि वह कब और क्या सन्देश

लेकर आता है। उसमें मेरी रुचि आज भी बरकरार है। मैं जिस देश में जाता हूँ, पोस्टमैन को देखना मेरा स्वभाव बन गया है। यह शायद आवश्यक प्रतिक्रिया है, जैसे पावलोव का लार टपकाता कुत्ता। पोस्टमैन मानवता में एक तरह की एकता पैदा करता है, भले ही उसकी वर्दी हर देश में बदल जाती है। न्यूयॉर्क में भी, जहाँ हर काम मशीन से किया जाने लगा है और ज़िप कोड से ही डाक छाँटी जाती है, पोस्टमैन हाथ से ही डाक बाँटता है। मशीनों की जटिल सम्पन्नता में पोस्टमैन ही मनुष्य का स्पर्श प्रदान करता है। मैं बोजन्ना लाइंस के मकान नम्बर 1087 के फाटक पर खड़ा, विदेशी डाक के लिए तीन बजे के लगभग पोस्टमैन के आगमन की प्रतीक्षा करता हूँ, जो हमारी सड़क के कोने पर बने कोऑपरेटिव स्टोर से इधर आता है और उसे देखते ही आधा रास्ता पार करके हाथ से थैला झपट लेता हूँ। मुझे उसका नाम भी याद है–एंथोनी। दुबला, मधुर स्वभाव का आदमी, खाकी कपड़े और पगड़ी बाँधे, कन्धे पर लम्बे-लम्बे थैले जिनमें पार्सल भरे और भीतर से बाहर झाँकते रहते थे। वह मुझे देखते ही हाथ हिलाता और कभी-कभी वहीं से चिल्ला कर कहता, ''आज कोई डाक नहीं है...'', और कई दफ़ा पूछता, ''किसी जॉब का इन्तज़ार है या लड़की के खत का?'' मैं रुककर निश्चित करता कि ठीक कह रहा है या नहीं। और जब वह देखता और दोहराता कि पत्र नहीं है, तो मैं लौट पड़ता और कुछ सोचने लगता। क्या जे.सी. स्क्वायर ने मेरी पांडुलिपि खिड़की से बाहर तो नहीं फेंक दी, या कहीं कोई गलती तो नहीं हुई, डिलीवरी के समय या भेजते समय? किसी ने चोरी तो नहीं कर ली? अन्त में मैंने यह निर्णय लिया कि सम्पादक 'डिवाइन म्यूज़िक' को बार-बार पढ़ रहा होगा, और उससे इतना प्रभावित हुआ होगा कि उसे संक्षिप्त रचना से एक सम्पूर्ण कृति बनाने के लिए सुझावों पर विचार कर रहा होगा। अन्त में जब उत्तर आया, तब मैं एंथोनी के हाथ से पैकेट लेते हुए काँप रहा था, सूरज आसमान में चमक रहा था और मेरी आँखें चौंधिया रही थीं। लेकिन मुझमें इतना धीरज नहीं था कि कमरे तक पहुँचकर खोलूँ। मैं यह भी नहीं चाहता था कि मेरा भाई और कमरे का साथी जाने कि क्या हुआ है। मैंने भाई को एक दफ़ा 'डिवाइन म्यूज़िक' पढ़कर सुनाया था और उसने यह टिप्पणी

की थी कि इस सबका मतलब क्या हुआ? मैंने बेवक़ूफ़ों की तरह दाँत निकाल दिये थे, और कहा था, ''विश्वास करो, इसका मतलब अनुभव करना होता है...।'' उसके होंठों में बल पड़ गये और उसने हाथ उठाकर मुँह छिपा लिया था। मैंने उससे यह बात छिपाई थी कि रचना लन्दन के सम्पादकों को भेज रहा हूँ।

एंथोनी ने मुझे पैकेट पकड़ाया, तो उसे लेकर मैं कोऑपरेटिव स्टोर के पीछे की दीवार की छाया में ले जाकर खड़ा हो गया और लिफ़ाफ़ा धीरे से फाड़ा, अभी भी मुझे उम्मीद थी कि स्वीकृति का पत्र या चेक निकलेगा, लेकिन पांडुलिपि के साथ साफ़-सुथरी छपी अस्वीकृति की सूचना थी, जिसे देखकर लगता था कि पांडुलिपि को देखा भी नहीं गया है। मैं क्रोधित हो उठा : सादी अस्वीकार की पर्ची, जैसे मेरा मज़ाक उड़ाया हो। ज़रूर कोई गलती हुई लगती है। शायद सम्पादक बाहर गये होंगे और दफ़्तर के किसी अदना से कर्मचारी ने...। क्यों न इसे मैं सम्पादक को वापस भेजूँ और कहूँ कि तुम निश्चय ही भावना विहीन हो जो 'डिवाइन म्यूज़िक' जैसी रचना का आनन्द नहीं ले सकते? अरे, ऐसा आदमी पत्रिका कैसे चला सकता है, जो खुद अपने निमन्त्रण पर भेजी इतनी सुन्दर रचना को पढ़ भी नहीं सकता। डबल-स्पेस टाइप की गयी थी, कागज़ के एक ही ओर–सभी नियमों को पूरा किया गया था। मैंने लिफ़ाफ़ा और पर्ची फाड़कर कूड़ेदान के हवाले कर दी, पांडुलिपि भीतर की जेब में रख ली और उदास भाव से अपने कमरे में चला गया, किसी से इस अपमान का ज़िक्र नहीं किया। इसे मैंने अपना व्यक्तिगत अपमान माना था और चुप बना रहा। दो दिन तक मैं दु:खी रहा, फिर नये ताज़े उत्साह से और सिर्फ़ पिन बदलकर पांडुलिपि मैंने दोबारा भेज दी। इस बार शायद *लाइफ़ एण्ड लैटर्स* के एलिस राबर्ट्स को–और सोचने लगा कि *विकर ऑफ़ वेकफ़ील्ड* या कोई अन्य प्रख्यात कृति दस दफ़ा प्रकाशकों द्वारा वापस की गयी थी। इतने बड़े लेखकों को भी आरम्भिक जीवन में ठोकरें खानी पड़ी थीं। इस विचार से दृढ़ होकर मैं फिर चामराजपुरम् के पोस्ट ऑफ़िस जा पहुँचा और खिड़की पर खड़े होकर पैकेट तुलने के लिए दे दिया। इस बार मैंने

तीनों पांडुलिपियों के साथ एक व्यक्तिगत पत्र भी लिखकर रख दिया और सम्पादक से आग्रह किया कि वे इन्हें पढ़कर तो देखें। मुझे पूरा विश्वास था कि पढ़ने के बाद वे अवश्य मेरे प्रशंसक हो जायेंगे।

~

1926 में मैंने यूनिवर्सिटी की प्रवेश परीक्षा उत्तीर्ण की और महाराजा कॉलेज की बी.ए. कक्षा में अपना स्थान बना लिया। कॉलेज आरम्भिक फ्रेंच शैली में बना है जिसके एक ओर अष्टकोणीय स्तम्भ और घुमावदार गुम्बज हैं और दूसरी तरफ़ अथेनियन खम्भे हैं, जहाँ से क्षितिज तक प्रकृति का दृश्य दिखायी देता है। आप चाहे जिस ओर मुड़ें, रास्ता नहीं मिलेगा। खिड़कियों से घिरी कक्षा जो प्रकृति में खुलती हैं, छात्रों के लिए बहुत मुश्किल पैदा करती हैं। अगर किसी छात्र को केवल लेक्चर पर ध्यान लगाना हो, तो उसे नगर के केन्द्र में खिड़की विहीन कक्षाओं में जाना चाहिए। मद्रास में स्कूलों की खिड़कियों से दृश्य दिखायी नहीं देते, बल्कि दूसरी इमारतों की दीवारें दिखायी देती हैं जो या तो खाली होती हैं, नहीं तो उससे भी ज़्यादा बुरी, पोस्टरों से भरी होती हैं। लेकिन यहाँ मैसूर में मैंने पाया कि मैं खिड़कियों से पेड़ और पक्षी देख सकता हूँ, या घास चरती गायें जिनका चरवाहा किसी पेड़ की छाया में आराम कर रहा होता है। ऐसे वातावरण में मुझे अध्यापक की आवाजें व्यर्थ का शोर लगती हैं, जिसे आपको सहन करना ज़रूरी होता है। कॉलेज के पूर्वी वरांडों से चामुंडी हिल की शानो-शौकत दिखायी देती है, जो चारदीवारी के गोलाकार मुँडेरों से फ्रेम में चढ़े चित्रों की तरह लगते हैं। महाराजा कॉलेज नगर की एक पर्वत शृंखला पर स्थित है और दूसरी पर ललिता महल, बीच की घाटी में शहर बसा है जिसमें राजमहल का सुनहरा गुम्बज़ दूर से चमकता नज़र आता है। राजनीतिशास्त्र के घंटे में आप बादलों की छाया आसमान में उड़ती देख सकते हैं, जिसके बीच-बीच में सूरज की किरणें चमकने लगती हैं और वायुमंडल में दृश्यों की छायाएँ उभरकर डूब जाती हैं—इसमें आधुनिक राज्य में सर्वोच्च सत्ता या लोकतन्त्र में विरोध और सन्तुलन पर लेक्चर उचित नहीं प्रतीत होता।

साहित्य तथा इतिहास के लिए हमें भवन के पश्चिम में स्थित ग्रीक खंड में जाना होता था। यहाँ गैलरी से एक दरवाज़े के पार देखना पड़ता था, ऊँचे खड़े खम्भों के बीच से खेल का मैदान और पैविलियन दिखायी देते थे, जिनके चारों तरफ़ रेल की लाइन फैली थी और कभी-कभी एक छोटी-सी रेलगाड़ी उछलती-कूदती भी दिख जाती थी, और एक झलक ऑरिएन्टल लायब्रेरी की, जिसकी दीवारों पर भगवान श्रीकृष्ण के चित्र बने थे और लॉन में स्तम्भ खड़े थे, जहाँ गायें घूमती और घास चरती दिखायी दे जाती थीं। मैसूर में अन्य नगरों की तुलना में बहुत ज़्यादा गायें हैं, हालाँकि वे दूध नहीं देतीं। कॉलेज के अपने जीवन में मैं इन दृश्यों से इतना ज़्यादा परिचित हो गया था कि यदि आवश्यक हो तो मैं इसकी प्राकृतिक घटनाओं का सारा टाइम टेबिल बना सकता हूँ। मिसाल के तौर पर, जून और जुलाई के महीनों में, रिमझिम बरसात के बीच बादलों में अचानक सूरज की रोशनी हो जाना और कभी-कभी पहाड़ी के ऊपर इन्द्रधनुष का घेरा बन जाना। अगर कोई कलाकार कैनवस पर इन सबका चित्रण करे तो उस पर ज़्यादा बल देने का आरोप लगेगा, लेकिन प्रकृति ऐसी किसी आलोचना से बँधी नहीं है और वह अपने उद्रेक से बार-बार मेरा ध्यान पुस्तक से भंग कर देती और अपने भीतर डुबो लेती थी।

इसलिए कक्षा में जो होता, उसका अधिकांश मैं ले न पाता, सिवाय एक दो-विषयों के। प्रोफ़ेसर रोलो, शेक्सपियर पढ़ाते थे, जो मुझे बहुत आनन्द देता था। लम्बे और मृदुल, रोलो एक्टर की तरह लगते थे और वे कविता की पंक्तियाँ कई आवाज़ों में तथा बड़े प्रभावी ढंग से पढ़ते थे। एकालाप भी वे बड़े आकर्षक ढंग से करते थे। जब वे अपना अकादमिक गाउन पैरों तक लटकाकर उसका पिछला भाग खींचते हुए चलते थे, तब आपको लगता कि कोई राजा बोल रहा है; जब वे इसे समेट लेते तो लगता कि जोकर बोल रहा है और शेक्सपियर का भाव आपकी समझ में आ जाता। वे आदर्श शिक्षक थे। अब भी वे 'चैशायर' में कहीं से कभी-कभी अपने पुराने छात्रों को पत्र लिखते रहते हैं। केवल एक और प्रोफ़ेसर इसी तरह प्रभावी थे, वेंकटेश्वर, जो हमें भारतीय इतिहास पढ़ाते थे। उनका घर

खेल के मैदान से लगा था और जब उन्हें कॉलेज की घंटी सुनायी देती, तभी वे अपने अध्ययन-कक्ष से उठते थे। हम ग्रीक स्तम्भ के इर्द-गिर्द खड़े होकर मैदान की तरफ़ देखते रहते और वे दूर क्षितिज पर, धोती, गाउन और पगड़ी पहने हुए प्रकट होते। वे ज़रा भारी शरीर के थे और धीरे-धीरे चलते, और हमेशा पन्द्रह मिनट देर से आते थे और देरी के लिए क्षमा के शब्द बड़बड़ाते लेक्चर हॉल में प्रवेश करते थे। आराम से बैठने के बाद वे कहीं से कागज़ की एक पर्ची निकालते जिस पर किसी शिलालेख के शब्द लिखे होते थे। ''ये पंक्तियाँ मुझे मिली हैं'',–ये 250 ई.पू. के अशोक द्वारा शिलालेखों पर खुदे शब्द हो सकते थे, या किसी मुगल इतिहासकार की टिप्पणी–लेकिन यह हमेशा बहुत आकर्षक होती, उपन्यास की तरह रोचकता और यहीं से उनका लेक्चर शुरू होता था। वे कालक्रमानुसार नहीं पढ़ाते थे, बल्कि एक साथ कई परम्पराओं और धाराओं को समेट लेते थे। उन्हें समय बीतने का पता नहीं चलता था, न घंटी बजने का और दूसरे पीरियड का समय भी ले लेते थे, और प्रोफ़ेसर टोबी कक्षा के बाहर बेचैनी से चक्कर काटते रहते और कोशिश करते कि कैसे बीच में घुसकर ग्रीक ड्रामा और अट्ठारहवीं शताब्दी की कविता पढ़ाना शुरू करें।

टोबी संकोची और डरपोक थे और बिल्कुल लॉरेल एण्ड हार्डी के लॉरेल की तरह गाते थे। वे हमेशा अपनी ठोढ़ी को पकड़े रहते थे जैसे आश्चर्य कर रहे हों। लेकिन हमें उनके लेक्चर में देर होने का मलाल नहीं था क्योंकि उनकी शिक्षा हमारे दिमाग़ को घुमाना शुरू कर देती थी, भले ही हमारा शरीर बाहर जाकर ओरिएन्टल लायब्रेरी के अशोक स्तम्भ की सीढ़ी पर खड़ा न हो पाये। उनका उच्चारण बहुत अजीबोगरीब था और हम उनके भाषण का एक शब्द भी आसानी से समझ नहीं पाते थे। वे न अपना सिर उठाते थे, न किसी की तरफ़ देखते थे, न छात्रों की हाजिरी लेते थे, क्योंकि उनके लिए भारतीय नामों का उच्चारण ही सम्भव नहीं था। कई साल तक उनके बारे में अफ़वाह उड़ी रही कि वे समझते रहे कि वे किसी लड़कियों के कॉलेज में पढ़ा रहे हैं–क्योंकि धोतियों को वे, फ्रॉक समझते रहे और चुटिया को पोनीटेल। लेकिन वे भले आदमी थे और

कई लोग उनके घर जाकर बहाना बनाते कि वे गरीब हैं और उनसे कर्ज़ ले आते थे। क्योंकि वे न सिर उठाने पर किसी को देखते थे और न नाम जानते थे, इसलिए उनका पैसा वापस नहीं आता था। उन्होंने इस प्रकार चौथाई सदी अकेलेपन में बिताई, फिर रिटायर हो गये और जैसे एकदम ग़ायब हो गये। अपने अन्तिम लेक्चर में उनका सन्देश था : ''मैं उम्मीद करता हूँ कि साहित्य में आपकी रुचि परीक्षाओं के साथ खत्म नहीं हो जायेगी,'' इत्यादि। यह विदाई स्वीकार करके वे मंच से कूदकर नीचे उतरे और गायब हो गये। रिटायरमेंट के बाद उनकी शक्ल किसी को दिखायी नहीं पड़ी। परन्तु, कुछ साल पहले जब मैं 'लीड्स' में था, मैं 'ब्रॉन्टे सिस्टर्स' का घर देखने गया। वहाँ मुझे वे एक हैट की दुकान पर दिखायी पड़े, एक बाउलर हैट की खरीद करते हुए। हमेशा की तरह उनकी आँखें योगी की भाँति फ़र्श पर केन्द्रित थीं, और वे अपनी ठोढ़ी पर उँगली रखे थे। मैंने काउंटर के पीछे से उन्हें आवाज़ लगाने की तैयारी की, लेकिन वे अचानक वहाँ से हट गये और फिर दिखायी नहीं दिये।

कॉलेज में मेरा सबसे घनिष्ठ मित्र रामचन्द्र राव था। काफ़ी दुबला, सिर्फ़ पाँच फीट लम्बा, आँखों पर छोटा चश्मा, लेकिन ज़िन्दगी से लबालब। वह क्लास की बैंच पर मेरे बगल में बैठता था, मेरे साथ पहाड़ी पर चार मील सैर के लिए जाता था, मेरे सिगरेट के खर्चे में हिस्सा बँटाता था, हँसी मज़ाक और चुटकुलों में भागीदारी करता था और हमेशा हँसता-खिलखिलाता रहता था। फाइनल इम्तिहान आये तो साथ बैठकर हमने तैयारी की। डिनर के बाद मैं उसके घर सन्थापेट दो मील जाता–बहुत बड़ा घर, परिवार में अनेक चचेरे भाई-बहन, फिर भी उसका अलग कमरा था। नौ बजे हम निश्चय करके बैठते कि रात में हेज़न की *यूरोपियन हिस्ट्री* या गिलक्रिस्ट की राजनीतिक थियोरियाँ खत्म करके उठेंगे। विषय से जूझने की तैयारी, किताब से सार तत्व खींच निकालने का निश्चय और कक्षा में जो कुछ समझने से रह गया, उसे समाप्त करने का विचार। हम दोनों एक-एक करके पढ़ते और दूसरा सुनता, और इस तरह पढ़ाई की कठिनाई को कम करने का फैसला करते। लेकिन व्यवहार में जैसे ही एक दस पृष्ठ

पढ़कर पूरे करता, दूसरा टोककर कहता, ''इस हिस्से पर समय नष्ट करने की क्या ज़रूरत है? इस साल इटेलियन एकता पर सवाल नहीं आयेगा। दो साल लगातार यह पूछा गया है। इसे छोड़ सकते हैं–बिस्मार्क की सम्भावना ज़्यादा है।'' पक्ष-विपक्ष दोनों के हम तर्क करते, फिर इस पर तेज़ी से नज़र डाल कर हम इटेलियन एकता का सार तत्व ग्रहण न करके सार तत्व की रूपरेखा से ही काम चला लेते। इस विषय को समाप्त करके हम अगले विषय को लेते और उस पर भी इसी तरह रुक जाते, जैसे मारिया थेरेसा के प्रेम-प्रसंग, या कक्षा की कुछ पुरानी यादें या आखिरी दिन के विदाई आयोजन और ग्रुप फोटो की चर्चा मज़े से इन बातों का रस लेकर फिर अचानक हेज़न की खुली पड़ी पुस्तक पर किसी की नज़र जाती और वह कहता, ''अरे, सिर्फ़ पन्द्रह दिन रह गये हैं। अगर बीस घंटे हर रोज़ पढ़ें तो भी सब पूरा नहीं हो पायेगा।'' हम एकदम डर जाते और दृढ़ता से कहते, ''ज़रूरत पड़ी तो सवेरे छह बजे तक बैठेंगे और यूरोपियन हिस्ट्री पूरी करके ही उठेंगे, इसके बाद दूसरे विषय लेंगे।''

''ठीक कहते हो। सोयें नहीं तो कुछ नहीं बिगड़ता, अप्रैल के बाद सायेंगे।''

''और इंडियन हिस्ट्री का क्या होगा? अच्छी बात है कि इस साल ग़्रीक हिस्ट्री नहीं है। नहीं तो बरी के छह सौ पन्ने पढ़ने पड़ते।''

''अभी यह बात मत करो।''

''कोई ऐसा हो जो दस पन्नों में हर विषय संक्षिप्त कर दे। हम सीनू से कहते हैं कि वह कर दे। इस साल उसके इम्तिहान भी नहीं हैं।''

सीनू हमसे एक साल पीछे की क्लास में था और हमेशा हमारा काम कर देता था, जैसे वह आज भी करता है, उस महाराजा या गवर्नर के लिए जिसका सेक्रेटरी बनकर वह उनकी सेवा समय-समय पर करता रहता है। यह निश्चय करके हमें बड़ा सुकून मिल जाता और हम किताब बन्द करके किसी खुली चाय की दुकान की तलाश में निकल पड़ते। हम

आराम से खुली सड़कों पर टहलते, रात के समय की अद्भुत स्तब्धता पर चकित होते और एक-दो सिगरेट खत्म करके आधी रात के बाद फिर कमरे पर लौट आते। हेज़न फिर हमें परेशान करता, लेकिन अब प्रकृति हमें परेशान करती और हमारे सिर झुकने शुरू हो जाते–हमें महसूस होता कि मिलकर पढ़ाई की योजना समय की बर्बादी है और अगर हमें पढ़ना है तो अकेले ही पढ़ना चाहिए और सन्देह तथा प्रश्न सुलझाने के लिए समय-समय पर मिलना चाहिए, हर रोज़ नहीं, या प्रश्न-पत्र लीक करने वाले लोगों की तलाश करनी चाहिए, ऐसे गुप्त कार्य करने वालों की बंगलौर में कमी नहीं है। इस प्रकार शेष रहे पन्द्रह दिनों में एक कीमती दिन को हम गुडनाइट कर देते।

~

सन् 1930, जब मुझे स्नातक की उपाधि ज़रा देरी से प्राप्त हुई, समस्याओं का वर्ष साबित हुआ। अब मैं अपना क्या करूँ? विविध क्षेत्रों से विविध प्रकार के सुझाव प्राप्त हुए। मैं वकील बन सकता था, छोटे स्तर का सिविल सर्वेन्ट या कुछ और हो सकता था। पहला विचार मेरे मन में यह आया कि अंग्रेज़ी साहित्य में एम.ए. करूँ और कॉलेज में अध्यापक हो जाऊँ। मैं जब प्रवेश का फॉर्म भरने के लिए महाराजा कॉलेज की सीढ़ियाँ चढ़ रहा था, एक मित्र ने मुझे वापस लौटा दिया कि इससे साहित्य में मेरी रुचि निश्चय ही समाप्त हो जायेगी। मुझे उसकी बात जँच गयी और मैं सीढ़ियाँ उतरकर वापस लौट आया और इस प्रकार कॉलेज की शिक्षा से मेरा सम्बन्ध हमेशा के लिए समाप्त हो गया।

7

ग्रेजुएट बनने के बाद किसी दफ़्तर में जाना ज़रूरी था, घर बैठना नहीं। अब नौकरी की तलाश के लिए इधर-उधर जाना और प्रभावशाली व्यक्तियों से मिलने का काम शुरू हुआ। मद्रास में पिताजी के एक पुराने दोस्त थे जो रेलवे के चीफ़ ऑडिटर पद से रिटायर हुए थे, लेकिन कॉलेज के दिनों में उनकी हालत अच्छी नहीं थी और पिताजी अक्सर उनकी पैसे और कपड़ों से सहायता करते थे, इसलिए पिताजी को बड़ी उम्मीद थी कि वे अब मेरी सहायता करेंगे। उन दिनों गर्मियों में हम मद्रास में ही थे। पिताजी का आग्रह था कि मैं उनसे मिलूँ और रेलवे में नौकरी दिलाने में मदद माँगूँ।

एक दिन नहा-धोकर और साफ़-सुथरे कपड़े पहनकर मैं उनसे मिलने गया–अपना चेहरा अधिक-से-अधिक मधुर और नम्र बनाकर और दिमाग़ में कल्पना करके कि मैं स्टेशन मास्टरों का अफ़सर बन गया हूँ और सैलून कार में बैठा सारे हिन्दुस्तान का सफ़र कर रहा हूँ। ये महाशय नंगे बदन बैठे थे, सारे बदन पर तेल चमक रहा था और मालिश कराने जा रहे थे; मुझे पहचानने के लिए उन्होंने कई दफ़ा आँखें मिचकाईं, क्योंकि तेल उनकी आँखों पर आ रहा था जिससे वे बन्द हो रही थीं। वे मुझे वरांडे के बीच में मिले, जहाँ कोई अपनी इस चिकनी स्थिति में किसी को आने भी नहीं देता, और चिल्लाकर मुझ से पूछा, ''क्या?'' यह नहीं कि ''कौन?'' सजावट के मेरे सारे प्रयत्न बेकार गये, क्योंकि उन्हें मैं काँपते

हुए हाथों से लिये गये फोटोग्राफ़ की तरह लगा होऊँगा। मैंने उन्हें अपने आने का उद्देश्य बताया और पिताजी से उनकी मित्रता का ज़िक्र किया। इस पर उन्होंने अधमुँदी आँखों से ''ओह!'' की हुंकार भरी। ''क्या खयाल है! असम्भव! तुम्हारे पिताजी तो सपने देखते थे। यहाँ तुम्हारे लिए काम कहाँ है! बी.ए. में तुम्हारे विषय क्या थे?''

''इतिहास, अर्थशास्त्र, राजनीति।''

उन्होंने चिढ़ कर मेरी तरफ़ देखा फिर कहा, ''ये नहीं चाहिए। अच्छा, क्या क्लास, क्या रैंक?''

इस प्रश्न पर मैं भीतर ही भीतर काँपने लगा और सीधे जवाब से बचते हुए कहा, ''क्लास अभी बताये नहीं गये हैं।''

उन्होंने मुझे हाथ हिलाकर वापस कर दिया और पिंजरे में बन्द तेल लगे भालू की तरह टहलते रहे।

इसके बाद पिताजी ने मुझे एक और मित्र के पास भेजा जो बैंक की नौकरी से रिटायर हुए थे। इस सुझाव से मुझे अच्छा नहीं लगा। रेलवे अफ़सर के रूप में सैलून कार से सफ़र करने पर मुझे कोई एतराज नहीं था, लेकिन बैंक अफ़सर बनने से मुझे डर-सा लगा। अंकों में मेरी कभी पैठ नहीं रही। लेकिन पिताजी के आदेश का पालन करने के लिए एक दिन मैं फिर उसी तरह अच्छे कपड़े पहनकर इनसे मिलने गया। इनके बदन पर तेल नहीं था, लेकिन यह भी नंगे बदन बैठे थे—मद्रास में हर आदमी कमीज़ के बिना ही लगता है। वह एक झूले पर बैठे पंखा झल रहे थे। मैं उनके सामने खड़ा हो गया। उनसे बात करना मुश्किल हो रहा था, क्योंकि वह झूले पर कभी आगे जाते थे, कभी पीछे। मुझे अपना उद्देश्य समझाने के लिए अपनी आवाज़ को दो स्तरों पर उठाना-गिराना पड़ा और झूले की गति के साथ खुद को कभी आगे, कभी पीछे लाना-ले जाना पड़ा। पिताजी के पिछले वाले मित्र की तरह यह भी कमरे में लगे ग्रुप फोटो में उनके साथ खड़े दिखायी देते थे। इन्हें भी इतिहास और अर्थशास्त्र से चिढ़ थी,

और इन्होंने कहा, "बैंक में नौकरी चाहिए, तो बुक कीपिंग और एकाउंटेन्सी पढ़कर आओ। अब तुम्हारे पिताजी किस तरह अपना वक्त बिताते हैं? तब तो एकदम भोंदू थे।'' इसके बाद कहा, ''उन्होंने मुझे लिखा था कि अब नौकरी से रिटायर हो गये हैं। अब तुम जैसे जवानों को ही परिवार की ज़िम्मेदारी सँभालनी होगी।"

'अच्छी बात कही' मैंने सोचा, 'लेकिन, सर, इस समय मेरी यही समस्या है। आप अपनी शर्ट पहनकर इस बारे में कुछ क्यों नहीं करते, इस तरह आगे-पीछे झूलते हुए दूसरों को उपदेश क्यों देते हैं?'

~

पिताजी एक-दो साल पहले रिटायर हो गये थे, इसलिए घर पर कई परिवर्तनों की आवश्यकता हुई। उनकी पेंशन कम थी और बोज्जन्ना लाइंस छोड़कर, जहाँ मेरे जीवन के अच्छे दिन बीते थे, लक्ष्मीपुरम के एक सस्ते घर में आना पड़ा। नया घर छोटा था, इसके कमरे भी छोटे थे, सामने के हिस्से में दो षटकोणीय छोटे कमरे, दोनों के बीच छोटा-सा वरांडा, एक मेरे पिताजी का था, उसके समानान्तर दूसरा बड़े भाई और मेरा, जहाँ से हमें सामने के घर में एक सुन्दर लड़की अपनी किताबों पर झुकी दिखायी देती थी, ज़रा-सा ऊपर होते हुए भी उसे हम अपनी खिड़की से साफ़ देख सकते थे; उसे हमारी उपस्थिति से कोई परेशानी नहीं थी, यह बहुत जल्द बी.ए. के परीक्षा परिणामों से स्पष्ट हो गया, जिसमें उसने कई विषयों में प्रथम श्रेणी के नम्बर और कई मेडल प्राप्त किये। जबकि मुझे निम्न श्रेणी के अंक प्राप्त हुए थे।

हमारे कमरे से लगी एक लकड़ी की चौड़ी-सी सीढ़ी थी जो कहीं नहीं ले जाती थी। इसका ऊपरी भाग मैं अपना विशाल टाइपराइटर रखने के लिए प्रयोग करता था, जो मुझे मद्रास में प्राप्त हुआ था और जिसे मैं एक बड़े लिनेन के थैले में रखकर लाया था, क्योंकि इसके साथ मुझे कवर नहीं दिया गया था। देखने में यह कम्प्यूटर लगता था। बड़े और छोटे आकार के अक्षरों के लिए इसमें अलग-अलग बटन थे और यह

बड़ी तेज़ गति से चलता था। सारी शाम मैं इसके सामने बैठा *प्रिंस यज़ीद* नामक नाटक टाइप किया करता था, जो एक स्वतन्त्र विचारों वाले मुग़ल राजकुमार की कहानी थी जिसे उसका पिता बहुत कष्ट देता था। कई दशक बाद मेरे लिटरेरी एजेन्ट 'डेविड हायम' ने इसे मुझे वापस दे दिया; उसके नष्ट किये जाने वाले कागज़ों में यह भी पड़ा था और इसी बात से इसके कैरियर का पता लगता है। जब मैं इस पर काम करता, तब सारी सीढ़ी ढम-ढम करके शोर मचाती और हिलती-डुलती थी; कभी-कभी पिताजी इस पर आपत्ति करते थे, जिस पर मैं इसे उठाकर छत पर ले जाता था और वहाँ काम करता था। मेरा भाई सीनू, हमेशा की तरह, टाइप करने में मेरी सहायता करता और नाटक की पंक्तियाँ प्रशंसात्मक स्वरों में बोलने भी लगता था। अगर मैं भूल नहीं करता, तो इस नाटक का वह अकेला पाठक था। नाटक लिखने का मेरा ज़बर्दस्त प्रयत्न इस कारण था कि मैं कुछ पैसे कमाऊँ और परिवार की सहायता करूँ। पिताजी मुझसे छोटे तीन और भाइयों को स्कूल में पढ़ा रहे थे और सीनू खुद एम.ए. कर रहा था। उसे एम.ए. का अपना पहला दिन अब तक याद है जब उसके प्रोफ़ेसर ने 'कल्चर' विषय पर बोलते हुए कहा कि कल्चर कई तरह की होती है, एग्रीकल्चर, फिजिकल कल्चर, सेरीकल्चर वगैरह। लेकिन हमें इन सब कल्चरों में अन्तर देखना चाहिए और उनके बीच सामान्य तत्व तथा विरोधी तत्व क्या हैं, यह समझना चाहिए। सारी कल्चर वास्तव में एक हैं। इस तरह के अध्यापकों के बावजूद सीनू ने एम.ए. की पढ़ाई जारी रखी, क्योंकि मुझ जैसे बी.ए. की तुलना में एम.ए. का बाज़ार मूल्य अधिक होता। मेरा बड़ा भाई एक रेडियो ठीक करने की दुकान में कार्य करता था, फिर वह एक बस सेवा का मैनेजर हो गया और आधी रात तक घर से दूर रहने लगा। वह परिवार के बजट में पचास रुपये का योगदान करता था। पिताजी कई दफ़ा मेरे बारे में पूछते, ''तुम इस सड़क काटने वाली मशीन (टाइपराइटर) पर क्या करते हो?'' इस तरह उन्होंने मेरे समय बर्बाद करने पर एतराज़ ज़ाहिर किया।

मैसूर में कुछ काम न होने के कारण मैं बंगलौर आ गया और नानी

के साथ ठहरा, जो उन दिनों वहाँ अपनी सेहत के सिलसिले में रह रही थीं और इस तरह कई वर्षों के अन्तराल के बाद मैं फिर उनके संरक्षण में आ गया। मैं बंगलौर की सड़कों पर सोचता-विचारता और योजनाएँ बनाता घूमता रहता। सितम्बर के दिन, जिसे नानी ने किसी विशेषताओं के कारण चुना था, मैंने एक कॉपी खरीदी और उस पर अपने पहले उपन्यास की पहली पंक्ति लिखने का प्रयत्न करने लगा—दाँतों में कलम दबाये मैं सोचने लगा कि क्या लिखूँ—छोटे से रेलवे स्टेशन वाला मालगुडी मेरी आँखों के सामने तैर गया—और इसका चरित्र, स्वामीनाथन जो प्लेटफार्म पर सवारियों को देखता हुआ दौड़ रहा है, फिर एक दाढ़ी वाले चेहरे के सामने दाँत निकाल देता है; यह मुझे लिखने की सही दिशा लगी और इस पर मैं हर रोज़ पृष्ठ पर पृष्ठ लिखता चला गया। मेरे ड्राफ्ट में अकेला परिवर्तन यही हुआ कि बस्ती का नाम कहानी के अन्त में आता है। यह शुरुआत मुझे बड़ी सन्तोषजनक लगी और मैं हर रोज़ कुछ पृष्ठ लिखता चला गया।

इसी समय मेरे पिताजी का एक प्रयत्न सफल होता हुआ लगा। मुझे एक सरकारी आदेश पत्र प्राप्त हुआ कि हमारे पुराने चेन्नापट्टन के एक स्कूल में, जहाँ शिक्षा के आरम्भिक दिनों में मैं अपनी छुट्टियाँ बिताता था, मेरी नियुक्ति की जा रही है। इसलिए एक दिन सवेरे मैं ट्रेन में बैठकर वहाँ के लिए चल पड़ा, जहाँ मैं कभी टिड्डे पकड़ा करता था। मैसूर स्टेशन पर परिवार के सब लोगों ने मुझे बड़े जोश-खरोश के साथ विदा दी। सबको खुशी थी कि मैं अपनी पुरानी जगह चेन्नापट्टन में काम करूँगा, जो परिचित होने के अलावा बंगलौर और मैसूर के बीचोंबीच है। कुछ इस तरह जैसे मैं एक साथ दोनों स्थानों पर होऊँ। चेन्नापट्टन में रहने के आशीर्वाद और लाभ अनेक थे, जो कहीं और की अपेक्षा अधिक थे और सब लोगों का यह उत्साह मुझे भी प्रभावित कर गया। मैं चेन्नापट्टन को अपने लिए स्वर्ग की तरह देखने लगा, परन्तु बचपन के आधार पर की गयीं कल्पनाएँ भ्रामक भी सिद्ध हो सकती हैं। मेरी ट्रेन सवेरे करीब साढ़े दस बजे चेन्नापट्टन पहुँची, और मुझे अपना बक्सा और बिस्तर लेकर इक्के पर बैठकर सीधे स्कूल जाना पड़ा, जिससे ग्यारह बजे से पहले ड्यूटी पर

पहुँच सकूँ। सरकारी आदेश में लिखा था : 'आप 1 दिसम्बर को दोपहर से पहले ज्वॉइन कर लें।' वह दिसम्बर था और समय दोपहर से पहले। मैंने सामान स्कूल के वरांडे में रखा और हेडमास्टर के कमरे में जाकर उन्हें बताया कि मैं आ गया हूँ और उपस्थिति के रजिस्टर पर हस्ताक्षर किये। हेडमास्टर ने मुझसे स्वागत और सलाह के कुछ शब्द कहे, और मुझे छठी कक्षा में 'टेनीसन' का *मार्टेड आर्थर* पढ़ाने भेज दिया।

पढ़ाया कैसे जाता है, यह मैं जानता ही नहीं था। स्कूल का एक पुराना नौकर, जिसका नाम 'वैंकट' था, मेरे पीछे कड़े शब्दों में सलाह देता हुआ चला। वह मेरे पिताजी के हेडमास्टर–काल से काम कर रहा था। उसने चेतावनी देने के लहज़े में कहा, ''ध्यान रखना, पिताजी की प्रतिष्ठा पर बट्टा न लगे।'' जब हम बच्चे थे, वह हमें शाम को घुमाने ले जाया करता था और अब वह यह नहीं समझ पा रहा था कि मैं बड़ा हो गया हूँ और स्कूल में मास्टर बनकर आया हूँ, जिसकी नियुक्ति सरकार ने की है। उसने बलपूर्वक कहा, ''याद रखना, मेरे पुराने मालिक की शान में कोई कमी आयी तो, मैं तुम्हें छोड़ूँगा नहीं।'' मैं मास्टर की कुर्सी पर बैठने लगा तो वह बाहर खड़ा मेरा अन्दाज़ ध्यान से देखता रहा और उसने सन्तोष से सिर हिलाया। फिर मैंने मेज़ पर हाथ मारा और ज़ोर से कहा, ''सायलेंस!'' क्लास पर इसका असर पड़ा। लड़के नये मास्टर के तरीके देखने लगे और एकदम चुप हो गये। ''सत्तरवाँ पन्ना खोलिये...सबकी किताबें तैयार हैं न? किताबों के बिना क्लास में कभी नहीं आना।'' मैंने सख्ती से कहा और अपने लिए एक नया उसूल खोज निकाला, ''इस बारे में मैं बहुत सख्त हूँ।''

''यस, सर,'' कई आवाज़ें एक साथ आयीं। मुझे यह पसन्द नहीं आया। शायद वे मज़ाक उड़ा रहे हों। आखिरी लाइन में एक लम्बा मुसलमान लड़का बैठा था उसकी तरफ़ देखकर मैंने कहा, ''तुम पेज सत्तर से पढ़ना शुरू करो।''

वह उठ खड़ा हुआ। अपनी कक्षा के लिए वह ज्यादा ही बड़ा था। उसने धीरे-धीरे किताब निकाली और पृष्ठ खोलने लगा और लड़के

मुस्कुराते हुए चारों तरफ़ देख रहे थे। मुझे लगा कि मैंने गलती कर दी है। लेकिन मास्टर अपनी बात पलट कैसे सकता था, ''तुम्हारा नाम क्या है?'' मैंने पूछा।

''अनवरुद्दीन''

''अनवरुद्दीन,'' मैंने कहा, ''तो तुम अपनी पोयट्री की किताब लाये हो।''

''नहीं, सर,'' वह बोला।

''तो तुम्हारे हाथ में ये कौन-सी किताब है?''

उसने ऊपर उठाकर किताब दिखायी। इतनी दूर से मैं यह नहीं जान सका कि वह क्या दिखा रहा था। ''इसे यहाँ लाओ,'' मैं बोला। वह आगे आया और मेरी तरफ़ बढ़ा। लड़के मज़ा ले रहे थे। मुझे उनकी खिलखिलाहट और फुसफुस सुनायी दे रही थी। मैंने किताब हाथ में लेकर कहा, ''तुम सही किताब क्यों नहीं लाते हो? आप लोग किताब लेकर न आयें, यह मुझे पसन्द नहीं है।'' मैंने एक नियम घोषित कर दिया था और उसका पालन करवाना था। इसके अलावा मुझे वेंकट की दी हुई सलाह भी परेशान कर रही थी। अब मुझे साबित करना था कि यहाँ मैं असली मास्टर हूँ या नहीं। लड़का सकपकाया और मैंने फिर सख्ती से कहा, ''अब तुम जाओ और जहाँ भी किताब छोड़ आये हो, लेकर आओ।''

''यस, सर,'' वह बोला और पीछे मुड़कर अपनी सीट पर चला गया। फुसफुस, मुस्कान और उत्तेजना कक्षा में फैली हुई थी। मुझे अपनी जीत महसूस हुई। पहले ही अवसर पर मैंने अपनी महत्ता स्थापित कर दी थी। अगर इसमें देर होती तो मेरी कद्र कम हो जाती। हँसी के बावजूद मुझे सन्तोष हुआ कि अनवरुद्दीन, ने मेरी आज्ञा का पालन किया था। अब वह सही किताब लेकर वापस आया। मैंने उससे इस आचरण की सफ़ाई नहीं माँगी, जिसकी ज़रूरत भी नहीं थी। मैंने तुरन्त उसके हाथ से किताब ले ली और पृष्ठ सत्तर खोलकर उसे देकर कहा, ''अब सबके सामने खड़े होकर

इसे पढ़ो।'' लेकिन उसने पढ़ने की बजाय मुँह बनाकर कहा, ''आप मुझे बाहर जाने दें,'' और हाथ ऊपर उठाकर एक उँगली उठाई, जिसका अर्थ हमेशा से 'नम्बर एक' माना जाता रहा है। लूथरन मिशन स्कूल में पढ़ते समय मैं भी बाहर जाने के लिए यही करता था और कोई भी अध्यापक इसकी अवहेलना नहीं कर सकता।

वह अकड़ता हुआ बाहर चला गया और कक्षा में यह मनोरंजन जारी रहे, इसे रोकने के लिए मैंने पढ़ना शुरू कर दिया; ''सो ऑल डे लॉन्ग, दि नॉयस ऑफ़ बैटिल रौल्ड...अंटिल किंग आर्थर्स टेबिल, ('So all day long the noise of battle roll'd,... until king Artthur's table...') वगैरह, वगैरह।'' कुछ लड़कों ने मुझे सुना, कुछ बातें करते रहे। मैंने अपनी आवाज़ तेज़ की और पढ़ाना शुरू किया, ''टेनीसन की यह कविता...,'' कि क्लास के दो और लड़के तर्जनी उठाकर खड़े हो गये।

''यस,'' मैंने कहा और घोषणा की, ''जो भी बाहर जाना चाहे, वह जाये, मगर क्लास को डिस्टर्ब न करे।'' आधी क्लास उठकर चली गयी, और मैं बीस पंक्तियाँ पढ़ते हुए यह सोचता रहा कि जो पढ़ना ही नहीं चाहते, उन्हें कैसे अर्थ समझाऊँ। लड़कों को 'टेनीसन' या किसी और की परवाह नहीं थी और आपस में बातें कर रहे थे। सौभाग्य से तभी घंटी बज गयी और पढ़ाने का मेरा पहला अनुभव समाप्त हो गया और शायद यही अन्तिम भी था।

इसके बाद मेरी हेडमास्टर से झड़प हो गयी। उन्होंने मुझे फ़िजिक्स पढ़ाने के लिए पाँचवीं कक्षा में भेजा। जब मैंने कहा कि मैं तो हिस्ट्री का आदमी हूँ, तो उन्होंने कहा, ''आज फ़िजिक्स के अध्यापक छुट्टी पर हैं, इसलिए उनकी कक्षा को सिर्फ़ सँभालना है। यह बात मुझे बेवक़ूफ़ी की लगी, लेकिन मैंने आज्ञा का पालन किया। पाँचवीं कक्षा के ये विद्यार्थी छठी के विद्यार्थियों से, जिन्हें मैंने पिछले दिन पढ़ाया था, ज्यादा शैतान थे। वे एक-दूसरे से भिड़ते रहे, टोपियाँ हवा में उछालते,

चुनौतियाँ देते और बुरा-भला कहते; यह स्कूल की कक्षा न लगकर उत्सव की भीड़ लग रही थी, जिसे खुला छोड़ दिया गया हो। मुझे शक हुआ कि फ़िजिक्स के मास्टर ने इन शैतानों से निपटने की बजाय छुट्टी लेकर अच्छा ही किया है। मुझे हेडमास्टर पर गुस्सा आया कि उन्होंने शुरू में ही मुझे इन्हें पढ़ाने के लिए भेज दिया है।

मैंने मेज़ कई दफ़ा ज़ोर-ज़ोर से थपथपाकर कहा, ''सायलेंस, सायलेंस!'' इससे क्षणभर के लिए शान्ति हो गयी और लड़के अपने अध्यापक की ओर आश्चर्य और नफ़रत से देखने लगे। फिर उन्होंने शोर मचाना शुरू किया जो समुद्र की गरज की तरह तीव्रतर होता गया, पचास लड़के भिन्न-भिन्न आवाज़ों में एक-दूसरे के साथ स्वर मिला रहे थे। मैंने कुछ देर उनकी तरफ़ देखा और कहा, ''अब आपको दस लाइनों में एक निबन्ध लिखना है कि पिछली छुट्टियाँ आपने कैसे बितायीं। अब कॉपी और कलम निकालिये और लिखना शुरू कीजिये।'' कुछ लड़कों ने कॉपियाँ और कलम निकालकर सोचना शुरू किया कि क्या लिखें, और कलम मुँह से लगा ली, लेकिन बाकी ने इस पर कोई ध्यान नहीं दिया और आज्ञाकारियों की तरफ़ देखना शुरू कर दिया। मैंने निबन्ध का विषय फिर दोहराया और कहा, ''जिस किसी ने लिख लिया हो, वह अपनी कॉपी मुझे दे और चाहे तो बाहर चला जाये।'' यह सुनकर सब लड़के मेरे पास आये और अपनी कॉपियाँ मेरी मेज़ पर रखने लगे। मैं घबरा गया कि इतनी कॉपियाँ कैसे जाँचूँगा। इसलिए मैंने फिर कहा, ''अच्छा, अभी इन्हें ले जाइये, मैं बाद में देखूँगा।'' ''कब?'' किसी ने पूछा, और इससे पहले कि मैं इसका जवाब दूँ, वे कॉपियाँ वहीं छोड़कर स्वतन्त्र पक्षियों की तरह वहाँ से उड़ गये। मैंने सब कॉपियाँ इकट्ठी कीं और उन्हें स्कूल के क्लर्क के पास छोड़कर बाहर आ गया। दिन का बाकी समय मैंने एक साथी शिक्षक के साथ बिताया जो इस जंगल में कैसे रहा जाये, यह मुझे समझाने की कोशिश करता रहा। शाम को हम बाज़ार घूमने चले गये और एक रेस्तराँ में खाना खाया। जो मेरे अब तक के अनुभव का सबसे गंदा रेस्तराँ था, धूल-भरे वरांडे में केले के सूखे पत्तों पर दौड़ते-भागते परोसा हुआ। मैं धीरज से

यह सब सहता रहा। मेरे साथी ने समझाया, ''एक हफ़्ते बाद तुम होस्टल में कमरा माँग सकते हो। इस वक्त वहाँ कोई खाली नहीं है।''

दूसरे दिन मैं फिर छठी कक्षा को अंग्रेज़ी पढ़ाने के लिए गया कि वहाँ चपरासी ने रजिस्टर लाकर उस पर मेरे दस्तख़त कराये। मैंने सोचा कि कोई सामान्य सूचना होगी, लेकिन ध्यान से देखा तो उसमें लिखा था, 'आपको चेतावनी दी जाती है कि आपने कक्षा पाँच ए के छात्रों को बिना ज़रूरत छुट्टी दे दी, जिससे स्कूल का अनुशासन भंग हुआ है। इसका आपको अधिकार नहीं है। यदि दोबारा यह आपने किया तो उच्च अधिकारियों के सामने मामला लाया जायेगा। यह पहली चेतावनी है।' इस पर हेडमास्टर के दस्तखत थे। चपरासी ने हस्ताक्षर करने का आग्रह किया। मैंने रजिस्टर उसे देकर कहा, ''नहीं, मैं हस्ताक्षर नहीं करूँगा।'' पीरियड समाप्त होने पर मैं हेडमास्टर से बात करने पहुँच गया। उन्होंने कहा, ''यह तुम्हारा सर्विस रजिस्टर है। इसे तुम लौटा नहीं सकते।'' यह कहकर उन्होंने रजिस्टर मेरे सामने कर दिया। मैंने क्रोधपूर्वक हस्ताक्षर कर दिये।

''और कुछ है मेरे लिये?'' मैंने पूछा, ''जो भी देंगे, उस पर हस्ताक्षर कर दूँगा। मुझे सिर्फ़ एक दिन हुआ है और आप काले निशान से मेरे कैरियर की शुरुआत कर रहे हैं।''

''तुम इसे दिल पर मत लो, जवान आदमी,'' उन्होंने मुझे समझाया, ''यह एक्शन नहीं है, सिर्फ़ रिकॉर्ड है। इसका कोई असर नहीं पड़ता।''

''मैं परवाह नहीं करता, हो या न हो। मुझे पन्द्रह दिन की छुट्टी चाहिए।''

''अभी तुम्हारी कोई छुट्टी नहीं बनती।''

''वेतन के बिना छुट्टी।''

''अभी कोई छुट्टी सम्भव नहीं है।''

इस पर मुझे गुस्सा आ गया और मैंने अकड़ते हुए कहा, ''मैं जा

रहा हूँ और आप चाहे जो करें।''

हेडमास्टर नरम पड़ गये। ''गुस्सा मत करो, जवान आदमी । तुम अनुभव से सीखोगे और कुछ समय में समझ जाओगे कि इन बातों का कोई मतलब नहीं है। तुम्हें विश्वास और मेहनत से अपनी ड्यूटी करनी है। कोई मुश्किलें आयें तो मदद करने के लिए हम लोग यहाँ हैं ही। हम तुम्हारी उन्नति चाहते हैं। जल्दबाज़ी में कुछ मत करो। इन दिनों ब्राह्मणों को सरकारी नौकरी पाने में मुश्किल होती है।''

''मि. वाडिया मेरे प्रोफ़ेसर थे और पिताजी के मित्र हैं, मैं उन्हें अच्छी तरह जानता हूँ। मैं तबादले की माँग करूँगा।'' यह नाम सुनकर हेडमास्टर के छक्के छूट गये। वाडिया पब्लिक इन्सट्रक्शन के डायरेक्टर थे, जो शिक्षा विभाग का सर्वोच्च पद होता है।

''गुस्से में कुछ मत करो। अगर तुम शुक्रवार को जाना चाहो हो तो मैं देखता हूँ कि क्या कर सकता हूँ। दो दिन घर पर बिताना और सोमवार को दोपहर तक लौट आना। मैं दोपहर तक तुम्हें कोई क्लास नहीं दूँगा।'' मुझे लगा कि उसके तो होश उड़ गये थे, क्योंकि मैं उसकी शिकायत करता और उसके लिए परेशानी खड़ी हो सकती थी। लेकिन मैंने शुक्रवार की दोपहर तक इन्तज़ार नहीं किया। घंटे भर बाद मैं बस अड्डे पर खड़ा था, और अपना बक्सा और बिस्तर लिये मैसूर की बस का इन्तज़ार कर रहा था। मैं थोड़ा नर्वस महसूस कर रहा था, क्योंकि जिधर से होकर बस जाती, उस सड़क पर मेरे साथी मुझे देख सकते थे। कुछ लोग मुझे देखे बिना निकल गये, हाई स्कूल के कुछ लड़के मुझे देखने लगे। अचानक लम्बा-तगड़ा अनवरुद्दीन अपने कुछ साथियों के साथ मेरे सामने आकर तनकर खड़ा हो गया। उसकी आँखों में आश्चर्य था। मैं उससे नज़रें नहीं चुरा सकता था। उसने मुझे नम्रता से सेल्यूट किया और दाँत निकाले। मैंने उससे पूछा, ''तुम क्लास में होने की बजाय यहाँ क्या कर रहे हो?''

''सर, आज क्लास नहीं थी, टीचर छुट्टी पर हैं। यह पीरियड तो आप का ही था।'' वह जैसे कृतज्ञ था कि मैंने उसे घूमने-फिरने का मौका

दिया। ''आप कहाँ जा रहे हैं, सर?।''

''मैसूर। अब वापस नहीं आऊँगा। अपने हेडमास्टर को बता देना कि तुम मुझे जाते देख आये हो।'' अनवरुद्दीन यह सुनकर अप्रसन्न लगा और जब बस आयी, मेरा सामान उठाकर उसमें रख दिया और उदास-सा वहीं खड़ा हो गया। ''गुड बाय, सर,'' उसने धीरे से कहा और मुझे लम्बा सलाम किया।

~

घर लौटा तो लोग मुझे सन्देह से देखने लगे। उन्हें लगा कि मेरा दिमाग़ फिर गया है। मैं अपने कमरे में कैनवस की कुर्सी पर चुपचाप बैठा रहता, मुझे डर था कि लौटने का कारण पूछा जा सकता है। इस विषय से मैं थक चुका था और लोगों से अलग रहना शुरू कर दिया था। मेरी माँ, जिससे मुझे हमेशा समर्थन की आशा रहती थी, बोलीं, ''तुम्हारे पिताजी चिंतित हैं। चेन्नापट्टन सस्ती जगह है। अगर तुम बने रहोगे, तो तुम्हारी ग्रेड बढ़ जायेगी और काफ़ी बचत भी कर सकोगे और दूसरों के लिए भी कुछ कर सकोगे। तुम्हारे पिताजी वाडिया से बात करेंगे और देखेंगे कि मैसूर के किसी स्कूल में भेजा जा सकता है या नहीं। इससे सबको मदद मिलेगी। तुम्हें कुछ दिन धीरज रखना होगा।'' उसका समझाना मुझे सही लगा और मैं अपने कमरे में जाकर इस पर विचार करने लगा। यहाँ पिताजी से भी बचा जा सकता था। वे हमारे अधिकार क्षेत्र में प्रवेश नहीं करते थे।

लेकिन एक दिन शाम उन्होंने आवाज़ लगायी, ''कुंजप्पा''–मेरा घर का नाम–''इधर आओ।'' वे इस समय हॉल में थे। उन्होंने कुछ हँसते हुए मुझे देखा और पूछा, ''तुम क्या करना चाहते हो?'' अपना चाबियों का गुच्छा हिलाते हुए कहा, ''चेन्नापट्टन को एक मौक़ा और दो। बुरी जगह नहीं है। मैंने लोगों से बात की है और वे तुम्हारा पूरा ध्यान रखने को तैयार हैं। मुकुंद राव से भी बात की है, जिनका भाई वहाँ बैंक में काम करता है। जब तक तुम्हें वहाँ अपनी जगह नहीं मिलती, तुम उनके यहाँ रह सकते हो। भले आदमी हैं। तुम घर की तरह रहोगे।'' उनका व्यवहार बदल गया

था। उन्होंने अब तक इतनी मीठी बात कभी नहीं की थी।

इसलिए मैंने चेन्नापट्टन को एक और मौका देने का फैसला कर लिया। श्री मुकुंद राव, रेवेन्यू विभाग में एक छोटे अधिकारी थे, जो अपने छात्र जीवन से, तीस साल से मेरे पिताजी के गुलाम की तरह आज्ञाकारी थे, उन्होंने मुझे रेलवे स्टेशन पर बड़े सम्मान से विदा किया और सलाह-मशवरा दिया। दूसरी ओर बिलकुल उन्हीं की प्रतिकृति, उनके भाई ने मेरा स्वागत किया, जो बन्द गले का कोट पहने और पगड़ी बाँधे थे। उन्होंने बिना एक शब्द कहे मेरी ज़िम्मेदारी स्वीकार कर ली और कुली के सिर पर मेरा सामान रखकर अपने घर ले गये, जो रेलवे स्टेशन से सिर्फ़ पन्द्रह मिनट के फासले पर था। यह जानकर मुझे बहुत खुशी हुई क्योंकि अब मैसूर जाना मेरे लिये बहुत आसान था। इनका और इनकी युवा पत्नी का एक छोटा-सा घर था, मिट्टी की दीवारें, चूने से पुता, कम ऊँची टाइलों की छत, धुएँ से भरा और पुराना—चेन्नापट्टन कस्बे की एक गली में। घर की छोटी-सी खिड़की से स्कूल की इमारत भी दिखायी देती थी। सामने एक छोटा कमरा, एक पीछे जो किचन का काम देता था। ये दोनों लोग भी बड़े दब्बू थे। इतने सीधे लोग मैंने अब तक नहीं देखे हैं। पत्नी पुराने खयालों की थी और किसी नये व्यक्ति के सामने खाना देने के सिवा कभी नहीं आती थी; वह आपकी तरफ़ न देखती थी और न बोलती थी। यह बात तो समझ में आती थी, क्योंकि ऐसा व्यवहार नारी के लिए आदर्श माना जाता है, परन्तु पुरुष का व्यवहार ऐसा क्यों था, यह मेरी समझ में नहीं आया। उसने अपना अकेला कमरा मेरे हवाले कर दिया था और खुद एक तरह से सड़क से लगी सीढ़ियों पर ही रहता नज़र आता था। मैं शायद उनके जीवन में पहला मेहमान था और वे इस कारण बहुत घबराये हुए और चिंतित दिखायी देते थे। मैंने उनके जीवन में बहुत हलचल पैदा कर दी लगती थी जिससे उनका सन्तुलन बिगड़ गया लगता था। सवेरे नाश्ता करके वह घर से बाहर निकल जाता। इस समय उससे कोई बात नहीं होती थी, न खाने से पहले, न बीच में, और न बाद में। खाने के बाद वह अपना कोट और पगड़ी उठाता, किचन में चला जाता और वहाँ से कपड़े पहनकर बाहर आता। मैं फ़र्श पर अपने बक्से और बिस्तर के सहारे बैठा

रहता। वह बहुत धीरे से नमस्ते कहकर चला जाता। बीवी किचन में छिपी रहती। मैं इस अपराध-बोध से घिरा रहता कि इन चिड़ियों जैसे दम्पति के जीवन में मैंने गतिरोध पैदा कर दिया है। मुझे स्कूल जाने के लिए घंटाभर और रहना पड़ता। मैं कपड़े पहनकर निकलता और अपने जाने की सूचना बाहर का दरवाज़ा ज़ोर से बन्द करके देता, उसे सुनकर पत्नी धीरे से किचन से निकलती और भीतर से कुंडी चढ़ा देती। मैं सोचता कि अब वह मेहमान से मुक्ति पाकर शायद नाचेगी और गायेगी।

स्कूल में पहले की तरह काम होता। बूढ़े वेंकट ने जानना चाहा कि मैं कहाँ गया था, तो मैंने कहा कि बुखार आ गया था। इस बार मुझे एक नयी चिन्ता खड़ी हो गयी कि एक क्लास को ड्रिल कराने को कहा गया। मैंने इसका विरोध किया तो हेडमास्टर ने कहा कि हर टीचर को हफ़्ते में एक बार बारी-बारी से ड्रिल कराने के लिए तैयार रहना ज़रूरी होता है।

‘‘मैं तो ड्रिल जानता ही नहीं–स्कूल में भी कभी हमें ड्रिल नहीं करायी गयी।’’

‘‘बच्चों को घंटाभर व्यस्त रखना होता है, बस उन्हें कहीं जाने मत दो, और कुछ नहीं। हम उन्हें सूर्य नमस्कार भी सिखाते हैं।’’

‘‘मैं तो यह जानता ही नहीं।’’

‘‘हम तुम्हें धीरे-धीरे सिखा देंगे। आज इनसे कुछ कराते रहो। हाज़िरी लेना और एब्सेंट मार्क कर लेना।’’

इस तरह मैंने पचास लड़कों के एक समूह को शाम के सूरज के नीचे दो कतारों में खड़ा पाया। सूरज पश्चिम से पड़ रहा था। कई लोग, जिनमें अध्यापक भी थे, मेरा काम देखने के लिए जमा थे। मैंने लड़कों का ध्यान से निरीक्षण किया, जैसे सेना का कमांडर अपनी फ़ौज का करता है और ‘‘राइट, लेफ्ट, राइट लेफ्ट,’’ कहते हुए उन्हें मार्च कराया और हाई जम्प, लॉन्ग जम्प के साथ उनके हाथ-पैर हवा में ऊपर-नीचे करवाये। मैं जितनी देर करा सकता था, कराया, लेकिन घंटी बज ही नहीं रही थी। मैंने

चिल्लाकर कहा, ''स्टेंड एट ईज़,'' फिर कहा, ''डिसमिस्ड!'' और सारी भीड़ एक सेकिंड में गायब हो गयी।

मैं अपने मेज़बान के घर में हॉल में सोया, आदमी दबा-घुटा-सा एक कोने में पड़ा रहा और उसकी पत्नी शायद चौके में चूल्हे के बगल में सोयी होगी। जोड़े को इस तरह अलग करने के अपराध-भाव से मैं दबा रहा। सवेरे सबके लिए शौच और नहाना-धोना करने में काफ़ी तकलीफ़ हुई, क्योंकि उनके घर में इन कामों के लिए बहुत कम इन्तज़ाम था। पिछवाड़े शौचालय था, चारों तरफ़ मिट्टी की छोटी-छोटी दीवारों से घिरा, लेकिन न उसमें छत थी और न दरवाज़ा। आप जब तक बैठ न जायें, दिखायी पड़ते रहते थे। मुझे डर लगा कि महिला इस हालत में देख न ले। नहाने के लिए मुझे एक टीन की चादर के पीछे जाना पड़ा। मेरे मेज़बान और उनकी पत्नी, दोनों मेरे यह कार्य करते समय दृढ़तापूर्वक घर के भीतर छिपे रहे, लेकिन फिर भी मुझे डर लगा रहा कि कैसे क्या करूँ।

फिर मैं स्कूल जाने के लिए तैयार हुआ। आदमी बैंक चला गया। मुझे अचानक यह लगा कि मैं इस स्कूल में और न इस घर में दूसरा दिन बिता सकूँगा। मैं जानता था कि बस आधे घंटे में पेड़ के नीचे आकर रुकेगी। एक कुली बुलवाया, उस पर सामान लदवाकर बाहर निकला, दरवाज़ा ज़ोर से खड़खड़ाया जिससे महिला समझ जाये कि मैं जा रहा हूँ, कहा कि मैसूर वापस जा रहा हूँ, और बस आते ही उस पर चढ़ गया।

8

फैसला हो गया। यह निश्चित और आख़िरी कदम उठाकर मुझे लगा कि बहुत हल्का और प्रसन्न हो गया हूँ। मैंने अपने इस काम पर किसी को पूछताछ करने का मौका ही नहीं दिया और किसी से बहस भी नहीं की। मुझे लगा कि इससे लोगों में मेरे लिए इज़्ज़त बढ़ी। कम-से-कम यह लोगों को अच्छा लगा कि मेरा अपना दिमाग़ है। चेहरा गम्भीर बनाये मैं दिन के काम-काज में लगा रहा। सवेरे कॉफ़ी पीकर नहाने के बाद मैंने छाता उठाया और बाहर निकल आया। धूप से सिर बचाने के लिए छाता ज़रूरी था। कभी-कभी मैं हाथ में कलम और कॉपी भी ले जाता और चामुंडी हिल पर एक पेड़ के नीचे बैठकर लिखता। कई दफ़ा मैं साइकिल ले लेता और कारापुर फ़ॉरेस्ट रोड पर दस मील उसे चलाता और कहीं साये में बैठकर लिखता था। साहित्य पर विचार करता, खेत में किसान को हल चलाते देखता, जिसके बगल में सूरज की किरणों से चमकती लहरों से भरपूर नहर बह रही होती। मेरी ज़रूरतें शून्य के बराबर थीं, मेरी कोई योजना नहीं थी, सिर्फ़ ज़िन्दा रहने और नौकरी-चाकरी से मुक्त रहने का अपना सुख था। यह बड़े सुख का जीवन था। दोपहर को लन्च के समय मैं घर लौटता और घंटे-दो-घंटे कुछ बेकाम की चीज़ पढ़ता। मैं ध्यान रखता कि बहुत ज़्यादा न पढ़ूँ, और ऐसी कोई चीज़ तो बिलकुल न पढ़ूँ जिससे मेरे तत्काल का लेखन प्रभावित हो। मैं अपने पहले उपन्यास पर आगे का काम कर रहा था। तीन बजे एक कॉफ़ी पीकर मैं लिखना शुरू करता। हर रोज़ स्वामी का चरित्र विकसित हो रहा था। उपन्यास की कथा

आगे बढ़ने से जो सुख प्राप्त होता है, वह मुझे अन्य अनुभवों से प्राप्त नहीं हुआ। आज यह ठीक से याद नहीं आ रहा कि प्रतिदिन कितने शब्द लिखता था। शायद कुछ सौ शब्द या एक हज़ार। स्वामी मेरा पहला चरित्र था, जो जीता-जागता और उछलता-कूदता आगे बढ़ रहा था। यह उपन्यास घटनात्मक था, लेकिन इसी तरह यह स्वाभाविक रूप से आगे बढ़ रहा था—इसमें स्वामी और उसके मित्रों के कारनामों, कठिनाइयों से बचने के प्रयत्नों तथा नये उद्योगों की माला है। हर रोज़ जब मैं लिखने बैठता तो मुझे पता नहीं होता कि क्या होने जा रहा है। मुझे बस इसके केन्द्रीय चरित्र की ही जानकारी थी। रात को मैं पढ़ता कि क्या लिखा है, उपन्यास को क्या रूप मिल रहा है और फिर देर रात तक उसकी घटनाओं, वार्तालाप और भाषा पर काम किया करता था। मैं वाक्य-रचना को सुधारता और मैंने पाया कि दोबारा उन पर काम करने से उनका रूप निखरता है और प्रभाव बढ़ता है; और उसका अन्तिम रूप बिलकुल आरम्भिक पंक्तियों और उन्हीं को सुधारकर लिखी गयीं लाइनों के गुच्छों से, जो उनके ऊपर और अगल-बगल लिखे जाते हैं प्रकट होता है। कुल मिलाकर यह आनन्ददायक अनुभव था, जो बाद में कुछ सीमा तक कम हो जाता है, जब व्यक्ति स्थापित लेखक हो जाता है, उसे प्रकाशकों, सम्पादन-विधियों, आदान-प्रदानों, प्रचार-प्रसार की उलझनों और समीक्षाओं तथा इन सबसे ऊपर, पाठकों से गुज़रना होता है।

मुझे अपने लेखन की एक वस्तुपरक समीक्षा प्राप्त करनी थी, इसलिए मैंने अपनी पांडुलिपि हमेशा की तरह सीनू को दी, जिसने न केवल उसे पढ़ने बल्कि मेरे हाथीनुमा टाइपराइटर पर टाइप करने का भी काम करने का वादा किया था। वह उपन्यास के चरित्रों में जैसे रम-सा गया था और पढ़ते हुए उनके बारे में अच्छी बातें भी कहता चला गया। इससे मुझे बहुत उत्साह मिला। लेकिन मैं और लोगों का मत भी चाहता था। इसलिए मैंने अपने पड़ोसी को याद किया, जिसका नाम पूर्णा था और जो बहुत गर्म दिल दोस्त था, लेकिन अब जो इस दुनिया में नहीं है और उससे कहा कि मैं हर रोज़ जो लिखता हूँ, उसे मेरे मुँह से सुने और अपनी राय दे। वह ''बहुत अच्छा,'' ''बहुत अच्छा'' कहता चला जाता था। इससे हल्का शब्द

उसके पास नहीं था–और इससे मुझे बहुत सहारा मिला। इन्होंने मुझे अपने पिताजी के मित्रों के मुझ पर तीखे हमलों से सुरक्षा प्रदान की, जो सड़क पर जब भी मुझे मिलते, मेरी आलोचना करते। एक ने तो यहाँ तक कहा, ''यह समझदारी नहीं है, समझदारी नहीं है, तुम्हें अपने पिताजी की चिन्ताएँ बढ़ानी नहीं चाहिए, यह समय उनकी सहायता करने का है। तुम लेखक बनना चाहते हो तो किसी अखबार से क्यों नहीं जुड़ जाते?''

पिताजी के ज्यादातर दोस्त उपन्यास और अखबार का अन्तर नहीं जानते थे, फिर भी मैंने उन्हें समझाने की कोशिश की, ''मैं उपन्यास खत्म करना चाहता हूँ और जब यह पूरा हो जायेगा, सब समस्याएँ हल हो जायेंगी। तब तक इन्तज़ार करना पड़ेगा।'' अब तक मुझे आर्थिक इकाई के रूप में अपने स्थान का ज्ञान नहीं था।

''यह समझदारी की बात नहीं है, समझदारी की बात नहीं है'' उन्होंने वही बात दोहरायी, ''तुम शौक के तौर पर लिखते रहो लेकिन लेखक के रूप में कमाई तो होनी नहीं। यह तो धारणा ही गलत है।''

मुझे सलाह देने वाले सब व्यक्तियों का मत सामान्यतया यही था, और आर्थिक अस्तित्व के रूप में अपने महत्त्व का विचार मेरे मन में विकसित नहीं हो रहा था। तब मेरे पास अपना एक रुपया भी नहीं होता था। मेरा खर्च उस समय एक ही था। शाम को घूमते समय दो सिगरेट पीना। गोल्ड फ्लेक की कीमत दो पैसे प्रति सिगरेट होती थी और मेरे पास दो आने हर रोज़ होते तो मेरा खर्च पूरा हो जाता था, इससे ज्यादा की ज़रूरत मुझे नहीं होती थी।

समय-समय पर मेरे एक मामाजी, माँ के छोटे भाई, हमारे घर आते और हफ़्तों हमारे साथ रहते थे। उनके आने पर हम सबको बड़ी खुशी होती। इन्हें हम 'जूनियर मामाजी' कहते थे, क्योंकि जिन मामाजी ने मुझे मद्रास में पाला था, वे 'सीनियर' यानी इनसे बड़े थे। वे गाड़ियों के सेल्समैन थे और उनकी जेब पैसों से भरी होती थी। वे हमें रेस्तराओं और लम्बी कार यात्राओं पर ले जाते थे और हम जो भी माँगते–कपड़े, जूते

और छोटी-मोटी चीज़ें–हमें खरीद देते थे। वे खाने-पीने के शौकीन थे और बाज़ार से सब्ज़ी, फल, मिठाई इत्यादि टोकरियों में भर-भरकर खरीद लाते थे। वे माँ को बहुत प्यार करते थे और आर्थिक चिन्ताओं से जब भी वे हमारे यहाँ होते, हमें दूर रखते थे। सिगरेट का डिब्बा हमेशा उनके साथ रहता था, जिसका उपयोग हम भी कर सकते थे। हालाँकि मामाजी के सामने सिगरेट पीना अच्छा नहीं माना जाता था, लेकिन उनके डिब्बे से हम सिगरेट लेते तो वे हँसकर टाल देते थे।

लेकिन हर शाम वे बेतहाशा शराब पीते थे और फिर पागलों की तरह व्यवहार करते थे। गाड़ी चलाते समय वे हमें आग्रहपूर्वक साथ रखते थे, लेकिन बार में रात को दस बजे तक बैठे रहते थे और घर लौटते समय हर राहगीर के लिए खतरा बनकर आते, चौराहों पर पुलिसवालों से झगड़ा करते, पैलेस गेट पर महाराजा की प्रतिमा की सीढ़ियों पर गाड़ी चढ़ा देते और देर रात घर लौटते। पिताजी इस समय अपने कमरे से बाहर नहीं निकलते थे, क्योंकि वे जानते थे कि मामाजी उनकी बहुत इज़्ज़त करते हैं। वे बहुत शुद्धता पसन्द थे और उनकी गोरी त्वचा और साइकिल चलाकर स्कूल जाते समय उनके गाल लाल पड़ जाने के कारण यद्यपि उनके प्रतिस्पर्धी उन पर शराब पीने का आरोप लगाते थे, परन्तु वे पीने के एकदम विरुद्ध थे, और माँ के प्यारे भाई होने के कारण मामाजी के व्यवहार को दर गुज़र करते थे।

डिनर के बाद मामाजी गपशप करने बैठते और उनका आग्रह होता कि सारा परिवार साथ हो। उन्हें सीनू और मुझे तंग करने में मज़ा आता था, लेकिन बड़े भाई को वे बख़्श देते क्योंकि वह जवाब देने में संकोच नहीं करता था। वे सीनू से पूछते, ''मेरे लिये पान खरीदकर लाये?'' जो वे भोजन के बाद खाना पसन्द करते थे।

''जी, मामाजी।''

''बंडल में कितने पत्ते थे?''

''सौ, जितने आप चाहते थे।''

''बंडल में पत्ते गिने थे?''

''नहीं, लेकिन बेचनेवाली ने गिने थे।''

''यानी जो उसने कहा, तुमने मान लिया। वाह, अरे वाह! अब फिर गिनो। चलो, शुरू करो।'' सीनू एक-एक करके पत्ते गिनता, मामाजी देखते रहते। अगर बंडल में निन्यानवे पत्ते होते तो सीनू को घूरकर उससे कहते, ''अभी बाज़ार जाओ, और बाकी एक पत्ता लेकर आओ।'' और अगर गिनती में एक-सौ-एक पत्ते निकलते तो वे कहते, ''एक पत्ता लेकर जाओ और वापस करके आओ। उसे धोखा नहीं देना चाहिए।''

''ठीक है। कब जाऊँ?''

''अभी, इसी समय। इससे तुम भी सीखोगे कि खरीदते वक्त सावधान रहने की ज़रूरत है।'' बाज़ार दो मील दूर था और इस समय रात के बारह बजे होते थे, इसलिए यह आदेश ज़रा कठोर होता था, लेकिन सीनू ''ठीक है'' कहकर वहाँ से गायब हो जाता और अपने कमरे में जाकर पढ़ाई करने लगता।

मामाजी का मुझे तंग करने का ढंग दूसरा था। वह अचानक पूछ बैठते, ''क्या यह ठीक है कि तुम लेखक बनना चाहते हो?'' अब मुझे ''हाँ'', कहना होता, या ''ना'', और दोनों में खतरा था। मैं सोचता कि मैं भी सीनू की तरह निकल जाऊँ, लेकिन मामाजी को यह पसन्द न आता। और वे नाटकीय व्यवहार करने लगते, जिससे माँ को परेशानी होती, इसलिए वह हमें वहाँ रहने देना चाहती थीं। जब मैं उनका सन्देह पुष्ट करता कि हाँ, मैं लेखक बनना चाहता हूँ, तो वे देखना चाहते कि मैंने क्या लिखा है। माँ भी दिखाने को कहतीं, क्योंकि उन्हें लगता कि इससे मुझे ही कुछ मदद मिलेगी, तो मैं उन्हें टाइप किये हुए कागज़ दिखाता। वह एक पन्ना निकालकर रोशनी के सामने लाते और पढ़ते, "सोमवार की सुबह थी।" ''अरे, अरे, यह सोमवार की क्यों, मंगल या शनिवार क्यों नहीं?'' फिर

और कागज़ पढ़कर कहते, ''यह सब क्या बकवास है? तुम लिखते हो, वह उठा, टूथ पाउडर उठाया, दाँत साफ़ किये, सिर पर एक लोटा पानी डाला... यह तो सूची मात्र है। हुँ... मैं भी नॉवेल लिख सकता हूँ अगर मुझसे यही लिखने की उम्मीद की जाये कि उठा, तौलिया उठाई, साबुन लगाया, साफ़ किया, बाल सुखाये, कंघा किया... यही सब लिखना हो तो मैं भी लेखक बन सकता हूँ, लेकिन वह तो सूची पत्र हुआ, इसे लिखने में समय क्यों बर्बाद करूँ और यह मालगुडी क्या बला हुई? यह है कहाँ? ऐसी जगह के बारे में क्या लिखना जो कहीं है ही नहीं, अरे, लाखों जगह हैं जिनके बारे में लिखा जा सकता है। तुम्हें डिकेन्स के नॉवेल पढ़ने चाहिए। तुम लोग अपने को बड़ा अक्लमंद समझते हो। मैंने डिकेन्स की लिखी एक लाइन पढ़ी है। वह नमूना है, उसकी तरह लिखना चाहिए।''

मैं धीरज से यह सब सहन करता। इसके इनाम के रूप में उन्होंने कहा कि मैं तुम्हारा परिचय इस लाइन के कुछ लोगों से कराऊँगा, जिससे तुम कुछ पैसा कमा सकोगे। भले ही तुम अच्छे लेखक न बन सको। दूसरी बार बंगलौर जाते समय वे मुझे कार में अपने साथ ले गये, भले ही मेरा काम उन्हें पसन्द न आया हो।

उपन्यास के अलावा मैं बीस कहानियों पर भी काम कर रहा था, क्योंकि मैं देखना चाहता था, प्रेम के अलावा भी किसी विषय पर लिखा जा सकता है। हर उपन्यास, कहानी और कविता का यह एक ही विषय होता था। मैं प्रेम के इस अत्याचार पर हमला करना चाहता था और जीवन के अन्य विषयों पर लिखा जा सकता है या नहीं, यह देखना चाहता था–स्त्री-पुरुष के सम्बन्ध ने ही साहित्य की दुनिया घेर रखी थी। *जॉन ओ' लन्दन* के पृष्ठों में प्रकाशित कहानियाँ मुझे अच्छी लगती थीं, जो किसी एक क्षण या संकट के समय किसी मन:स्थिति मात्र पर निर्भर करती थीं। मुझे अपनी चारों तरफ़ की ज़िन्दगी में बहुत से ऐसे विषय मिलते थे, जिन पर लिखा जा सकता था। वातावरण और मन:स्थिति का अपना महत्त्व होता है। ज़िन्दगी से ऐसे विषय उठाकर मैं निरन्तर लिखता रह सकता था। मैं हर रोज़ एक कहानी लिख सकता था। मैं एक डायरी में सम्भव

विषय नोट करने लगा और जब समय मिलता या उपन्यास से थोड़े समय छुट्टी लेने के लिए इन पर लिखना शुरू कर दिया। इसके अलावा मैं हर रोज़ दो सौ शब्दों में प्रभावों या घटनाओं पर छोटे-छोटे निबन्ध लिखता। ये ज़्यादातर हल्के-फुल्के, उद्देश्यहीन और अस्थायी महत्त्व की रचनाएँ होतीं, जो मेरी पढ़ी या देखी किसी घटना की प्रतिक्रिया मात्र होतीं, लेकिन अभ्यास के रूप में और सीखने की दृष्टि से इनका अपना महत्त्व था। इस तरह प्रकाशक को दिखाने के लिए, यदि कोई मुझ में रुचि व्यक्त करता, मेरे पास बहुत-सी सामग्री थी। एक लिखा जा रहा उपन्यास, कहानियाँ, निबन्ध और छोटे-छोटे टुकड़े।

मामाजी मुझे बंगलोर में कई जगह ले गये। ''मैसूर सही नहीं है, सोती हुई जगह है। अगर आगे बढ़ना है तो क्रियाशील स्थान चुनना चाहिए, जैसे बंगलोर या मद्रास''–उनका कहना था। वे मुझे रोज़ सवेरे अपनी कार में ले जाते। यह गाड़ी लोगों को दिखाने के लिए थी, रोज़ सौ मील घूमते, दर्जनों लोगों से मिलते, बिक्री की बातें करते और हर रोज़ कम-से-कम एक गाड़ी ज़रूर बुक कर लेते और लन्च से पहले चार जिन लेकर उसका समारोह करते। वे हमेशा मुझे अपने साथ रखते, जिसका मुझे लाभ यह हुआ कि मुझे तरह-तरह के लोगों, उनके व्यवहार तथा ख़रीद-फ़रोख़्त की बारीकियों का ज्ञान हुआ, जो मेरे लिए मॉडल की तरह था। इस सबसे ज़्यादा, मामाजी स्वयं मेरे लिए एक मॉडल ही थे। दूसरे लोगों के प्रति उनका दृष्टिकोण, उनका बातचीत करने का प्रभावशाली ढंग, उनकी शक्ति और बेपरवाह रुख। मैसूर के महाराज को, जिनसे मिलना असम्भव के समान था, जिन पर तरह-तरह के बन्धन और सुरक्षा से हमेशा घिरा रहना आवश्यक होता था, अपनी कार में बैठाकर प्रदर्शनी दिखाने ले जाना, उनकी क्षमता का प्रमाण माना जाता था। वे शराब तो दिन में हर समय तथा हरेक रूप में पीते ही रहते थे–बैचलर *ऑफ़ आट्र्स* में मैंने कैलाश के नाम से उनका चित्रण किया है और जब कभी मुझे शराबी का चित्रण करना होता, तो वे मुझे सब सामग्री प्रदान करते थे। एक दफ़ा नीलगिरि पर्वत की यात्रा करते हुए, जॉर्ज फ़ोर व्हिस्की की पूरी बोतल चढ़ा लेने

के बाद, उन्होंने बोतल घाटी में फेंकते हुए कहा, ''यह खाली बोतल यहाँ क्या कर रही है?'' फिर एक दफ़ा उन्हें यकीन हो गया कि वे चीता बनते जा रहे हैं और होटल में लोगों के पीछे गुर्रा-गुर्राकर दौड़ते उन्हें तब तक परेशान करते रहे जब तक उन्हें नींद न आ गयी।

बंगलोर में उन्होंने मुझसे अपने एक चचेरे भाई की चर्चा की, जिसे वे सब तरह की कलाओं से जुड़ा मानते थे–''लेखक और पत्रकार, जिसकी कई किताबें और लेख छप चुके हैं। मुझे विश्वास है, वह तुम्हारी मदद करेगा। जब तक तुम दूसरे लेखकों से सम्पर्क न करो, ''तो खुद शुरुआत कैसे कर सकते हो?'' बाद में मुझे पता चला कि यह तथाकथित लेखक ब्रोकर था जो चीज़ें बिकवाकर जीविका कमाता था। वह मामाजी को जो भी 'सम्भावना' बताता, उसके पचास रुपये उसे मिलते थे और शराब, अगर पीने के वक्त वह भी साथ होता। उसे लोग 'प्रिंस' कहते थे, क्योंकि वह कोचीन के शाही परिवार से अपना सम्बन्ध बताता था। कार में वह मामाजी के बगल में बैठता और मैं पीछे की सीट पर बैठा उनकी बातें सुनता रहता, जिससे दुनिया के बारे में मेरी जानकारी बढ़ती थी। एक दफ़ा एक पार्टी में मामाजी की इस 'प्रिंस' से हाथापाई हो गयी। 'प्रिंस उनसे लिपट गया और उनकी शर्ट फाड़ दी। मामाजी लोहे के डंडे की तलाश में दौड़े जिससे उसका सिर फोड़ सकें। खतरा सामने देखकर प्रिंस पीछे की सीढ़ियों से नीचे भागा और बेतहाशा दौड़ता हुआ अपने घर पहुँचा और भीतर से दरवाज़ा बन्द कर लिया। हाथ में लोहे की छड़ थामे मामाजी भी उसके पीछे दौड़े,फिर कार से उसका पीछा किया और प्रिंस के घर के दरवाज़े पर उसे दे मारा, दीवार का एक हिस्सा तोड़ दिया और चिल्लाये, ''दरवाज़ा खोल, हरामी प्रिंस!'' लेकिन प्रिंस चुपचाप भीतर बना रहा, बाहर नहीं निकला। कुछ देर इन्तज़ार करने के बाद मामाजी ने कार वापस ली, अपने घर आये और बिस्तर पर पड़कर सो गये।

दूसरे दिन सवेरे प्रिंस हमारे घर आये और मामाजी के साथ नाश्ते पर इस तरह बैठ गये, जैसे कुछ हुआ ही न हो और मुझसे बोले, ''जानते हो, कल तुम्हारे मामाजी ने मुझे मार ही डाला होता? कितना डर गया था मैं!''

''और मेरी शर्ट कैसे फट गयी?'' मामाजी ने कहा, फिर दोनों हँस पड़े।

''इन्होंने मेरे घर की दीवार तोड़ दी!''

''और तुम्हारा सिर भी तोड़ देता, अगर तुम बाहर निकलते, तो... तुम लोग सोचते होगे, मैं नशे में था। यह ज़रूरी नहीं है।''

यह आदमी दुबला और कमज़ोर था, सामने के दाँत गायब थे। मेरे मामाजी, जब उसे 'प्रिंस' न कहते, तो 'कवि' या 'एडीटर' कहते थे और उसे मेरा साहित्यिक गुरु बना दिया, कहा कि मैं उसके घर जाऊँ और उससे सलाह-मशवरा करूँ। उसने मुझे यह सलाह दी, ''अखबार सामाजिक विषयों पर खबरें छापना पसन्द करते हैं। शादियों और सामाजिक कार्यक्रमों की खबरें पढ़ो, उन्हें काट कर रख लो और उनके आधार पर कहानियाँ लिखो। शादियों और सामाजिक कार्यक्रमों के निमन्त्रण प्राप्त करो और उनमें जाओ।''

बंगलोर एक महीना रहने के बाद मामाजी मद्रास चले गये और वहाँ अपना भाग्य आज़माने के लिए मुझे भी अपने साथ ले गये। इस तरह मैं फिर पुरसवालकम आ गया। हमारा पुराना घर वहीं था, हालाँकि बहुत बदल गया था। मेरे बड़े मामाजी की शादी हो चुकी थी और कई बच्चे भी हो गये थे। नानी कैंसर से पीड़ित बिस्तर पर लेटी रहती थीं, और उनका बगीचा घर की आमदनी बढ़ाने के लिए बेच दिया गया था। मामाजी ने सिद्धान्त के तौर पर कमाई के सब साधनों का परित्याग कर दिया था और प्राचीन तमिल साहित्य का पुनरुद्धार करने के उद्देश्य से एक साप्ताहिक पत्रिका प्रकाशित करने में अपने सब साधन व्यय कर रहे थे।

मद्रास में मेरा परिचय एक अन्य व्यक्ति से कराया गया, जो *विवाह गज़ट* नाम से एक पत्रिका निकालना चाहता था। उसका सम्पादकीय कार्यालय जॉर्ज टाउन के एक अनजाने इलाके में था, जहाँ पहुँचना आसान नहीं था। एक धूल और कागज़ों से भरी मेज़ पर बैठा यह आदमी तुरन्त

काम की बात करने लगा, ''आपके मामाजी ने बताया है कि आप लेखक बनना चाहते हैं। बहुत अच्छा है। लेकिन एक दिन में लखपति बनने के सपने मत देखना। याद रखना कि दुनिया आपका लिखा पढ़ने की इच्छा नहीं कर रही है। आप कुछ भी लिखें। लोगों को और भी ज़रूरी काम करने हैं। आपको कड़ी मेहनत करनी होगी और लगे रहकर लोगों का ध्यान अपनी तरफ़ आकर्षित करना होगा। इसका मतलब है लिखते रहो, लिखते रहो, लिखते रहो।''

यह महत्त्वपूर्ण मशवरा देकर उसने अपना प्रस्ताव रखा–''इस समय मैं नहीं जानता कि आप क्या लिखते हैं और कैसे लिखते हैं। लेकिन आपके मामाजी मेरे अच्छे मित्र हैं और मैं उनकी बात मानकर आगे बढ़ता हूँ।'' यह कहकर वह रुका और सामने पड़े कागज़-पत्र एक तरफ़ सरकाते हुए खिड़की से आवाज़ लगायी, ''अरे सुनो, दो 'कलर्स' ले आओ।'' ज़रा देर में एक बच्चा दो बोतलें, जिनमें लाल रंग का सोडा वाटर भरा था, लाया और मेज़ पर रख गया। इनमें सूँ-सूँ की आवाज़ें निकल रही थीं, जैसे कोबरा फुंकार रहा हो। ''आप प्यासे होंगे। 'कलर्स' पीजिये, यह अच्छा है।'' उसने खुद कुर्सी के पीछे सिर टिका लिया और बोतल मुँह में लगाकर उसे पीना शुरू कर दिया। सारी पीकर बोतल नीचे रख दी, तिरछे होकर ज़ोर से हवा निकाली और कहा, ''मैं पत्रिका निकाल रहा हूँ। जिसमें सब कुछ विवाह के विषय पर ही होगा। मनुष्य के जीवन में विवाह जल्दी या देर में होने वाला सबसे महत्त्वपूर्ण कार्य होता है और इसके पहले, बीच में और बाद में समस्याएँ आती ही रहती हैं। दो अजनबी मिलते हैं और सारा जीवन साथ रहते हैं। हमारी पत्रिका इसी विषय से सम्बन्धित होगी। हमें कहानियाँ, मज़ाक, दर्शन, अनुभव और कल्पनाएँ, सब कुछ इन्हीं बातों पर चाहिए। जो औरतें दुःख भोगती हैं, पुरुष जो अत्याचार करते हैं और इसी तरह की बातें। इन पर आप जो चाहे लिख सकते हैं। जैसे ही कुछ लिख लें, ले आयें, इसके बाद और बात करेंगे।'' शाम को जब मैं घर लौटा, तब मेरा मन आसमान में उड़ रहा था।

~

अगले तीन दिन मैं नानी के पास बैठा लिखता रहा और बहुत जल्द इन्हीं घटनाओं पर कई पृष्ठ लिख डाले। वास्तविक घटनाएँ, तरह-तरह की काल्पनिक कहानियाँ वैवाहिक समस्याओं को केन्द्र बनाकर; बीवियों को पीटनेवालों की, पतियों को परेशान करने वाली औरतों की, जियो और जीने दो विश्वासी एक दम्पति की अचानक उठ खड़ी समस्या, घर छोड़कर भाग जाने वाले युवक-युवतियों की, भागने और भगाने वाले दोनों की और स्त्रियों तथा पुरुषों के बीच जो भी बातें घटित हो सकती हैं, उन सबके तरह-तरह के जोड़-तोड़ की कहानियाँ। इनकी ध्वनि किसी कारण से कष्ट की ही रही, दुःखान्त की नहीं। दुनिया में सुखी दम्पति दिखायी ही नहीं देता था। शायद मैंने यह भी महसूस किया कि सुखी, सन्तुलित परिवार में एकरसता है और उसमें लिखने के लिए कुछ भी नहीं है। टूटे हुए विवाह या टूटने की कगार पर खड़े विवाह ही साहित्य की सामग्री प्रदान करते हैं। मेरे पास टाइपिंग की सुविधा नहीं थी, इसलिए जितना सम्भव था उतनी सुन्दर लिखावट में मैंने कहानियाँ लिखीं, उनमें बड़ी सफ़ाई से पिन लगायी, पैकेट बनाया और पत्रिका के सम्पादक को देने चला, जो मुझे विश्वास था कि बड़ी खुशी से इन्हें स्वीकार कर लेगा। मेरे जूनियर मामाजी, जो घर पर बहुत कम रहते थे और बाहर हमेशा आते-जाते ही नज़र आते थे, निश्चित समय पर नहाने-धोने या कपड़े बदलने या किसी और काम से ही आते थे, हमेशा मेरे पास से गुज़रते हुए सख्ती से हिदायत देते कि अच्छा लिखो, एडीटर को खुश करने की कोशिश करो और उन सब पुरानी योजनाओं और मालगुडी वगैरह को भूल जाओ। इसलिए एक दिन मैं पैकेट लेकर 'जॉर्ज टाउन' गया और पैकेट एडीटर के सामने रख दिया। उसने मुझे बैठने के लिए कुर्सी दी और कागज़ों पर नज़र डाली। मैंने तीस या चालीस पृष्ठ लिख डाले थे। उन्हें ध्यान से पढ़ने के बाद वह बोला, ''आप में लिखने की क्षमता है, यह तो साफ़ है, लेकिन आपको हमारी ज़रूरतें समझनी होंगी और उन्हें पूरा करने का उद्देश्य बनाना होगा। पहले हम आपको अपने दफ़्तर में शिक्षार्थी के रूप में लेंगे।''–यहाँ वह अचानक 'हम' के बादशाही शब्द का इस्तेमाल करने लगा, हालाँकि कार्यालय में उसके अलावा कोई दूसरा व्यक्ति दिखायी नहीं दिया, ''इस अवधि में

आपको वेतन नहीं दिया जायेगा। दरअसल हम सिखाने के लिए शिक्षार्थी से फ़ीस भी लेते हैं, लेकिन इस मामले में मैं आपको इससे मुक्त करता हूँ, क्योंकि आप मेरे मित्र के भांजे हैं। मैं आप को पत्रिका की हर शाखा से जोड़ लूँगा और तीन महीने के बाद आपके कार्य के आधार पर वेतन पर विचार किया जायेगा।''

''और इन रचनाओं का क्या...''

''इनका हम समय-समय पर उपयोग करेंगे, ज़रूरत के मुताबिक संशोधन और सम्पादन करके।''

''इनका पारिश्रमिक देंगे?'' मैंने दब्बू की तरह पूछा।

''हाँ, धीरे-धीरे ज़रूर देंगे, लेकिन अभी नहीं।'' इसका अर्थ मेरी समझ में नहीं आया। मुझे यहाँ लगा कि उसे एक अवैतनिक सहायक चाहिए या धोखाधड़ी में मदद करने वाला सहकारी, क्योंकि मैंने पाया कि वह अपने प्रकाशन का उपशीर्षक *सच्ची कहानियाँ* (विवाह की) रखना चाहता था और सामाजिक जीवन का शोध करने के लिए एक आदमी चाहता था।

~

मुझे इस आदमी को छोड़कर अन्य सम्भावनाओं की तलाश करनी पड़ी। मैंने मद्रास के हर प्रकार के प्रकाशक और सम्पादक को अपनी रचनाओं के नमूने दिखाये। आम बात जो सबने कही कि इनमें प्लॉट की कमी है। मेरे साहित्यिक मूल्यों पर किसी ने ध्यान नहीं दिया और इनके अलावा मेरे पास कुछ और देने के लिए नहीं था। ऊपर फैले आसमान की तरह मेरी कहानियों में मालगुडी फैला था। ''आपका भाषा पर अधिकार है, लेकिन...,'' सबने प्राय: यही बात कही।

उस साल मैं लगभग तीन महीने मद्रास में रहा और दैनिक समाचार-पत्रों तथा पत्रिकाओं के सम्पादकों से जी-तोड़ कोशिश करके मिलता रहा। मेरे जूनियर मामाजी पहले तो मुझसे बहुत नाराज़ रहे, क्योंकि मैंने उनके

'वैवाहिक पत्रिका' के मित्र की उपेक्षा की थी। फिर भी वे मेरी सहायता करते रहे और जिसको वे समझते कि वह मेरी लाइन का आदमी है, उससे मेरा सम्पर्क कराने की कोशिश करते, हालाँकि उनके और मेरे बीच केवल अंग्रेज़ी भाषा का ही नाता होता था। जैसे रेस के घोड़ों के विश्लेषक, कुंडली बनाने वाले, फिल्मी लेखक इत्यादि और ये ज़्यादातर उनके बार के साथी होते थे। सीनियर मामाजी अपना समय अपने साहित्यिक साप्ताहिक के सम्पादन में व्यतीत करते थे। वे सारी रात उस कोठरी में बैठते जहाँ एक दफ़ा मैंने अपने को छिपाया था और आठ पृष्ठ के साप्ताहिक का 75 फ़ीसदी स्वयं लिखते थे, बस नाम बदलकर और हर रचना का स्टाइल भी बदलकर, दूसरों की रचनाएँ संशोधित तथा सम्पादित करते थे, प्रूफ़ देखते, अन्तिम प्रति तैयार करते और प्राचीन तमिल कविता के मोटे-मोटे ग्रन्थ पढ़ते रहते थे। वे परिश्रमी बुद्धिजीवी व्यक्ति थे, जिन्होंने पैसा कमाने का विचार ही त्याग दिया था, लेकिन किसी प्रकार चलाते जा रहे थे, वे स्लम के बच्चों के लिए रात्रि पाठशालाएँ भी चलाते और हर शाम दो घंटे इस मिशन के कार्य में व्यतीत करते थे। उन्होंने अपना फोटो खींचने का पुराना शौक छोड़ दिया था। उनका भारी-भरकम कैमरा अलमारी के ऊपर आराम करता, धूल खाता रहता और उसके साथ और भी कई चीज़ें बेकार पड़ी रहती थीं।

मैंने उन्हें अपनी कुछ रचनाएँ दिखायीं। पढ़कर बोले, ''शुरुआत तो अच्छी है, पर तुम्हें और पढ़ना चाहिए जैसे शेक्सपियर के नाटक और विशेष रूप से 'कंबन' की *रामायण*। यही *रामायण* पढ़ो और मेरी पत्रिका में छपी टिप्पणियों की सहायता से उसके अर्थ समझने की कोशिश करो। तुम्हारा लाभ होगा। अभी छपाने की कोई जल्दी नहीं है। लिखते रहो, लेकिन पढ़ते भी रहो...।'' मैं उनकी सलाह स्वीकार नहीं कर सकता था। मैं आधुनिक कहानीकार बनने का प्रयत्न कर रहा था, और वे पुराने, कठिन तमिल साहित्य की तरफ़ मेरा मुँह फेरना चाहते थे। मैंने नम्रता के नाते उनकी बातें सुनीं, लेकिन मानसिक रूप से उन्हें खारिज कर दिया।

वे अपनी पत्रिका चलाने के लिए जी-जान से परिश्रम करते थे और

हृदय रोग से पीड़ित होकर 1938 में मृत्यु शैया पर चले गये, लेकिन आठ वर्ष तक पत्रिका अकेले प्रकाशित करते रहे। उस समय मैं मैसूर में था और मद्रास के जनरल हॉस्पिटल से मुझे उनका तार प्राप्त हुआ। मेरे पहुँचने के बाद वे दो घंटे और जीवित रहे, लेकिन उनका मस्तिष्क और वाणी स्पष्ट थी। अन्तिम समय भी उन्होंने मुझे 'कंबन' की *रामायण* पढ़ने की सलाह दी। मैंने उनका मन रखने के लिए कहा, ''ज़रूर पढ़ूँगा,'' लेकिन विचार और विश्वास से मैं इस लेखक के एकदम विरुद्ध था। मैं अंग्रेज़ी का यथार्थवादी कथा-उपन्यासकार था, और तमिल साहित्य में मेरी प्रवृत्ति नहीं थी। मेरा तीसरा उपन्यास *दि डार्क रूम* लन्दन से अभी प्रकाशित हुआ था और जब मैं मैसूर से निकल रहा था, पोस्टमैन ने मुझे लिफ़ाफ़ा पकड़ाया था जिसमें इस उपन्यास की समीक्षाओं की कतरनें थीं, जो बहुत उत्साहवर्धक थीं। अब कोई कारण नहीं था कि मैं तमिल साहित्य में प्रवेश करके अपनी साहित्यिक हत्या कर लूँ। इसलिए मैंने एक मरते हुए व्यक्ति की सद्भावना समझ कर उनकी सलाह को दरकिनार कर दिया। लेकिन आश्चर्य की बात है कि तीन दशक बाद, 1968 में, मेरी 'कंबन' में रुचि उत्पन्न हुई और मैंने उनके 10,500 पद पढ़ने में तीन वर्ष लगाये और इससे मैं इतना प्रभावित हुआ कि भारतीय पौराणिक परम्परा के दूसरे खण्ड के रूप में मैंने इसके आधार पर गद्य में एक रचना तैयार की। आश्चर्य की बात यह भी है कि मुझे मामाजी के शब्द याद ही नहीं रहे, और वाइकिंग प्रेस, न्यूयॉर्क, के मेरे सम्पादक 'मार्शल बेस्ट' ने मेरे भारत वापस लौटते समय मुझसे पूछा कि यह पुस्तक क्या तुम किसी को समर्पित करना चाहोगे—मेरी पांडुलिपि पर सारा काम पूरा हो चुका था और वह प्रेस भेजे जाने के लिए तैयार थी—कि मुझे अचानक मामाजी का कथन याद आ गया। मैंने तुरन्त कैनेडी एयरपोर्ट पर उनके नाम समर्पण लिखकर उन्हें पकड़ा दिया, जहाँ वे मुझे विदा करने आये थे।

मद्रास में मेरे प्रयत्नों का परिणाम हुआ कि मुझे समीक्षा के लिए एक पुस्तक दी गयी। इसका नाम था *डेवेलपमेंट ऑफ़ मेरीटाइम लॉज़ इन सेविन्टीन्थ सेन्चुरी इंग्लैंड*। मेरे लिए बहुत अनोखा विषय लेकिन मैंने

इसे मेहनत से पढ़ा और समझने की कोशिश की और एक छोटा-सा नोट लिख दिया, जिसका मुझे कोई पैसा तो नहीं मिला, लेकिन पहली दफ़ा अपना नाम छपा देखने का लाभ ज़रूर मिला। इस पत्रिका ने मेरी एक कहानी भी छापने के लिए स्वीकार की, और मनीऑर्डर के मूल्य से दस रुपये कम पैसे दिये। लेखन से मेरी पहले साल की आमदनी लगभग नौ रुपये बारह आने (लगभग सवा डॉलर) हुई। दूसरे साल आमदनी थोड़ी-सी बढ़ी, क्योंकि *दि हिन्दू* ने एक कहानी छापी और अट्ठारह रुपये मनीऑर्डर काटकर मुझे दिये। इसके बाद एक बच्चों की कहानी छपी जिससे तीस रुपये प्राप्त हुए। यह चैक मैंने पिताजी को पकड़ा दिया और वे बहुत खुश हुए। वे बोले, "तुम्हारा पहला और, शायद, आखिरी चैक।" मैंने 'आखिरी' शब्द पर आपत्ति की, और उन्होंने तुरन्त क्षमा माँगी। पता नहीं क्यों, मैंने यह कह दिया–''बुरा मत मानना।''

9

बालकनी पर खड़े किसी सुन्दर चेहरे या आकार को देखकर आह भरना, या सड़क के उस पार, या भीड़ में, प्यार की कामना करना–उन सामाजिक परिस्थितियों में, कम-से-कम उन दिनों में जब लड़के और लड़कियाँ एक-दूसरे से अलग रखे जाते थे, और अपनी बहन के अलावा किसी और लड़की से कोई लड़का बात नहीं कर सकता था, मैं प्रेम-रोग की असम्भव सम्भावनाओं से गुज़र रहा था। शायद इसके लिए वे बहुत से उपन्यास ज़िम्मेदार थे, जो उस समय मैं पढ़ता रहता था और जिन्होंने मुझे हर आने-जाने वाली लड़की से प्यार करने के लिए तैयार कर दिया था। जो वास्तव में एकपक्षीय ही होता था। जो भी लड़की आँखें उठाकर मेरी ओर एक दफ़ा देख लेती, वह तुरन्त मेरी प्रिया बन जाती, जब तक कोई दूसरी उसका स्थान न ग्रहण कर लेती। इस तरह, जब हम बोज्जन्ना लाइंस में रहते थे, हरी साड़ी पहने पीले, लम्बे चेहरे वाली एक लड़की, वहाँ से गुज़रते ही मेरी प्रिया बन गयी; वह दूसरी सड़क पर ही रहती थी, एक इंजीनियर की साली, जिसे हर रोज़ एक बार देखना मैं कभी छोड़ नहीं सकता था, भले ही और बहुत कुछ देखना मैं क्यों न छोड़ दूँ। कई दफ़ा मैं चुपचाप उसके पीछे हो लेता, गुलाम की तरह और जब तक वह अपने घर में, बिना मेरी तरफ़ ज़रा भी ध्यान दिये, घुस न जाती, तब तक उसके पीछे चलता चला जाता। मैं सोचने लगा कि इंजीनियरिंग के किसी काम का बहाना मुझे मिल जाये तो मैं उसके जीजाजी से मिल सकूँ, फिर धीरे-धीरे परिचय बढ़े और इस सीमा तक पक जाये कि मैं उससे, मेरी

कोरेली या विक्टोरिया क्रॉस की तरह, प्रस्ताव कर सकूँ। मैं रात-दिन उसके खयालों में डूबा रहता, मुझे विश्वास था कि मेरी भावनाओं का उस तक प्रभाव पहुँचेगा, जैसा मेरी कोरेली ने मुझे बताया था कि सच्चा प्यार सब सीमाएँ तोड़कर अपने उद्दिष्ट तक पहुँचता है।

अचानक यह लड़की मेरी दृष्टि से गायब हो गयी। लेकिन एक दूसरी मुझे मिल गयी, जो उसके घर से ज़रा दूर छज्जे पर खड़ी अपने बाल सुखा रही थी। उसे सबसे पहले मैंने कॉलेज जाते हुए देखा, और इसके बाद आते और जाते मैं हमेशा उसे देखने की इच्छा करता रहा; ज़रा मोटी और गुदगुदी-सी यह लड़की ज़रूर वहाँ होगी। वह मुझे बहुत पसन्द थी। मैं सोचता था कि वह भी ज़रा मनचली है, हर राह चलते की तरफ़ देखकर मुस्कुराती है, सिर्फ़ मुझे देखकर ही नहीं मुस्कुराती। कुछ दिन बाद उसमें मेरी रुचि कम हो गयी और मैं महाराजा कॉलेज जाने वाली एक लड़की में रुचि लेने लगा, जो मुझे देखकर मुस्कुराती और सिर भी हिलाती थी। यह सब प्यार-व्यार ज़रूरी तौर पर एक तरफ़ा होता था और बातचीत तो होती ही नहीं थी। लेकिन इस सबसे कोई फ़र्क नहीं पड़ता था। इससे मुझे अच्छा लगता और जीवन को एक उद्देश्य मिलता था। अपने घनिष्ठ मित्रों में हम हमेशा लड़कियों की ही बात करते थे और गंदे-गंदे मज़ाक करके खुश होते थे। प्यार करने की अंधी कामना से हम पता नहीं क्या-क्या करने पर उतारू हो जाते थे–मैं एक लेडी डॉक्टर के प्यार में भी पड़ गया, जो मेरी माँ का इलाज करने आती थी और आते-जाते उसे देखकर मैं नमस्कार करता, तो वह कुछ बात भी करती थी; वह ब्रिटिश महिला थी, विवाहित और मोटी-ताज़ी। लेकिन मुझे उसमें बड़ी सम्भावनाएँ नज़र आयीं और उसकी हर नज़र का मैं कोई मतलब निकालता था। प्रेम की कोई सीमा नहीं होती, विशेषकर एक पक्षीय प्रेम की, शरीर, प्रजातीय, आयु का या दूरी का कोई प्रभाव इस पर नहीं पड़ता। मेरा सबसे असम्भव प्यार इंग्लैंड में रह रही एक लड़की के लिए था; हम हर सप्ताह एक-दूसरे को पत्र लिखते थे। उसने मुझे अपनी फोटो भेजी और मैंने उसे अपनी। मैं उसकी फोटो अपने सीने से लगी जेब में रखता और आशा करता कि वह

भी यही करती होगी। पाँच हज़ार मील दूर; अगर मैं उससे मिलना चाहता तो मुझे समुद्र पर चार हफ़्ते का सफ़र तय करके वहाँ जाना होता। मैं उसे गहरे प्रेम से परिपूर्ण पत्र लिखता, जिन्हें वह तुरन्त अस्वीकार कर देती—वह मुझे एकदम सादा पत्र लिखती। जिसमें 'ब्राइटन' में बिताई छुट्टियों का ज़िक्र होता था। उसके नये स्टाम्प एलबम का। हालाँकि वह मेरे पत्रों की भाषा पर एतराज़ करती लेकिन पत्र लिखना उसने बन्द नहीं किया, जिससे मुझे आशा बँधी रही। मैं भी उसे प्यार की भाषा में ही पत्र लिखता रहा, और उसके ठंडे, सामान्य पत्रों को मैं वर्षों तक, जब तक मेरा विवाह नहीं हो गया, सहेजकर रखता रहा, उसके कागज़ों की खुशबू सूँघता रहा और विवाह के बाद मैंने उन्हें फाड़कर दीवार के पार फेंक दिया।

~

इन झूठी शुरुआतों के बाद असली चीज़ सामने आयी। जुलाई 1933 में मैं अपनी बड़ी बहन को पहुँचाने कोयंबटूर गया और कुछ दिन उसके पास रहा। इन दिनों जल्दी-जल्दी एक से दूसरा स्थान बदलने का कोई कारण भी नहीं था। मैं स्वतन्त्र लेखक था और जहाँ भी रहता, वहीं से अपना काम करता रह सकता था। एक दिन वहाँ मैंने सड़क के नल से एक लड़की को पानी भरते देखा और तुरन्त उसे प्रेम करने लगा। यह ज़रूर है कि मैं उससे बात नहीं कर सकता था। बाद में उससे मुझे पता चला कि जब वह पानी भरती होती और मैं उसके अगल-बगल से उसे देखने के लिए गुज़रता, तब कभी उसने मुझ पर ध्यान नहीं दिया। मैं उसके चेहरे-मोहरे की एकदम स्पष्ट तस्वीर अपने दिमाग़ में बसाना चाहता था, लेकिन इतना समय मुझे नहीं मिल पाता था, क्योंकि वह बर्तन भर जाने तक ही वहाँ रहती, और भरते ही उसे उठाकर चल पड़ती, और तब तक फिर वहाँ नहीं आती थी, जब तक पानी भरने का अगला समय नहीं आ जाता। मैं वहाँ खड़े होकर उसे घूर तो नहीं सकता था, उसके नल चलाते समय बगल से उसकी झलक भर ही ले सकता था, इसलिए हमेशा उसका चेहरा बदलता-सा नज़र आता था।

मुझे बस एक बात का निश्चय था कि मैं उसे प्यार करता हूँ, और सामाजिक नियमों तथा बन्धनों की कठोरता के कारण मैं हमेशा दु:खी रहता था। लम्बे से हेडमास्टर, उसके पिताजी, परिवार के मित्र थे और अक्सर घर के बड़े सदस्यों से मिलने हमारे यहाँ आया करते थे, और सड़क के कोने पर स्थित अपने स्कूल जाते हुए रुक भी जाते थे। हेडमास्टर, उनकी लड़की, और स्कूल सब भौगोलिक दृष्टि से आस-पास थे और आवाज़ देकर भी एक-दूसरे को रोका जा सकता था, लेकिन सामाजिक बन्धनों के कारण यह सम्भव नहीं था। मैंने हेडमास्टर साहब से मित्रता करके यह अन्तर कम करने की कोशिश की। वे पुस्तकों के प्रेमी थे और साहित्य-चर्चा पसन्द करते थे, इसलिए हमारे बीच बातचीत करने के अनेक विषय पैदा हो गये। स्कूल खत्म होने के बाद हमने मिलने-जुलने का कार्यक्रम बना लिया और स्कूल के अहाते में ही गणेश जी के मन्दिर के सामने के चबूतरे पर बैठकर हम दुनिया-जहान की बातें करने लगे।

एक दिन शाम के समय, जब सितारे निकलने लगे, हम किसी महत्त्वपूर्ण राजनीतिक विषय पर बात कर रहे थे, मैंने अचानक, उनके सामने बेधड़क, पूरी हिम्मत के साथ, उनकी पुत्री से अपने प्यार की घोषणा कर दी। वे हक्के-बक्के रह गये, लेकिन उन्होंने इसे व्यक्त नहीं होने दिया। मेरे प्रस्ताव के उत्तर में उन्होंने गणेशजी की मूर्ति की तरफ़ अपना सिर मोड़ लिया और आँख बन्द करके प्रार्थना करने लगे। हमारी समाज व्यवस्था में जिस प्रकार मैंने व्यवहार किया था, उस प्रकार कोई और नहीं कर सकता था। इसके लिए अनेक औपचारिकताएँ निभानी ज़रूरी थीं और विवाह का प्रस्ताव घर के बुज़ुर्गों के बीच ही किया जा सकता था। लेकिन हेडमास्टर साहब ने मुझे एकदम रोक नहीं दिया, उन्होंने इसे बड़ी बहादुरी से लिया। हमारे परिवार एक-दूसरे से परिचित थे और जाति, वर्ग तथा समाज, सब शर्तें सही थीं। उन्होंने सिर्फ़ यह कहा, ''भगवान की इच्छा पर निर्भर है'' फिर थोड़ी देर बाद बोले, ''विवाह ऊपर निश्चित होते हैं। हम कौन हैं 'हाँ' या 'ना' कहने वाले।'' इसके बाद उन्होंने कठिनाइयों की चर्चा की। उनकी पत्नी और घर की स्त्रियों से सलाह करना ज़रूरी था और मेरे माता-पिता

की अनुमति भी चाहिए होगी इत्यादि-इत्यादि और जन्मकुंडली मिलाना सबसे ज़रूरी है। बाद में यही सबसे बड़ी बाधा सिद्ध हुई।

एक दिन उन्होंने व्यावहारिक चर्चा शुरू की और पूछा कि मैं आजीविका के लिए क्या करना चाहूँगा। मेरे सौभाग्य से उन्हीं दिनों मेरा एक छोटा-सा टुकड़ा विख्यात ब्रिटिश पत्रिका *पंच* ने प्रकाशन के लिए स्वीकार कर लिया था, जिसके लिए मुझे छह गिन्नी प्राप्त हुई थीं–यह रचना थी 'हाउ टु राइट एन इंडियन नॉवेल' जिसमें मैंने पाश्चात्य लेखकों का, जो सामग्री एकत्र करने भारत आते थे, मज़ाक उड़ाया था। यह मेरा पहला सम्मान बढ़ाने वाला प्रकाशन था। हालाँकि इसके बाद *पंच* ने मेरी कोई और रचना स्वीकार नहीं की। अपने भावी श्वसुर से बात करने का मुझे यह अच्छा विषय मिल गया। मैं लन्दन के अखबारों और पत्रिकाओं के लिए अपने लेखन की सुन्दर तस्वीर उनके साथ खींच सकता था और बता सकता था कि जब मेरा उपन्यास पूरा हो जायेगा, तब उससे मेरे जीवन भर की ही आमदनी नहीं होगी, बल्कि मेरे बाद भी पचास वर्ष तक होती रहेगी। वे रुचिपूर्वक मेरी बातें सुनते रहे, उनका ज़रा भी विरोध नहीं किया, लेकिन बीच-बीच में वे यह भी कहते रहे, ''तुम्हारे पिताजी अगर अपने प्रभाव का इस्तेमाल करें तो वे बंगलोर में तुम्हें सरकारी नौकरी दिलवा सकते हैं। उनसे कहो कि करें।'' यह सुनकर मुझे परेशानी होती और मैं तुरन्त अपने आर्थिक दर्शन की चर्चा करने लगता कि मैं ज़रूरत से ज्यादा आमदनी में विश्वास नहीं करता–जो इस समय बीस रुपये महीना होगी और पत्नी के साथ बढ़कर चालीस हो जायेगी और मैं यह भी चाहूँगा कि मेरी पत्नी भी मेरे दर्शन को माने। किसी लड़की के पिताजी के लिए यह कोई सन्तोषजनक विचार नहीं था, लेकिन मैं अपनी मान्यता के प्रति दृढ़ता व्यक्त करता रहा। यह स्थिति उनके लिए सह्य नहीं थी, फिर भी विवाह की सम्भावना से उन्होंने मुँह नहीं मोड़ा।

लेकिन सबसे बड़ी बाधा मेरी आर्थिक स्थिति नहीं, बल्कि कुंडली के सितारे साबित हुए। मेरे भावी श्वसुर स्वयं ज्योतिष के अच्छे जानकार थे, फिर भी उन्होंने दो-तीन अन्य ज्योतिषियों से बातचीत की और इस

परिणाम पर आ पहुँचे कि मेरी और कन्या की कुंडलियाँ मिलती नहीं हैं। ज्योतिष की पुस्तकों में साफ़ लिखा है कि सातवें घर में मंगल निश्चित रूप से हानिकारक होता है, जब तक कि दूसरे की कुंडली में भी यह इसी प्रकार न हो–जिसका आधार यह नियम हो सकता है कि दो अशुभ मिलकर एक शुभ बन जाते हैं।

अगले कुछ सप्ताह मेरे लिए काफ़ी कठिन रहे। हेडमास्टर ने मेरी एक भी बात सुनना बन्द कर दिया। बड़े विनम्र शब्दों में उन्होंने मुझे अस्वीकार कर दिया और इस नियति के प्रति अपनी अरुचि भी व्यक्त की, क्योंकि वे अपने मन में मुझे स्वीकार कर चुके थे। खाने-पीने और बातचीत करने में मेरी रुचि एकदम खत्म हो गयी और मैं बहन के घर के एक कोने में आराम कुर्सी पर चुपचाप पड़ा रहता। दूसरे लोगों ने मुझ से पूछना शुरू कर दिया कि क्या बात है। मैं सोचता हूँ कि मैं कुछ अंश तक अपने व्यवहार का नाटकीकरण भी करता था और प्रेम में निराशा मिलने पर साहित्य में जो करना दिखाया गया है, उसका आचरण करता था। मैंने सड़क के नल की दिशा में जाना भी बन्द कर दिया और हेडमास्टर तथा उनके स्कूल से दूर रहना शुरू कर दिया। शाम को जब काफ़ी देर जो जाती और अँधेरा होने लगता, तब मैं तेज़ी से टहलने निकल जाता, सिर झुकाये और न दायें देखते हुए और न बायें, बल्कि अपनी ही वेदना में डूबा अपनी ही बातें सोचते हुए, हाँ, दो गोल्ड फ्लेक पीने लायक चेतना को बरकरार रखकर, धीरे-धीरे कश लगाता वापस लौट आता। बहन मुझे खुश रखने की तरह-तरह से कोशिश करती। मेरी गहरी उदासी उसे परेशान करने लगी थी। मुझे याद है, इस समय मैंने एक नाटक लिखना भी शुरू किया था। *दि होम ऑफ़ थंडर*– एक डरावना नाटक जिसमें सब चरित्र टॉवर के ऊपर बिजली गिरने से मर जाते हैं और जिसका अन्त दर्शकों की तालियों की गड़गड़ाहट से होता है। यह नाटक बड़ा दार्शनिक था, जिसमें प्रेम, निराशा और मृत्यु का विवेचन किया गया है और जिसमें मेरा दिमाग़ पूरी तरह उलझा रहा। इससे मुझे बड़ी उम्मीद थी और इसकी पांडुलिपि सभ्य संसार के अनेक प्रकाशकों को मैंने भेजी। कुछ महीने पहले तक मैं

इसको बिलकुल भूला रहा कि कुछ ही महीने पहले अचानक डेविड हायम के दफ़्तर में पुरानी चीज़ों की सफ़ाई में इसकी पांडुलिपि उन्हें मिल गयी और उन्होंने अपने कर्तव्य का पालन करते हुए इसे मुझे वापस भेज दिया।

मेरे सितारों का अशुभ प्रभाव हेडमास्टर साहब के ज्योतिषी मित्रों में चर्चा का विषय बन गया। उन्होंने मुझ से सम्पर्क किया और अपने साथियों से मिलने-जुलने के लिए इधर-उधर भेजा कि उनसे बातचीत करके उनका मत एकत्रित करूँ और वापस लौटकर सब बातें उन्हें बताऊँ। अन्त में उन्होंने मुझे एक बुजुर्ग के पास भेजा जो हमारे घर के पास ही नारियल के एक पेड़ के पीछे रहते थे। उनका नाम ज़रा विचित्र-सा था, 'चेल्लप्पा-सर', पता नहीं क्यों–शायद वे रिटायर्ड अध्यापक थे और इस विषय के गहरे अध्येता माने जाते थे। मैं उनके घर गया और अपना उद्देश्य बताया। वे एकदम मुझ पर चढ़ दौड़े, ''तुम मुझसे क्या कराना चाहते हो? क्या मैं ब्रह्मा हूँ जो तुम्हारे सितारे बदल दूँ?'' वे बिना वजह गुस्सा करने लगे, ''अपने हेडमास्टर से जाकर कहो कि उसकी लड़की की शादी हो या न हो, मैं किसी की परवाह नहीं करता, मेरे अपने विचार हैं और रहेंगे। मैंने बार-बार उससे बात की है पर वह शक करता ही रहता है। अगर वह मुझसे ज्यादा ज्योतिष जानता है तो फिर मुझसे पूछता ही क्यों है? इस तरह परेशान क्यों करता है? अगर वह तर्क की बात सुने तो फौरन लड़की की शादी की तारीख तय कर दे और काम पूरा करे। इसमें क्या बुराई है। उसने लड़की की कुंडली में चन्द्रमा की स्थिति पर ध्यान नहीं दिया है, जो मंगल के प्रभाव को नष्ट करता है। अगर वह मुझसे इस बात की गारन्टी चाहता है कि मंगल का बुरा प्रभाव न हो, तो मैं कौन होता हूँ, गारन्टी देने वाला। मैं कोई ब्रह्मा तो नहीं हूँ जो गारन्टी दे सकूँ।'' यह कहकर उन्होंने लगभग चीखकर आखिरी बात कही, ''मैं परवाह नहीं करता कि उसकी बेटी की शादी हो या न हो।''

इन सब बाधाओं और कठिनाइयों के बावजूद कुछ महीनों में मेरी शादी हो गयी, खूब धूमधाम से, बाजे भी बजे, उपहार भी दिये गये, ज़बर्दस्त भीड़ इकट्ठा हुई–और यही सब मेरे माता-पिताजी चाहते भी थे।

विवाह के कुछ ही समय बाद मेरे पिताजी पर लकवे का आक्रमण हुआ और वे बिस्तर पर पड़ गये और माँ का ज्यादातर समय ऊपर उनके पास ही बीतने लगा। घर आयी नयी लड़की, मेरी पत्नी राजम, नीचे उनकी सहायक थी, जो मेरे तीनों छोटे भाइयों को, जो स्कूल जाते थे, सँभालती थी, खाना पकाती थी और नौकरों के सब काम करती थी। एक विशालकाय डेन कुत्ता, जो मेरे कुत्तों के प्रेमी बड़े भाई ने लिया था, उसकी भी देखभाल करती थी। स्टोर की रखवाली भी उसी के ज़िम्मे थी, जिसमें महीनों के खाने-पीने का सामान भरा रहता था, वही ध्यान रखती थी कि चावल में कीड़े न लगें या रसोइया कुछ चुरा न ले। राजम की उम्र बीस से कम थी लेकिन उसने अपने काम से माँ का दिल जीत लिया। भाइयों के साथ भी उसके अच्छे सम्बन्ध थे। संयुक्त परिवार का यह बड़ा लाभ था–घर पर बहुत से लोग होते थे। परन्तु इतने ज्यादा मिले-जुले जीवन के बावजूद मेरे और पत्नी के लिए ज़रूरी प्राइवेसी भी थी। हमारा अपना अलग कमरा था और हम जब उसमें चले जाते, तो हमारी आज़ाद ज़िन्दगी शुरू हो जाती। छह महीने में राजम ने इतना अच्छा प्रबन्ध किया कि माँ ने उसे पूरी ज़िम्मेदारी सौंप दी और अब हम दोनों को मिलने का समय तभी मिलता, जब वह सबको खिलाने-पिलाने और खुद भी खा लेने के बाद कमरे में सोने के लिए लौट आती। इसके अलावा अब मेरे पास भी खाली समय बहुत कम होता था।

अपनी आमदनी स्थिर करने के लिए मैंने एक अखबार के लिए रिपोर्टिंग का काम भी शुरू कर दिया। मेरा काम था मैसूर शहर के बाज़ार की खबरें इकट्ठा करना और रोज़ उन्हें मद्रास से प्रकाशित अखबार *दि जस्टिस* को भेजते रहना। यह दैनिक इसलिये निकाला गया कि सार्वजनिक जीवन में ब्राह्मणों के व्यापक प्रभाव को कम करके अब्राह्मणों के हितों की रक्षा करे–इस समय सरकारी नौकरियों, शिक्षा और सार्वजनिक जीवन के सभी क्षेत्रों में ब्राह्मणों का प्रभुत्व था। *दि जस्टिस* यद्यपि ब्राह्मणों के विरुद्ध प्रचार करने के लिए प्रतिबद्ध था, लेकिन मैसूर में मुझ ब्राह्मण की संवाददाता के रूप में नियुक्ति पर उसने कोई एतराज नहीं उठाया। मैं सवेरे

लगभग नौ बजे घर छोड़ देता और खबरें इकट्ठा करने के लिए बाज़ारों और मंडियों में घूमता-फिरता, पैदल ही सब जगह जाता। मैं कचहरियों के चक्कर लगाता, पुलिस स्टेशनों और म्युनिसिपेलिटी के दफ़्तर की खाक छानता और कोशिश करता कि हर रोज़ भेजने के लिए कम-से-कम दस इंच का समाचार तैयार हो जाये; और यह भी लन्च के समय तक। एक बजे मैं घर लौटता, खाना पेट में डालता और टाइपराइटर पर बैठकर समाचार टाइप करता और उनके शीर्षक लगाता। अब मेरे पास एक पुरानी रेमिंगटन पोर्टेबल मशीन थी–पुरानी भारी-भरकम मशीन मैंने बीस रुपये में सिगरेट और मिठाइयों के एवज़ में एक दुकानदार को दे दी थी। नयी मशीन मेरी छोटी बहन ने मुझे उपहार के रूप में दी थी। टाइप करने में मुझे घंटा-सवा घंटा लगता, फिर उन पर दस्तखत करके मैं एक लिफ़ाफ़े में बन्द करता और 2 बजकर 20 मिनट पर निकलने वाली डाक से भेजने के लिए उसे चामरामपुरम भेजता। अगर मेरा छोटा भाई लक्ष्मण जो अब मशहूर कार्टूनिस्ट है–मौजूद होता, तो उसे एक पैसा मज़दूरी का देकर साइकिल पर पोस्ट ऑफ़िस दौड़ जाने को कहता और अगर वह न होता तो मैं खुद तेज़ रफ़्तार से रवाना हो जाता। दरअसल जल्दबाज़ी की कोई ज़रूरत नहीं थी क्योंकि समाचार छपने में समय लगता है, या वे छपते ही नहीं, लेकिन हम एक प्रतियोगितापूर्ण समाज में रह रहे हैं, और *दि मेल* और *दि हिन्दू* जैसे बड़े अखबारों के लोगों को टेलीग्राफ और टेलीफोन की सुविधाएँ उपलब्ध होने के कारण मुझे लगता कि वे मुझसे आगे निकल जायेंगे। लेकिन संवाददाता महान थे और मैं क्या भेजता हूँ, इसकी परवाह नहीं करते थे।

लिफ़ाफ़ा भेजने के बाद मैं कमरे में आराम करता, और यही समय था जब मेरी पत्नी मेरे साथ हो सकती थी। मैं उसे उस दिन की घटनाएँ बताता, जैसे यातायात की दुर्घटनाएँ, आत्महत्याएँ, अपराध, जो मेरे लिए महत्त्वपूर्ण थीं, इसके बाद मैं सो जाता और घंटे भर बाद चार बजे के लगभग एक कॉफ़ी पीकर फिर निकल पड़ता। इस समय मैं मजिस्ट्रेट की अदालत, उसके बन्द होने से पहले, पहुँचता और धोखाधड़ी या हत्या के किसी मामले में उसका फैसला नोट करता। शनिवार की शाम मैं

म्यूनिसिपेलिटी के अधिवेशन में जाकर वहाँ की कार्यवाही देखता और सुनता कि किस तरह हमारे प्रतिनिधि हर समस्या पर लड़ते-झगड़ते और बहस-मुबाहसा करते हैं। यह सारी शाम चलता रहता। उन दिनों कौंसिल में दो वकील ज़रूर होते थे, और वे कभी कार्यवाही की चर्चा और उपनियमों की चीरफाड़ से आगे विषय को बढ़ने ही नहीं देते थे। दो घंटे में सूची में दर्ज मुकदमों की सूची में से दो-एक से ज़्यादा पर काम हो ही नहीं पाता था। कॉफ़ी पीकर मैं एजेन्डा के कागज़ हाथ में दबाता और वहाँ से चल पड़ता, तब तक मेरे सिर में दर्द होने लगता था।

कभी-कभी मैं शैक्षणिक विषयों की पड़ताल करता, जैसे यूनिवर्सिटी में किसी विद्वान का भाषण या सीनेट की मीटिंग। उन दिनों एक स्थानीय लीग ऑफ़ नेशन्स यूनियन थी, जो दुनिया में अपने ढंग से शान्ति स्थापित करना चाहती थी। इस यूनियन का मन्त्री, जो इतिहास का प्रोफ़ेसर था, उसने आदेश दिया कि अपनी रिपोर्ट भेजने से पहले उसे दिखा ली जायें, मैंने इस आदेश का विरोध करते हुए कहा कि यह प्रेस की आज़ादी पर हमला है और उसने मुझे धमकी दी कि वह संवाददाता के रूप में मेरा बहिष्कार करेगा। जिसका मतलब था कि मुझे मुफ़्त लन्च नहीं दिया जायेगा। जिसके लिए मैंने कहा कि मैं जर्नलिस्ट्स एसोसिएशन में इसकी शिकायत करूँगा, उसके खिलाफ़ प्रस्ताव पास कराऊँगा, जिसे मैं दुनिया भर के समाचार-पत्रों को भिजवाऊँगा कि यह प्रेस का दुश्मन है। उसने कहा, ''तुम जानते हो, मेरे पास कितनी ताकत है? मैं तुम्हें और तुम्हारे अखबारों को खत्म करवा दूँगा।'' मैं प्रतिरोध के लिए यूनियन की मीटिंग से उठकर चला गया और मेरे दो अन्य साथियों ने मेरा साथ दिया। मैंने इसके कार्यों की उपेक्षा शुरू कर दी और यूनियन के जलसों का बायकाट किया। बहुत जल्द मुझे पता चला कि इससे न तो दुनिया में शान्ति स्थापित हुई और न मेरे सम्पादक ने मुझसे पूछा कि मैं लीग ऑफ़ नेशन्स यूनियन की खबरें क्यों नहीं देता।

हत्याएँ मेरे लिए विशेष महत्त्व की थीं। नान्जनगुड और चामराजपुरम से, जो मैसूर जिले के एकदम दक्षिण में थे, पुलिस हत्या के सबसे ज़्यादा मामले प्राप्त करती थी। इन अवसरों पर मैं बहुत सतर्क हो जाता। मैं

मुर्दा-घर के इर्द-गिर्द बना रहता कि पुलिस क्या कहती है और पोस्टमार्टम की पहली रिपोर्ट क्या आती है। जब तक मैं 'यह कहा जा रहा है' की भूमिका के साथ जो चाहे लिखता, तब तक मेरे ऊपर गलत रिपोर्टिंग या अदालत की मानहानि का आरोप नहीं लगाया जा सकता था। मैं बहुत सारे पुलिस अफ़सरों, सादे कपड़ों में काम कर रहे सिपाहियों और खबरियों को जानता था—और सार्वजनिक संस्थाओं के अधिकारियों को तो जानता ही था। पिंजरापोल जहाँ घायल और बूढ़े पशु रखे जाते थे, भी इनमें शामिल था। ये लोग प्रचार के भूखे थे, इसलिए मेरा समर्थन चाहते थे। मुझे विवाह की दावतों के भी बहुत से निमन्त्रण आते थे, क्योंकि उनके माता-पिता ये समाचार और नवदम्पति की फोटो अखबार में छपाने के लिए लालायित रहते थे। मेरा बस चलता तो इनकी खबरें खूब छपता लेकिन मेरा समाचार सम्पादक मेरी कॉपी को ज़रूर बिगाड़ देता था। वह मेरी लिखी लम्बी-लम्बी खबरों को सिर्फ़ दो लाइनों में संक्षिप्त कर देता था। इस सबसे मुझ पर कैसा असर होता था? मेरा अनुबन्ध यह था कि 21 इंच के प्रति कॉलम के मुझे साढ़े तीन रुपये मिलेंगे। मैं सोचता था कि हर रोज़ मैं कम-से-कम 15 इंच लम्बी खबरें छपाने में सफल होऊँगा और मुझे महीने में 75 रुपये मिल जाया करेंगे। लेकिन सम्पादक में समाचार संक्षिप्त करने की इतनी ज़्यादा लगन और कुशलता थी कि इंच के हिस्से-हिस्से करके मैं ऊपर चढ़ पाता था। महीने के अन्त में अपनी खबरों के इंच नापता और बिल बनाकर भेजता, लेकिन दफ़्तर में उसकी कतर-ब्योंत होती और मुझे 30 रुपये से ज़्यादा कभी प्राप्त नहीं होते थे और कभी-कभी इससे भी कम।

लेकिन मुझे यह काम पसन्द था, क्योंकि इसमें मेरी तरह-तरह के लोगों से मुलाकात होती थी और उनकी कार्यवाहियों के बारे में पता चलता था, जिससे मुझे शिक्षा मिलती थी। यह साल भर चला और भी बढ़ सकता था, शायद हमेशा चलता रहता, लेकिन मेरे एक पत्र ने सम्पादक के मन में खटास पैदा कर दी और हमारे सम्बन्ध खराब हो गये। उन्होंने मेरा तीन महीने का पैसा दबा रखा था, तो मैंने लिखा, 'मैं लेखक हूँ और अमेरिका तथा इंग्लैंड के अनेक पत्र-पत्रिकाओं में लिखता हूँ, वे हमेशा

नियमित रूप से मेरा पैसा भेजते रहते हैं। मुझे इतनी देरी से पैसे पाने की आदत नहीं है।' सम्पादक ने इसके उत्तर में लिखा, 'अगर आप, अपने कहने के अनुसार, महत्त्वपूर्ण लेखक हैं, तो आपको हमारी इस छोटी-सी देरी पर ध्यान नहीं देना चाहिए और यह समझना चाहिए कि हमारे लिए आप संवाददाता ही हैं जिनके हम वे ही समाचार छापते हैं जो हमारे लिए उपयुक्त होते हैं। इस परिस्थिति में आपकी भाषा उपयुक्त नहीं है।' मुझे उनका यह रुख़ पसन्द नहीं आया और जल्दी-से-जल्दी इस काम से मुक्त होने की इच्छा करने लगा।

पैसा मेरे लिए बड़ी चिन्ता की बात थी। जब कोई चेक रुक जाता तो मेरे लिए परेशानी पैदा हो जाती थी। मेरा बजट निश्चित था। मुझे घर के खर्चों में अपने हिस्से का प्रबन्ध करना होता था और अपनी पत्नी के लिए पाउडर और साबुन खरीदना पड़ता था। मैंने बड़ी शान से पत्नी को साड़ी लाने का वचन दे दिया और उधार के सहारे साठ रुपये की हरे रंग की साड़ी उसे लाकर दे दी, दुकानदार मेरी यह बात मान गया कि मैं हर महीने चार तारीख को दस रुपये दे दिया करूँगा। अगर इसमें देर होती तो दूसरे ही दिन उसका आदमी खड़ा हो जाता, और किस्त माँगने लगता। यह लम्बा-तगड़ा आदमी था, गाल पिचके थे और चेहरा लाश की तरह भावहीन और सपाट था। जब मैं फाटक पर उसकी खटखट सुनता तो 'हैमलेट' की तरह कहता, ''वह आ रहा है, मेरे मालिक।'' मैं दौड़कर जाता कि पत्नी या कोई और उसे देख न ले और उससे बात करने चल पड़े इसलिए उससे मीठी बातें करके और कॉफ़ी पीने के पैसे देकर उसे विदा करता। जब तक यह कर्ज़ मैंने चुका नहीं दिया, तब तक मैं पत्नी को यह साड़ी पहने देखकर यही सोचता रहा कि यह मैंने उसे चुराकर दी है।

मैं मैसूर की हलचलों के समाचार अखबार को भेजता रहा और कभी-कभी उसका चेक भी प्राप्त करता रहा। लेकिन जिस दिन मुझे ऑक्सफ़ोर्ड से अपने मित्र पूर्णा का यह केबल (टेलीग्राम) प्राप्त हुआ—'नॉवेल ले लिया गया, ग्राहम ग्रीन ने सहायता की,' उसी दिन मैंने यह काम बन्द कर दिया। मेरा दोस्त और पड़ोसी पूर्णा, जो दीवार फांदकर मेरा उपन्यास

स्वामी एण्ड फ्रेंड्स सुनने आता था, अगस्त 1931 में ऑक्सफोर्ड चला गया था और उसने वादा किया था कि वहाँ पहुँचकर वह प्रकाशक ढूँढने में मेरी सहायता करेगा। जब मैंने उपन्यास पूरा लिख लिया तब मैंने उसे 'एलेन एण्ड अनविन' को भेज दिया और वहाँ से उसके वापस आने पर किसी और प्रकाशक को, इसके बाद किसी और को, और इस प्रकार मैं हर छह हफ़्ते में एक बार पांडुलिपि वापस पाने का अभ्यस्त हो गया था। दो हफ़्ते यात्रा के लिए, दो हफ़्ते प्रकाशक की मेज़ पर पड़े रहने के लिए, और दो हफ़्ते वापसी के सफ़र के लिए, अपने साथ एक स्लिप चिपकाये हुए कि...। इस प्रकार मैं छह हफ़्ते इन्तज़ार का सुख भोगता और इस मशीनी प्रक्रिया का मैं इतना आदी हो गया था कि अस्वीकृति से उत्पन्न होने वाले दु:ख का अनुभव करना भी भूल चुका था। 'डेन्ट' आखिरी प्रकाशक था जिससे मुझे वापसी का पैकेट मिला, और मैंने उन्हें पहले ही लिख दिया था कि इस स्थिति में वे पांडुलिपि मुझे न भेजकर वहीं एक्ज़ीटर कॉलेज, ऑक्सफोर्ड के पते से पूर्णा को भेज दें। इसी के साथ मैंने पूर्णा को लिखा था कि पांडुलिपि में एक पत्थर बाँधकर थेम्स नदी में डुबो दे। लेकिन पूर्णा उसे लेकर लन्दन में प्रकाशकों के चक्कर लगाता रहा। टाइप वगैरह करके उसने मुझे लिखा, 'थेम्स में डुबो दूँ? जल्दबाज़ी की ज़रूरत नहीं है। कुछ भी हो सकता है। निराश मत होना।' जब मैं *दि जस्टिस* को भेजे समाचार नाप रहा था, ग्राहम ग्रीन ऑक्सफोर्ड में रह रहे थे। पूर्णा को कुछ प्रेरणा हुई, वह उनसे मिलने गया और मेरी पांडुलिपि देखने को दे दी। इस तरह एक परिचय आरम्भ हुआ जो घनिष्ठता में बदलता गया और यह आजतक जारी है। ग्राहम ग्रीन ने 'हैमिश हैमिल्टन' से उसकी सिफ़ारिश की और उन्होंने तुरन्त उसे स्वीकार कर लिया।

पूर्णा का केबल पाकर मैं आश्चर्य और प्रसन्नता में डूब गया। अब मैं अपने को उपन्यासकार के रूप में देखने लगा। मेरी पत्नी के चेहरे पर भी सन्तोष की खुशी उभर आयी, यद्यपि वह दिखावे में विश्वास नहीं करती थी। केबल पाकर मैंने पहला काम यह किया कि *दि जस्टिस* को पत्र लिख दिया कि अब मैं उनके लिए मैसूर की खबरें नहीं भेज सकूँगा—मुझे

उपन्यास का एडवांस 20 पौंड पचास फ़ीसदी टैक्स काटकर मिला था।

स्वामी एण्ड फ्रेंड्स अक्टूबर 1935 में प्रकाशित हुआ। कुछ रिव्यू अच्छे आये, लेकिन बिक्री नहीं हुई; कम्पनी के रिकॉर्ड में *मैन दि अननोन* और *इन साइड यूरोप* के साथ बेस्ट सैलर सूची में तो इसका नाम छपा, लेकिन बिक्री में मार खा गया। इसका प्रभाव यह हुआ कि 'हैमिश हैमिल्टन' ने मेरा दूसरा उपन्यास *दि बैचलर ऑफ़ आर्ट्स* को यह लिखकर वापस भेज दिया, '*स्वामी एण्ड फ्रेंड्स* बिलकुल नहीं बिका। मेरा खयाल है कि 'चन्द्रन' *बैचलर ऑफ़ आर्ट्स* भी डूब जायेगा। उम्मीद है कि किसी दिन कोई मुझे गलत साबित करेगा।' बीस साल बाद मैं हैमिश हैमिल्टन से लन्दन में मिला, एक पार्टी में जो *स्पेक्टेटर* के दफ़्तर में हुई थी और जहाँ ग्राहम ग्रीन मुझे ले गये थे। अच्छी रही हमारी मीटिंग और ग्रीन ने उन्हें मेरे बारे में अपनी उम्मीद की याद दिलायी, तो हैमिश ने इसे हल्के मज़ाक के रूप में लिया और कहा, ''याद रखना, मैं आपका पहला प्रकाशक था और यह सोचकर मुझे हमेशा खुशी होती है।'' दूसरे दिन उन्होंने अपनी नयी पुस्तक *मेजॉरिटी* की प्रति भेजी, जिसमें उनके प्रकाशक जीवन के तीस वर्षों के अनुभव हैं और उस पर अपने हस्ताक्षर भी दर्ज किये।

ग्राहम ग्रीन की सिफ़ारिश के लिए पुन: धन्यवाद, *बैचलर ऑफ़ आर्ट्स* 'नेल्सन' ने छापी और सालों पहले की मेरी कामना की इस प्रकार पूर्ति हुई, जब 'नेल्सन' के प्रतिनिधि मेरे पिताजी के स्कूल की लाइब्रेरी के लिए अपनी पुस्तकें बेचने उनसे मिलने आये थे। मैंने इस सेल्समैन से पूछा था, ''अगर मैं किताब लिखूँ, तो आप अपने प्रकाशक से उसे छापने को कहेंगे?'' ''निश्चित रूप से,'' और उन्होंने मुझे अपना कार्ड दिया था।

~

फ़रवरी 1937 के बाद परिवर्तन हुआ। पिताजी महीने के आखिरी दिन तक जीवित रहे और इस तरह हमें पूरे महीने की पेंशन प्राप्त करने योग्य छोड़ गये। इसके अलावा उन्होंने और कुछ नहीं छोड़ा। उन्होंने अपने जीवन में कभी बचत, ज़मीन-जायदाद और ऐसी चीज़ों की परवाह नहीं की।

अब हमारे सामने आर्थिक संकट पैदा हो गया। लेकिन किसी तरह काम चलता रहा। बड़े भाई मद्रास से लौट आये थे, उन्होंने प्रयोग के तौर पर नेशनल प्रोविज़न स्टोर्स के नाम से किराने की एक छोटी-सी दुकान न्यू एक्सटेंशन में खोल दी थी। सीनू सरकारी नौकरी करता था, और बंगलोर चला गया था। मेरा काम जुए की तरह था। कई दफ़ा मैं सोचता कि मैंने अखबार छोड़कर अच्छा नहीं किया, लेकिन जुआरी की बड़ी-बड़ी उम्मीदों की तरह इस भावना ने कि अवश्य कुछ होगा ने मुझे जीवित रखा। दूसरा उपन्यास छप चुका था, एक बेटी भी पैदा हो गयी थी, इसलिए ज़िन्दगी बहुत बुरी नहीं लगती थी। कहानियाँ भारत और विदेश दोनों जगह स्वीकार की जा रही थीं। ग्राहम ग्रीन लन्दन में मेरी सहायता कर रहे थे। इस तरह मैंने *दि जस्टिस* के सम्पादक से जो शान बघारी थी कि विदेशों से मेरे सम्बन्ध हैं, वह धीरे-धीरे सफल होती लगने लगी थी। जो बड़े-बड़े देवता; भूत, वर्तमान और भविष्य को देखते हैं, मानने लगे कि मैंने गलत बात नहीं कही थी।

मेरा भाई और मैं मिलकर घर का खर्च सँभालते थे। भाई खाने-पीने और रोज़मर्रा के खर्च देखता, और मैं घर के किराये का इन्तज़ाम करता था, इसके अलावा घर की देखभाल भी मेरे ज़िम्मे थी। 'राम विलाज़' में हम रहते थे, जिसे बनाये रखना ज़रूरी था, जगह बदलने का सवाल ही नहीं पैदा होता था। सौभाग्य से हमारा मकान-मालिक बगलोर में रहता था और महीने में एक बार किराया वसूल करने मैसूर आता था। मैंने एक दफ़ा उससे कहा, ''किराया मेरी ज़िम्मेदारी है। मेरी कोई निश्चित आमदनी नहीं है। अगर मेरी किताबें बिकती हैं, तो उनकी रॉयल्टी दिसम्बर और जून में आती है, इसलिए आप मुझे छह-छह महीने बाद किराया देने की अनुमति दें, हालाँकि बीच में कुछ प्राप्त होगा तो मैं आपके एकाउंट में जमा करता रहूँगा।'' उसने यह व्यवस्था स्वीकार कर ली। मुझे दूसरे स्रोतों से कभी-कभी थोड़ी बहुत आमदनी हो जाती थी। मुझे ज़रूरी चीज़ों के अलावा बेबी फूड, ग्राइप वाटर और खिलौने भी खरीदने होते थे। मैं *मेरी मैगज़ीन* नामक साप्ताहिक पत्रिका के लिए छोटे-मोटे चुटकुले,

हँसी-मज़ाक और इधर-उधर की रोचक बातें लिखता था, जिसके लिए मुझे हर हफ़्ते दस रुपये मिलते थे। यह मेरे लिए बहुत कठिन होता था। हर हफ़्ते नियमित रूप से मसखरेपन से एक हज़ार शब्द लिखना।

मैंने तीसरा उपन्यास, *दि डार्क रूम* लिखना शुरू कर दिया था। मैं हर सवेरे पैड और कलम लेकर तीन घंटे के लिए गायब हो जाता था। अब मुझे घर पर लिखना मुश्किल हो गया था। यहाँ कई तरह की समस्याएँ थीं और बेटी भी थी। वह एक साल से ज़रा ज़्यादा ही बड़ी थी और जब वह मेरे आस-पास होती तब मेरे लिए मेज़ पर बैठना असम्भव हो जाता था, क्योंकि अक्सर मेरी पत्नी उसे मेरी देख-रेख में छोड़ जाती थी, जब वह या तो किचन में होती या माँ की पूजा के लिए बगीचे में फूल चुनती होती थी। मेरी रोज़ की एक ड्यूटी यह होती थी कि मैं बेटी को बगल में रेवरेंड सौंडे के बँगले की दीवार के पीछे खिल रहे लाल बोगनविलिया के फूल दिखाने ले जाऊँ। वह दस मिनट तक इन्हें बड़े ध्यान से देखती, फिर मैं उसे ऊपर उठाकर बँगले के भीतर खड़े भारी-भरकम सफ़ेद टैरियर कुत्ते की शक्ल दिखाता, जो भौंकता और चीखता अहाते में घूमता रहता था। इसके बाद ही मैं उसे वापस ला पाता था।

मेरे बाहर निकलते समय पत्नी मुझे एक कप कॉफ़ी पीने को देती, फिर धीरे से कहती, ''घर में कॉफ़ी खत्म हो गयी है। लौटते हुए स्टोर से खरीद लाना।'' लिखने के लिए मैं कॉलेज यूनियन जाता था, जहाँ उसके मन्त्री ने मुझे एक कमरा दिया हुआ था। यहाँ मैं अपने को बन्द करके सामने फैले फुटबॉल के हरे मैदान को देखता रहता, बगल में सड़क पर नज़र डालता और *दि डार्क रूम* की हीरोइन सावित्री के चरित्र का गठन करने लगता। मैं उस समय किसी कारण से स्त्री और पुरुष के सम्बन्ध से कि पुरुष शोषण करता है, अभिभूत था। कहा जा सकता है कि यह 'नारी-स्वातन्त्र्य' आन्दोलन का पहला दस्तावेज़ था कि पुरुष उसे दूसरे स्थान पर इस कुशलता और चतुराई से रखता है कि उसका अपनी आज़ादी का विचार ही खत्म हो जाता है, उसका व्यक्तित्व, महत्ता और शक्ति सब समाप्त हो जाती है। पुरातनवादी भारतीय समाज में वह एक तरह की आदर्श

शिकार बन जाती है। मेरा यह उपन्यास इसी का विवेचन करता है, उसकी भूमिका में यही मान्यता स्थापित है। मैं लगभग एक हज़ार शब्द लिखकर थकान से एकदम चूर होकर लन्च के लिए घर वापस आता–हालाँकि मुझे खुशी भी होती कि उस दिन का कोटा मैंने पूरा कर लिया है।

ग्राहम ग्रीन ने *दि डार्क रूम* भी पढ़ा और 1938 में 'मैकमिलन' ने छापा। मेरा यह विशेष अनुभव था कि प्रत्येक उपन्यास एक नये प्रकाशक द्वारा छापा जाता था। एक किताब, एक प्रकाशक और इसके बाद हर प्रकाशक कहता, ''अब इस लेखक की और कोई रचना नहीं।'' पहले हैमिश हैमिल्टन, फिर नेल्सन और अब मैकमिलन।

10

मैकमिलन ने *दि डार्क रूम* बहुत खूबसूरती से छापा था। समीक्षाएँ भी अच्छी निकलीं। मैं खुशी से फूल उठा, लेकिन पत्नी का रुख कुछ और था। वह रॉयल्टी का हिसाब आने की प्रतीक्षा में रही और जब यह आया, उसके साथ चेक न होकर यह लिखा था 'कमाया न हुआ एडवांस'–जो टैक्स काटकर 40 पौंड था। मैंने तुरन्त प्रकाशक को पत्र लिखा कि उन्होंने पुस्तक का समुचित प्रचार नहीं किया। भारत में उनकी दुकानों में किताब नहीं थी और पत्र-पत्रिकाओं के साहित्य सम्बन्धी पृष्ठ पर विज्ञापन भी नहीं था। मैंने बेवकूफ़ों की तरह उम्मीद की थी कि अखबारवाले रिव्यू से पन्ने भर देंगे और कोटेशन भी छापेंगे। मैकमिलन ने जवाब दिया कि वे परिस्थिति के अनुसार अधिक-से-अधिक प्रचार करते रहे हैं–इसका क्या अर्थ हुआ? उनका पत्र बैंगनी रंग की प्रतिलिपि बनाने वाली स्याही में टाइप किया हुआ और शायद गीले कागज़ के ऊपर दबाया होने के कारण, बिखरा-सा और प्रसन्नता से मुक्त लग रहा था।

मुझे अपने सिद्धान्त छोड़कर श्रमजीवी का रूप धारण करना पड़ा। इस समय मेरा मित्र पूर्णा, जिसने मेरा उपन्यास *स्वामी एण्ड फ्रेंड्स* ऑक्सफोर्ड में ग्राहम ग्रीन को पढ़ने के लिए दिया था, मैसूर के प्रधानमन्त्री मिर्जा इस्माइल के व्यक्तिगत स्टाफ में शामिल हो गया था और मैसूर आने वाले राजकीय अतिथियों के सम्पर्क में भी रहने लगा था। इन्हीं दिनों प्रसिद्ध उपन्यासकार सामरसेट मॉम (Somerset Maugham) महाराजा की एक हवेली में ठहरे हुए थे। उनकी देखभाल का काम महाराजा के प्राइवेट

'सेक्रेटरी सर चार्ल्स टॉडहन्टर' के ज़िम्मे था, जो पक्के ब्रिटिश प्रशासक थे और जिन्होंने भारतीयों को अपने काम में लगाये रखने तथा शैतानी से दूर रखने को अपने जीवन का मिशन बनाया हुआ था। उनका विश्वास था कि भारतीयों को तुरन्त आज़ादी की ज़रूरत नहीं, बल्कि सामाजिक आचार-व्यवहार सीखने की ज़रूरत थी। इस उद्देश्य से वे शिशुओं और बालकों की देखभाल, पशुओं के प्रति क्रूरता बरतने वालों की विरोधी संस्था, 'गुड मैनर्स लीग', इत्यादि आन्दोलनों और कार्यक्रमों को प्रश्रय देते थे। उनके सामने गाँधीजी और नेहरूजी का नाम लेना वर्जित था। सर चार्ल्स का विश्वास था कि भारतीयों को अच्छे नागरिकों के रूप में प्रशिक्षित किया जा सकता है, जो उनके अधीन कार्य कर रहे, डरे-सहमे कर्मचारियों के आचरण से सिद्ध होता था। मेरा भाई सीनू भी उनमें से एक था, जिसे उन्होंने बंगलोर में ही अपने साथ जोड़ लिया था। सर चार्ल्स के कुत्ते, बिल्ली और बत्तखें राजमहल के कमरों में सुखपूर्वक रहते थे, परन्तु उनके क्लर्क इत्यादि कर्मचारी अहाते के एक कोने में बने झुग्गी-झोपड़ी जैसे सामान्य से भी गंदे निवासों में गुज़र-बसर करते थे। उन्हें बुलाने के लिए वे एक किर्र-किर्र करने वाली घंटी बजाते थे। वे चश्मे के नीचे से आँख दबाकर उन पर नज़र डालते, मेज़ को अपनी भारी-भरकम मुट्ठी से थपथपाते और डरा-धमकाकर बारह घंटे हर रोज़ गुलाम की तरह काम कराते थे। उनका मुख्य कार्य यह देखना था कि वे ब्रिटिश राज के प्रति समर्पण की अपनी भावना न नष्ट होने दें, और राज्य में ऐसा कोई उद्योग आरम्भ न करें, जिसका प्रभाव ब्रिटिश व्यापार पर पड़े। इस आदमी से साहित्य की चर्चा करना असम्भव के समान था। लेकिन सामरसेट मॉम ने किसी तरह इसमें सफलता प्राप्त कर ली थी। उनके सम्मान में आयोजित एक भोज में—हालाँकि मुझे विश्वास नहीं होता कि महाराजा या उनके सेक्रेटरी ने मॉम के या किसी और लेखक के किसी उपन्यास को कभी हाथ भी लगाया हो। मॉम ने पूछा : ''ताज्जुब है कि यहाँ या कहीं और मुझे मैसूर का प्रसिद्ध लेखक—नारायण नहीं दिखायी दिया।''

सर चार्ल्स परेशान होकर अपने सहायक की तरफ़ मुड़े, ''पता करो

मैसूर में कोई मशहूर लेखक है। ज़रूरत पड़े तो यूनिवर्सिटी के वाइस चांसलर से बात करना।''

पूरी खोज करने के बाद मॉम को बताया गया, ''मैसूर में कोई उपन्यासकार नहीं है। आप चाहें तो बंगलोर में कोई ज़रूर मिल जायेगा।'' (जो सौ मील की अच्छी-खासी दूरी पर है।) सम्मानित अतिथि अप्रसन्न होकर कहने लगे कि उनको यह पूरी यात्रा बेकार गयी लग रही है।

यद्यपि इस कहानी पर मुझे पूरी तरह विश्वास नहीं है। जो किसी की कल्पना रही होगी और एक-दूसरे के मुँह से हवा में फैल गयी। मुझे यह भी शक है कि पूर्णा ने ही सामरसेट मॉम से कभी यह पूछा होगा, ''आपने *दि डार्क रूम* पढ़ा है?''

''लन्दन जाकर इसके बारे में पता करूँगा।''

''आप नारायण से मिलना पसन्द करेंगे?''

''शायद इस दफ़ा तो वक़्त न मिले, लेकिन उन्हें मेरा साधुवाद देना।'' बाद में मॉम ने यह उपन्यास पढ़ा और मुझे लिखा भी।

फिर पूर्णा ने यह कहानी, ज़रा-सा नमक लगाकर किसी को सुनायी होगी और एक-से-दूसरे मुँह तक फैलती यह बात महत्त्वपूर्ण बन गयी, और सर मिर्ज़ा इस्माइल तक जा पहुँची। सर मिर्ज़ा ने, टॉडहन्टर की ख्याति को एक तरफ़ करके मुझे अपने मैसूर निवास, 'लेक व्यू,' पर मिलने के लिए आमन्त्रित कर दिया। यह मकान कूकनहल्ली तालाब के किनारे था। मॉम की मैसूर यात्रा का यह अनपेक्षित परिणाम था।

~

मेरी इस मान्यता को सत्य सिद्ध करते हुए कि तथ्य से कहानी ज्यादा स्थायी होती है, यह कहानी आज चालीस वर्ष बाद भी जीवित है। कई दफ़ा मुझे कोई ऐसा भी मिल जाता है, जो इस कहानी का अपना रूप भी पेश कर

देता है, ''कहा जाता है कि पी.जी. वोडहाउस जब मैसूर के राजकीय मेहमान थे, तब उन्होंने नारायण से मिलने की इच्छा व्यक्त की और जब टॉडहन्टर ने कहा कि यहाँ ऐसा कोई व्यक्ति नहीं है, तो वे क्रोधित हो उठे। वे एकदम उठकर खड़े हो गये और कहने लगे कि मैं इतने अज्ञानी मेज़बान के साथ रहना नहीं चाहता।'' कई दफ़ा सामरसेट मॉम की जगह कोई और नाम जोड़ दिया जाता है, जैसे एच.जी. वेल्स, बर्नार्ड शॉ या जॉन गुंथर। सर मिर्ज़ा का निमन्त्रण पाकर मैं परेशान हो उठा। मैं अब तक किसी मन्त्री या महाराजा से नहीं मिला था और मुझे यह विचार ही पसन्द नहीं था। और मेरे पास किसी दीवान से मिलने के लायक कपड़े भी नहीं थे। धोती, सूती कमीज़, उसके ऊपर साधारण कोट, यही मेरी वेशभूषा थी और मैंने सालों से पश्चिमी वेश धारण न करने का नियम-सा बना लिया था। मेरे कपड़े सय्याजी राव रोड पर चलने-फिरने वाले लोगों के लिए सही थे। आजकल तो हिप्पी कहे जाने वाले नये लोग, और ग़ैरहिप्पी भी, एकदम अनगढ़ वेश ही पसन्द करने लगे हैं, लेकिन एक समय था जब घर का चौकीदार ही सही कपड़े पहने न होने पर आपको भीतर नहीं घुसने देता था। मैंने इस भेंट को टालने की कोशिश की, लेकिन पूर्णा मानने को तैयार नहीं था। उसने मुझे पकड़कर तैयार किया और सर मिर्ज़ा से मिलाने ले गया और रास्ते में समझाता गया कि उनको किस प्रकार प्रभावित करना है, ''उनसे यह कहना मत भूलना कि मैसूर की इमारतों में इंडो-सैरासेनिक परम्परा किस तरह आज भी नज़र आती है, भले ही वक़्त की ज़रूरत के अनुसार उसमें कुछ परिवर्तन क्यों न हो गये हों।'' वह मिर्ज़ा के चैम्बर की दहलीज़ तक फुसफुसाते हुए मेरे साथ आया, ''और यह भी कहना कि चामुंडी हिल के नीचे बसा मैसूर प्राचीन ग्रीक नगरों की याद दिलाता है।'' सर मिर्ज़ा मैसूर को बहुत प्यार करते थे, उन्होंने पुरानी इमारतों को बदलवाया था, नये बाज़ार और सड़कें बनवायी थीं और इनके बारे में कुछ अच्छी बात सुनकर उन्हें प्रसन्नता होती थी। मैं अपनी धोती, सूती कोट और गले में मफ़लर डाले, डरते-डरते, कुछ इस तरह उनके सामने जा पहुँचा, जैसे तौलिया लपेटे आ खड़ा हुआ हूँ। मेरे बिलकुल विपरीत, वे सिल्क का सूट पहने थे और सिर पर फ़र की टोपी लगी थी। उन्होंने मुझे

कुर्सी पर बैठाया और सहज ढंग से बातें करने लगे, और मेरी साहित्यिक गतिविधियों की, उनके विस्तार में जाये बिना, बातें करते रहे। मैं भी पहले से तैयार अपना वक्तव्य देने लगा, ''इंडो-सैरासेनिक... वगैरह,'' जो बहुत अटपटा लगा होगा, क्योंकि उनकी बातों में जब ज़रा-सी रुकावट होती, या वे स्वयं चुप हो जाते, तब मैं एकाध टुकड़ा बोल देता था। वे बहुत सुसंस्कृत ढंग से सुनते रहे और बातचीत के दौरान धीरे से मुझसे यह भी कह दिया कि यदि मैं राज्य के लिए कुछ करना चाहूँ तो वे मुझे प्रचार विभाग में शामिल कर लेंगे। मैंने यह तो अस्वीकार कर दिया, लेकिन मैसूर पर कुछ लिखने की इच्छा प्रकट की।

पूर्णा का अबोध विश्वास था कि भारत का कोई भी अखबार या पत्रिका, सर मिर्ज़ा का आदेश होने पर, इंडो-सैरासेनिक विषय पर मेरी रचना प्रकाशित करने को तैयार हो जायेगी और उसने एक प्रस्ताव भी ड्राफ्ट करके उन्हें भेज दिया, जिसका उन्होंने नम्रतावश स्वागत भी किया–क्योंकि मैसूर सरकार चन्दन के साबुन तथा सिल्क की बहुत बड़ी विज्ञापनदाता थी–लेकिन जब मैंने सम्पर्क किया तो वे अलग हो गये।

अन्त में मैसूर सरकार ने मुझे मैसूर नगर पर एक यात्रा-वृत्तान्त लिखने का कार्य दिया। मुझे सारे राज्य में यात्रा करने के लिए पास दिया गया, खर्च के लिए पैसे दिये गये और ज़िला अधिकारियों के लिए परिचय-पत्र दिये कि मुझे हर जगह 'सब सुविधाएँ' प्रदान करें। मैसूर राज्य उत्तर में बम्बई तक, दक्षिण-पूर्व में मद्रास तक और दक्षिण में केरल तक फैला हुआ है, और यहाँ यात्रा-वृत्तान्त लिखने वाले लेखक के लिए विपुल सामग्री है, अनेक नदियाँ, पर्वत-मालाएँ, जंगल और सब प्रकार के पशु-पक्षी, इनके अलावा मन्दिर, स्मारक, युद्धों से जर्जर किले और खंडहर, सब कुछ यहाँ हैं। बस और रेल से मैंने एक-एक कोना छान मारा, हर जगह वहाँ के स्थानीय बाशिंदों के जोश-खरोश से भरे दावे ध्यानपूर्वक सुने कि इस अनजाने पहाड़ी स्थान का कितना ज़्यादा महत्त्व था कि इस बाँस के जंगल में खोये गाँव में सबसे पुराना स्थापत्य या सभ्यतर या दुनिया का सबसे ऊँचा झरना था, या उस जंगली रास्ते पर जो पद चिह्न हैं, वे राम के हैं,

या उस तालाब के लिली फूलों में जो सुनहरापन है वह सीताजी के उसमें स्नान करने के बाद पैदा हुआ था। हर जगह हर आदमी को किसी हीरो का निशान या किसी देवी-देवता का यादगार स्मारक लगता था, जब वे यहाँ आकर रहे थे। इनकी तुलना में 'बेलुड़ हलेबीड' के मन्दिर, जिन पर बारहवीं शताब्दी के चित्र प्राप्त हुए हैं, या श्रीरंगापट्नम की खोहों में जहाँ सत्रहवीं शताब्दी में टीपू सुल्तान ने अपने ब्रिटिश कैदियों को नज़रबन्द किया था, बिलकुल आधुनिक लगते थे। मैं पश्चिमी घाट की एक चोटी पर चढ़ गया कि अरब सागर का दृश्य देखूँ, जो काफ़ी दूरी पर चाँदी की तरह झलकता है। मैं 'कोलर' की मशहूर खदानों में आठ हज़ार फीट नीचे तक भी चला गया, लेकिन वहाँ की भीषण गर्मी ने मेरी साँस ही बन्द कर दी। मैं पत्नी और बच्ची को घर पर छोड़कर घूमता फिरा, और हर समय उनकी चिन्ता करता रहा। बीच-बीच में मैं कोई बहाना करके छुट्टी मार लेता और घर लौटकर सबको देख आता। आखिरकार मैंने यह काम पूरा कर लिया और आँकड़ों तथा सूचनाओं के लिखे हुए गट्ठर लेकर वापस अपने घर आ गया और किताब लिखने में प्रवृत्त हुआ। मुझे *गज़ेटियर्स* और *ब्लूबुक्स* से सहायता लेने के लिए भी कहा गया था, लेकिन यह सामग्री इतनी अस्पष्ट और जटिल थी कि मैं अपनी सामग्री के ही सहारे लिखता रहा। परिणामस्वरूप मेरे विवरण तो रोचक और पठनीय हो गये लेकिन तथ्यों पर मैं निश्चित प्रकाश नहीं डाल सका। मैसूर सिविल सर्विस का मेरा एक मित्र, जिसने सारे राज्य का कई दफ़ा भ्रमण किया था, उसने पांडुलिपि पर लाल स्याही से जगह-जगह निशान लगाये और घोषणा की कि यह किताब बाहर से आने वाले यात्रियों से दूर रखी जानी चाहिए मुझे याद है कि मैंने हर तथ्य और सूचना को 'लगभग' और 'मोटे तौर पर' शब्दों से बाँध दिया था, इसलिए मैं नहीं समझता कि मेरी पुस्तक से किसी यात्री को भ्रम या परेशानी हुई होगी।

जब पांडुलिपि अन्तिम रूप से तैयार हो गयी, तो दीवान ने सरकारी प्रेस को इसे छापने का आदेश दिया और कहा कि सब कार्य मुझसे पूछकर किया जाये। कागज़ तथा जिल्द वगैरह भी मुझसे पूछकर तय की जाये। प्रेस

का मैनेजर मेरे अधिकार से इतना अभिभूत हुआ कि जब भी मैं कुछ कहने के लिए मुँह खोलता, वह इतनी तन्मयता से मेरी बात सुनता, कि मुझे शर्म आने लगती थी। यह स्थिति मेरे लिए ज़रा कठिन ही थी, क्योंकि छपाई के बारे में मैं कुछ नहीं जानता था। जिन्होंने मुझे यह ज़िम्मेदारी सौंपी, वे शायद यह सोचते होंगे कि जिस व्यक्ति के तीन उपन्यास छप चुके हैं, और वे भी इंग्लैंड में, वह निश्चय ही मुद्रण कला का भी विशेषज्ञ होना चाहिए। हर शाम प्रेस में बैठकर मैं मैनेजर से जो बातें करता रहता, वह कुछ इस प्रकार होतीं :

''आप इन टाइपों में से कौन-सा पसन्द करते हैं, प्लैन्टिन बारह प्वाइंट या बास्करविल दस प्वाइंट?'' यह कहकर वह श्रद्धापूर्वक दोनों के नमूने मेरे सामने रख देता।

मैं सरसरी नज़र से देखकर कहता, ''मेरे खयाल से यह चल सकता है।''

''तो इस सीरीज़ के मैट्रिक्स ऑर्डर कर दूँ?''

''ज़रूर, कर दीजिये, लेकिन ज्यादा देर न हो...''

मैं सलाह देता, मंजूर करता, और इसी के साथ सीखता भी रहता कि इसका मतलब क्या है।

'ये बाइंडिंग कपड़े के नमूने हैं। वालथॉम्सटो सबसे अच्छा माना जाता है। लेकिन जो आप चुनेंगे, उसी का ऑर्डर किया जायेगा; और यह छत्तीस पौंड फेदरवेट पेपर है।''

मैं गम्भीरता से सब नमूने देखता, कुछ को नामंजूर कर देता, और कुछ चुन लेता। मैंने एक इशारा भी किया : '' *दि डार्क रूम* जैसा ही गेटअप रखना, क्योंकि दीवान साहब ने उसे पसन्द किया है।''

मैनेजर ने तुरन्त *दि डार्क रूम* की प्रति मँगाई और फुटा वगैरह लेकर उसकी नाप-जोख शुरू कर दी। मैग्नीफाइंग ग्लास लेकर उसकी बाइंडिंग

का अध्ययन किया, मुख पृष्ठ और स्पाइन देखी-भाली। इंग्लैंड तार दिये गये कि यही सामान समुद्री जहाज़ से तुरन्त भिजवा दें। देरी बिलकुल न की जाये। यह मानने को कोई तैयार नहीं था कि इतनी जल्दबाज़ी की कोई ज़रूरत नहीं है। इस तरह तेज़ी से काम करके छह हफ़्ते में मेरी किताब *मैसूर* की एक हज़ार प्रतियाँ तैयार कर दी गयी।

मैं पहली प्रति लेकर बंगलोर गया और सेक्रेटेरिएट के आखिरी हिस्से में दीवान साहब को भेंट की। मैंने सोचा था कि अब मेरी आर्थिक कठिनाइयाँ समाप्त हो जायेंगी। यह किताब लिखना और आकर्षक रूप में इसे छपा देना मेरे लिए भी उपलब्धि थी, क्योंकि इसे मैंने अनुभव के बिना ही पूरा कर दिया था। सर मिर्ज़ा ने उसके दो-चार पृष्ठ पलटे और मुझे धन्यवाद दिया। फिर मेज़ के ऊपर से अपना हाथ आगे बढ़ाकर दोबारा धन्यवाद दिया और कहा, ''आपको बहुत धन्यवाद, यह अच्छा काम किया...'' –जिसका मतलब यह हो सकता था, 'अब आप बाहर जायें, मुझे और भी काम हैं...' मैं परेशान हो उठा। मैं तो आशा करता था कि बदले में एक चेक मुझे थमाया जायेगा, लेकिन उनका हाथ खाली था। मैं जब घर से निकला था, यह सोचता चला आ रहा था कि 1200 रुपयों का, जो मुझे मिलने वाले थे, क्या-क्या खरीद कर ले जाऊँगा। मैंने बीवी से खासतौर पर पूछा था, ''बंगलोर से क्या मँगाना है?'' लेकिन वह यथार्थवादी थी, ''पहले पैसा तो आ जाये, तब देखेंगे, क्या लेना है।'' इस सुनकर मैं गुस्सा हो उठा था और चिल्लाया था, ''तुम हमेशा शक ही करती हो। तुम्हारे पिताजी भी ऐसे ही थे।'' उसने एकदम इसका प्रतिवाद किया था, ''इसमें मेरे पिताजी को क्यों खींचते हो।''

''क्यों न खींचूँ?'' मैं पागल की तरह चीखा था, ''मैंने पूर्णा से बात कर ली है और उसने भी दीवान से कह दिया है। बारह सौ बड़ी रकम नहीं है, विदेशी पत्रकार इससे दस गुना माँगते हैं। लेकिन दीवान साहब चाहते थे कि कोई हिन्दुस्तानी ही यह काम करे–बस, इतनी-सी बात है।''

लेकिन वह मुझ जैसी आशावादी नहीं थी, इसलिए मुझे गुस्सा आया

और मैं वहाँ से उठ आया। बेटी फाटक तक मुझे छोड़ने आयी, तो मैंने उससे कहा, ''अच्छी तरह रहना, तो मैं तुम्हारे लिये कुछ लाऊँगा...''

अब दीवान के दफ़्तर में मैं आदरपूर्वक उठ खड़ा हुआ और बोला, ''यस, सर, थैंक्यू। क्या मैं जान सकता हूँ कि मेरा पैसा कब मिलेगा?''

''अच्छा!'' उन्होंने कुछ आश्चर्य से कहा, जैसे सोच रहे हों कि यह लेखक पैसे को लेकर सवाल कर रहा है। ''आप कितना चाहते हैं?''

''बारह सौ,'' पूर्णा ने मुझे समझाया था कि पैसों की बात करते हुए रकम भी बताये।

''ठीक है,'' दीवान ने कहा, ''नीचे जायें तो चीफ़ सेक्रेटरी से मिल लें, उन्हें बता दें। वे मदद करेंगे।''

मैं विश्वस्त होकर चीफ़ सेक्रेटरी के दफ़्तर में जा पहुँचा। वे टेलीफोन पर बात कर रहे थे और उन्होंने सरसरी नज़र से मुझे देखा, न स्वागत किया, न विरोध। मैं उनकी मेज़ के सामने खड़ा हो गया और जब उन्होंने फ़ोन रख दिया, तब कहा, ''दीवान साहब ने मुझे आपके पास भेजा है।''

उन्होंने कुर्सी की तरफ़ इशारा करके मुझसे बैठने को कहा और पूछा, ''अपनी माँग का कोई कागज़ लाये हैं? क्या उन्होंने कुछ लिखकर दिया है?''

मैं सोचने लगा कि क्या जवाब दूँ, इस बीच दूसरे कामों, आने वालों के हस्तक्षेपों, टेलीफ़ोन की घंटी बजते रहने वगैरह के कारण उनके दिमाग़ से मेरी समस्या उतर गयी। घंटे भर बाद उन्होंने फिर मुझ पर नज़र डाली और कहा, ''आपकी जो माँग है, उसे लिखकर दे दीजिये, नहीं तो कुछ करना सम्भव नहीं होगा।''

उन्होंने एक कागज़ मेरी तरफ़ बढ़ा दिया, जिस पर मैंने लिखा, दीवान साहब के वचन के अनुसार मैं रु..., वगैरह।

चीफ़ सेक्रेटरी ने कागज़ को पढ़ा और प्रश्न किया, ''दीवान साहब ने वचन दिया था, या विचार करने का वादा किया था?'' इन दोनों बातों का सूक्ष्म अन्तर मेरी समझ में नहीं आया और मैं बोला, ''उन्होंने वादा किया था कि आप ये भेंट दिलवा देंगे। कृपया जल्दी करवा दें क्योंकि मैं शाम को वापस जाना चाहता हूँ।''

''हाँ, हाँ, क्यों नहीं, आप चाहें तो जायें, और यथा समय हमारा उत्तर आपको मिल जायेगा।''

यह कहकर वे मेरी उपस्थिति भूल से गये, लेकिन मैं कुर्सी पर जमा रहा और सोचता रहा कि किसी तरह चेक मुझे मिल जाये। लन्च के समय वे बिना कुछ कहे उठ गये। मैं उनके पीछे गया और पूछा, ''क्या मैं फिर मिलने आऊँ?''

''हाँ, हाँ, क्यों नहीं,'' यह कहकर वे चले गये। मैंने उन्हें फिर कभी नहीं देखा, न उस शाम, न दूसरे दिन, सारे जीवन में कभी नहीं; मैं जब भी मिलने जाता, वे या तो मीटिंग में होते या कुछ और कम करते होते।

सारा दिन इन्तज़ार करने के बाद मैंने सोचा कि दीवान से फिर मिलूँ और उन्हें बताऊँ कि उनकी आज्ञा का पालन नहीं हुआ, लेकिन जब मैं उनके दाफ़्तर पहुँचा तो पाया कि दरवाज़ा बन्द है। मुझे बताया गया कि वे एक कान्फ्रेंस में भाग लेने शिमला चले गये हैं, यहाँ से हज़ार मील दूर। मैंने पूर्णा की तलाश की। उसने कहा, ''कोई बात नहीं,'' और अगले दिन मुझे पब्लिसिटी ऑफ़िसर से मिलने, यह कहकर भेज दिया— ''तुम्हारा पैसा इसी विभाग से दिया जायेगा।''

मैं पब्लिसिटी ऑफ़िसर के सामने दिन भर बैठा रहा। क्लर्क फाइलें ढो-ढोकर लाये और उसके सामने रखते रहे, जिन्हें वह देखता रहा और अन्त में बोला, ''आपकी फाइल अभी नहीं आयी है...''

''कहाँ से?'' मैंने पूछा।

‘‘वित्त विभाग से।’’

छह बजे मेरे कागज़ आये। तब तक मैं वहाँ आते-जाते लोगों और कागज़ों को देखता थक कर चूर हो गया। पब्लिसिटी ऑफ़िसर ने फाइल देखी और मुझे सन्तुष्ट करने के लिए मेरी तरफ़ बढ़ा दी। इसमें सबसे ऊपर मेरी नवीनतम अर्जी थी, जिस पर तरह-तरह की स्याहियों में बहुत से लोगों की टिप्पणियाँ लिखी थीं और इसके नीचे आज तक की मेरी चिट्ठियाँ नत्थी थीं। मैं अपनी नयी अर्जी को उदासी और दु:ख से देखता रहा; उस पर ऊपर लिखा था, ‘आर्थिक रूप से अस्वीकारणीय,’ यह वित्त मन्त्री की टिप्पणी थी। किसी ने प्रश्न किया था, ‘‘क्या इसका अनुबन्ध हुआ था?’’ कानून विभाग ने उत्तर दिया था, ‘‘नहीं, सरकार का दायित्व किताब लिखने की सुविधा तक सीमित था, आदेश संख्या...।’’ एक और प्रश्न था, ‘क्या अन्य लेखकों के कोटेशन लिये गये थे? इस लेखक को किस आधार पर किताब लिखने के लिए चुना गया?’ इस वाहियात सवाल का जवाब मैंने खुद खाली पड़ी जगह पर यह लिखा; ‘मि. सामरसेट मॉम की यात्रा से उत्पन्न एक फिजूल से सवाल के कारण। अब आप यह भी पूछ सकते हैं कि यह सामरसेट मॉम कौन हैं। और क्या इनका नाम भी प्रस्तावों की स्वीकृत सूची में है।’

हम यह सोचकर सन्तोष नहीं कर सकते कि यह घटना आज से साढ़े तीन दशक पहले हुई थी। ब्यूरोक्रेसी दुनिया भर में आज भी ऐसी ही है। आज भी अगर मैं सरकार से किताब लिखने का कोई प्रस्ताव स्वीकार करूँ, तो उसे भी इसी स्वयं को पराजित करने वाली प्रक्रिया से गुज़रना होगा।

11

जनवरी 1939 में मेरी पत्नी छुट्टी मनाने अपने माता-पिता के घर कोयम्बटूर चली गयी। उस समय यह मेरे लिए भी सुविधाजनक था, क्योंकि मुझे काम से बाहर जाना था। मैसूर लिखने के लिए अच्छी जगह थी, लेकिन मद्रास मेरा बाज़ार था; मैं वहाँ महीने भर रहा और *दि डार्क रूम* को तमिल में सिलसिलेवार प्रकाशित करने का अधिकार एक पत्रिका को बेचने में सफल रहा और कुछ दूसरे सौदे भी किये। लेकिन सबसे अच्छा काम यह हुआ कि मैं *दि हिन्दू* के रविवार साप्ताहिक के लिए नियमित रूप से एक कहानी या स्केच लिखने का काम पा गया, जिसके लिए वे मुझे 30 रुपये प्रति कहानी देते। मैंने ऑल इंडिया रेडियो के साथ भी फ़ीचर लिखने या वार्ता देने का अनुबन्ध किया, साथ ही एक फिल्म स्टूडियो के लिए ज़रूरत के अनुसार डायलॉग के हिस्से लिखना, या फिल्म-निर्माता द्वारा सोचे गये किसी सामान्य या अटपटे विचार पर कहानी तैयार करने का काम करने लगा। जब यह खत्म हो गया तब मैं मैसूर लौट आया।

लेकिन अब पत्नी और बच्ची के बिना घर पर जीवन दूभर-सा होने लगा, इसलिए मैं बाहर समय बिताने लगा। सवेरे मैं वाणी विलाज़ रोड पर टहलने निकल जाता और पुराने अग्रहार के पास ठहरकर गणेशजी को सिर झुकाता, जो सड़क के किनारे एक पीपल के पेड़ के नीचे विराजते थे, जहाँ फुटपाथ पर चमेली का इत्र बिकता था और अड़ोस-पड़ोस में

सुगन्धित वस्तुओं के जलने से चन्दन की खुशबू चारों तरफ़ हवा में तैरती रहती। कभी-कभी मैं मुख्य मार्ग के बगल की गली में बने एक छोटे से रेस्तराँ की गंध से आकृष्ट होकर वहाँ चला जाता और एक दोसा खाकर एक कप कॉफ़ी पीता और सिगरेट सुलगाकर कश लेता हुआ फिर सड़क पर आ जाता। खर्च का मैं ध्यान रखता और एक रुपये से ज़्यादा कभी खर्च नहीं करता था। सारी सुबह मैं घूमता रहता। हर मोड़ पर मुझे एकाध चरित्र ऐसा मिल जाता जो कहानी का विषय बन सकता था। घूमते-फिरते ही कहानी के विचार मन में आते और पनपते परन्तु कभी-कभी लोगों के आवागमन से वे नष्ट भी हो जाते थे। मैसूर की मुख्य सड़क, सय्याजी राव रोड पर चलते हुए यह ज़रूरी था कि कुछ मिनटों बाद आपको कोई परिचित मिल जाये, जिससे बात करना सहज या आवश्यक भी हो। मैसूर प्राकृतिक रूपरेखा में तो किसी ग्रीक शहर भाँति है ही, यहाँ के नागरिकों की आदतें भी ग्रीक शहर के लोगों की तरह ही हैं। यहाँ सभी मुख्य मामले, जिनमें राजनीतिक और दार्शनिक समस्याएँ भी शामिल हैं, जनता द्वारा ही—कम-से-कम उन दिनों–और सड़कों पर तय किये जाते थे। कभी-कभी आपको कोई पुराना चेहरा नज़र आ जाता और आप रुककर पूछते कि तब और इस दौरान क्या-क्या हुआ, यह बताओ। सुकरात और अफ़लातून ज़िन्दा होते तो वे सय्याजी राव रोड को अपना घर समझते और मूर्ति-लगे चौराहे पर अपनी चर्चाएँ करते। इन गम्भीर टकरावों के अलावा आपको कोई ऐसा व्यक्ति भी मिल सकता था, जिसे आपका कर्ज़ चुकाना हो, या कारीगर जो आपके यहाँ आने से कतरा रहा हो, या किसी ज़रूरी सलाह के लिए आप अपने वकील को ही वहीं-कहीं पा जायें। इस तरह के माहौल में यही सम्भव था कि आपके मन में चल रहे कहानी के विचार उथल-पुथल हो जायें और उसका केन्द्र बिन्दु ही आपको याद न रहे। फिर भी मैं अपनी कहानी को दिमाग में जमाकर रखता, और घर लौटकर एकदम लिखने बैठ जाता, और शाम तक लिखता रहता।

बुधवार के दिन मुझे अपनी कहानी बंगलोर भेजनी होती थी। मेरे दिमाग़ में आदर्श यह था कि इसे मैं आराम से लिखकर पूरा करूँ और सही समय पर *दि हिन्दू* को भेज दूँ, लेकिन यह सम्भव नहीं हो पाता था।

कहानी को अन्तिम रूप देने के लिए मुझे बहुत जल्दबाज़ी करनी पड़ती, और प्राय: मैं अन्तिम क्षण तक उसे पूरा करने में लगा रहता। जिसके बाद मैं करीब-करीब दौड़ता हुआ स्टेशन जाता कि गाड़ी छूटने से पहले मैं उसे डाक के डिब्बे में डाल दूँ। इसे बृहस्पतिवार को सवेरे सम्पादक की मेज़ पर पहुँचना ज़रूरी था, जब रविवार के संस्करण पर काम किया जाता था।

मेरा कार्यक्रम हर उस दिन गड़बड़ा जाता, जब-जब मुझे खयाल आता कि इस बार पत्नी ने निश्चित समय पर मुझे पत्र नहीं भेजा है। वह हमेशा मुझसे वादा करती थी कि सप्ताह में एक बार ज़रूर मुझे पत्र लिखेगी कि वह खुद और बच्ची ठीक से हैं लेकिन वह कभी इसे पूरा नहीं करती थी। मैं सामान्यतया सोमवार को उसके पत्र की अपेक्षा करता था, फिर दो दिन और इन्तज़ार करता और बुध तक पत्र न मिलता, तो मैं चिंतित हो उठता था। इसका कोई कारण भी नहीं था क्योंकि मैं जानता था कि पत्र लिखना उसका स्वभाव नहीं है। वैवाहिक जीवन के आरम्भ में जब कभी हम अलग होते, कभी-कभी नीले कागज़ पर उसके खत आते और अगर मैं उसकी प्राप्ति की सूचना न भेजता, या इसमें देर हो जाती, तो वह चिंतित भाषा में मुझे दोबारा तुरन्त लिखती, लेकिन अब वह इस मामले में बहुत ढीली हो गयी थी, जिसके कारण अब मैं तारों पर लटका रहता था। मैं उसे तार भेजकर पूछने की तैयारी करने लगता कि तुम कैसी हो? पत्र क्यों नहीं लिखा? लेकिन वह तार की फ़िज़ूल खर्चा के खिलाफ़ थी। एक-दो बार जब मैंने तार भेज दिया तो वह इसे ''नाटक मत करो'' कहने लगी, क्योंकि इससे उसे अपने भाई-बहनों के सामने शर्मिंदगी झेलनी पड़ती थी। इसलिए मुझे उसे पत्रों से ही सही रखना पड़ता और उसी में धमकी देनी होती कि पत्रोत्तर न दिया तो तार भेजूँगा। इस पर वह पत्र भेजती और हफ़्ते भर के लिए मेरा दिमाग हल्का हो जाता, लेकिन इससे ज्यादा इसका प्रभाव नहीं रहता था। अगले बुध को समस्या फिर खड़ी हो जाती और यह उसी दिन होता जब मेरी कहानी पूरी होकर डाक में डालने के लिए तैयार होती। मुझे हमेशा लगा है कि कहानी लिखना और पत्र लिखना परस्पर समरस नहीं है। मैं नहीं जानता कि अन्य लेखक इसके बारे में क्या सोचते हैं, परन्तु मुझे पत्र लिखने से कहानी लिखना हमेशा

ज्यादा आसान लगा है और अगर मैं पत्र में ही फँसकर रह जाऊँगा, तो कहानी की तारीख निकल जाने का डर लगा रहता है। बुध के दिन अक्सर मैं संक्षिप्त पत्र या तार भेजने के जाल में फँस जाता, जिसका नतीजा *दि हिन्दू* के लिए कहानी पूरी करने में होता। जब कभी *दि हिन्दू* के सम्पादक को मेरी कहानी कमज़ोर लगी, तो उसका कारण पत्नी के पत्र में ही ढूँढा जाना चाहिए। अब इन पिछली बातों को सोचते हुए मुझे लगता है कि पत्रों को इतना महत्त्व देना उचित नहीं था, क्योंकि हम नव-विवाहित तो थे नहीं, जो एक-दूसरे को प्रेम का भरोसा दिलाते रहने का प्रयत्न करते, न कोई पत्र लिखने का कारण होता था, क्योंकि खबरों का अभाव ही सबसे अच्छी खबर माना जाना चाहिए। दरअसल इस सम्बन्ध में यही सबसे सहज, स्वाभाविक और स्वस्थ दृष्टिकोण है, जो पत्नी के लिए हमेशा स्वाभाविक रहा, लेकिन मेरे लिए यह उतना ही कष्टकर बना रहा। मुझे एकदम चिन्ताएँ घेर लेतीं—कहीं बच्ची तो बीमार नहीं पड़ गयी, या माँ ही बिस्तर पर जा पड़ी हो और उसके लिए कलम उठाना भी मुश्किल हो गया हो। मैं एकदम उसे तार भेजने के लिए तैयार हो जाता कि ज़रूरत हो तो आ जाऊँ और मदद करूँ। अब पुरानी बातें सोचने पर यही लगता है कि यह चिन्ता उस सबके सामने बेकार थी, जो कुछ ही समय बाद होने जा रहा था, या शायद यह उसी की पूर्व सूचना थी।

अधिक समय तक सहन न कर पाने के कारण मैंने पत्नी को लिखा कि तुरन्त आ जाये। उसका उत्तर आया कि वह महीने के अन्त में लौटेगी, उसकी बहन 'रंगून' से 20 फरवरी को वापस आ रही है, और उससे मिलकर आयेगी। उसे इस बहन से बहुत लगाव था, इसलिए इसके साथ कुछ दिन बिताकर वापस आना चाहती थी। मैं बहुत दुःखी हुआ और तुरन्त लिखा कि और रुकने की ज़रूरत नहीं है। उसने इसका तीखा-जवाब दिया कि बहन से मिलना ज़रूरी है, क्योंकि इसके बाद पता नहीं कब मिलना हो। मैंने पत्र मेज़ पर पटक दिया और कहा, ''ये बहनें और इनकी मुलाकातें, जो कभी खत्म नहीं होतीं।'' मेरी माँ जो वरांडे में बैठी एक पत्रिका पढ़ रही थीं, ने मुझे गुस्से से भनभनाते हुए देखा। मैं चाहता था कि कमरे के

अकेलेपन से मुक्त होकर अपने मित्रों और परिचितों के पास चला जाऊँ, जो मेरी समस्याएँ सुनकर हमेशा मुझे सांत्वना देते थे। माँ ने सिर उठाकर ऊपर देखा और पूछा, ''पत्नी का पत्र आ गया? कब आ रही है?''

''क्या पता, भगवान जानें,'' यह कहकर मैं बाहर निकल आया।

''अगर वह चाहती है तो उसे कुछ दिन वहीं रहने दो–कोई बात नहीं है, हालाँकि मैं तो यही चाहूँगी कि वह आ जाये जिससे तुम घर पर ही रहो।''

दो हफ़्ते बाद राजम कोयंबटूर से आ गयी।

मैं उसे लेने स्टेशन गया और मेरी बेटी मुझे देखते ही दौड़कर मुझसे लिपट गयी। मैं ताँगे में उन्हें घर लाया। रास्ते भर राजम मुझे बताती रही कि उसके चलते समय कोयंबटूर में क्या-क्या हुआ, ''पिताजी तो कल शाम भी मुझे भेजने के लिए तैयार नहीं थे।''

''अच्छा उनसे निबटना असम्भव है।'' मैं चिल्लाया।

''जब हम निकल रहे थे, मकान मालिक, वह मोटा-सा आदमी, कुछ माँग लेकर आ गया। पिताजी को गुस्सा आ गया और वह आदमी पागलों की तरह चीखने लगा, 'मेरा मकान फौरन खाली कर दो।' यह झगड़ा हो रहा था कि एक काला साँप छत से नीचे गिरा, बिलकुल मेरे ऊपर और मैं उसके काटने से बाल-बाल बची। पिताजी ने कहा कि लक्षण शुभ नहीं हैं, इसलिए अभी मत जाओ।''

''अरे, वाह,'' मैं बोला ''तो वे चाहते क्या हैं? बहुत झगड़ालू हैं वे।''

''लेकिन मैं तो आ गयी, अब क्यों उन्हें दोष देते हो? मैं और रुकने वाली नहीं थी। तुम ज़रा ज़्यादा ही चिड़चिड़ाते हो। मैं तो बहन की वजह से रुकी थी। उससे मिलकर अच्छा लगता है–बस, और क्या।''

~

लौटने के सौ दिन बाद ही राजम चल बसी। उसे मई में टाइफ़ाइड हो गया और जून 1939 के पहले हफ़्ते में वह यह दुनिया छोड़कर चली गयी। पिछली बातें सोचने पर अब लगता है कि उसे शायद इस अनहोनी की आशंका थी, इसलिए वह अपने घर माता-पिता और बहन के पास रहना चाहती थी। मैंने अपने जीवन का यह अनुभव *दि इंग्लिश टीचर* उपन्यास में इतने विस्तार से वर्णित किया है, जिससे ज्यादा मैं फिर कभी नहीं कर सकूँगा और न करना चाहूँगा। मेरी अन्य सभी रचनाओं से यह उपन्यास सबसे ज्यादा आत्म-कथात्मक है, इसमें कल्पना का ज़रा भी स्थान नहीं है। इसका अंग्रेज़ी शिक्षक, कृष्णा, मालगुडी नामक काल्पनिक नगर का निवासी है, लेकिन वह वही सब भुगतता है जो मुझे भुगतना पड़ा है, उसकी पत्नी का नाम सुशीला है, बच्ची का हेमा न होकर लीला। टाइफ़ाइड से जो कष्ट हुआ और इसके बाद जो अकेलापन झेलना पड़ा, जिसके साथ एक बच्चे का पालन-पोषण भी करना था, और इस सबसे होने वाले मानसिक परिवर्तन और उनसे समझौता करने की आवश्यकता–सब मेरे अपने जीवन पर आधारित है। पुस्तक दो भागों में विभाजित है–पहला घरेलू, और दूसरा, जिसे 'आध्यात्मिक' कहा जा सकता है। बहुत से लोगों ने पहला भाग तो रुचि लेकर पढ़ा, लेकिन दूसरा भाग आश्चर्यपूर्वक और अक्सर उसकी आलोचना भी की, शायद यह सोचकर कि पहले भाग में दुर्घटना के द्वारा उन्हें बाँध लिया गया, फिर उल्टी-सीधी बातें शुरू कर दीं। मैंने यह रचना अपनी पत्नी को समर्पित की है, इससे यह संकेत ज़रूर मिल जाना चाहिए था कि इसमें कुछ सच्चाई है, लेकिन फिर भी पाठक इससे विरति प्रदर्शित करते हैं, जो स्वाभाविक है, क्योंकि जीवन के बाद मृत्यु और उसके पीछे जाना कोई पसन्द नहीं करता।

मेरी पत्नी का निधन अचानक ही हुआ था और इसकी मुझे कभी कल्पना तक नहीं थी–हालाँकि मेरे श्वसुर ने जन्मपत्री देखते समय इस तरह की आशंका की थी। लेकिन अब मुझे यह सच्चाई स्वीकार करनी थी। जीवित रहते हुए हर किसी को मृत्यु की सच्चाई माननी पड़ती है। यदि आप जीवन स्वीकार करते हैं तो आपको उसके साथ जुड़ी मृत्यु को स्वीकार करना ही होता है। फिर भी आदमी ज़िन्दा रहता है, काम करता है,

मिलता-जुलता है, योजना बनाता है–कुछ है जो उसे चलाता रहता है। शायद यह सच है कि जैसा लगता है, मृत्यु सब कुछ का अन्त नहीं है–व्यक्तित्व के अन्य स्तर भी हैं जिन पर जीवन चलता रहता है और बीमारी या बुढ़ापे से शरीर का क्षय यही सूचित करता है कि वाहन बदला जा रहा है। यह विचार अवैज्ञानिक लग सकता है, लेकिन इसी की सहायता से, मैं पत्नी की मृत्यु के दुःख को झेल सका। यद्यपि जब वह कोयंबटूर में थी तब मैं बुरी तरह परेशान हो उठा था। मैं किसी तरह उसकी मृत्यु के बाद जीवित ही नहीं रहा, बल्कि दार्शनिक दृष्टिकोण से भी उसे समझ सका।

लेकिन यह आसानी से नहीं हो पाया। यह रास्ता कठिनाइयों से भरा था, सन्देहों और निराशा से भरा, निरन्तर जारी अकेलेपन से जूझता हुआ। मैंने यह उम्मीद नहीं की थी कि जीवन के कार्यों में मैं कोई रुचि ले सकूँगा और लिखूँगा तो फिर कभी नहीं। परन्तु ग्राहम ग्रीन ने मुझे शोक-सन्देश के साथ यह भी लिखा था; '...मेरा खयाल है, अब तुम महीनों तक कुछ नहीं लिखोगे, लेकिन फिर लिखने लगोगे।' एक अन्य मित्र, रहस्यवादी डॉ. पॉल ब्रंटन ने–जिनकी चर्चा मैं दोबारा करूँगा–इसका समर्थन किया; एक दिन डिनर के बाद घूमते समय उन्होंने कहा, "तुम वह किताब लिखोगे जो इस समय तुम्हारे भीतर है, बिलकुल तैयार है और कभी-न-कभी यह बाहर आयेगी, जब भी तुम लिखना चाहोगे।'' उस समय यह बात मैंने चुपचाप सुन ली, क्योंकि मैं लिखने से एकदम विरत हो गया था। मेरे जीवन का आधार नष्ट हो गया था, मुझे अस्तित्व का अर्थ ही समझ में नहीं आता था। अँधेरा और खालीपन मेरे चारों ओर फैला था। हर रोज़ इतनी चीज़ें मेरे सामने आतीं कि उसकी याद बार-बार परेशान करती। जिस कमरे में हम दोनों साथ रहते थे, उसमें जाना अब मुझे गवारा नहीं होता था। मैं बड़े हॉल में सोने लगा। मैं उसकी हर याद से दूर रहने की कोशिश करता, लेकिन डेटॉल और नीम की गंध, दीवारों से निकलती रहती और रात-दिन मेरा पीछा करती–ये दोनों चीज़ें सफ़ाई करने और घर के कीटाणु नष्ट करने के काम में लायी जाती हैं। मुझे रोज़ सुबह उठने, नहाने-धोने, खाने-पीने वगैरह में कोई दिलचस्पी नहीं रही थी और एक भयंकर सूनापन मुझे खाये जा रहा था। मेरी माँ तथा भाइयों को मेरे व्यवहार से चिन्ता होने लगी थी।

मैं लोगों से दूर रहता। शाम को काफ़ी देर से मैं बाहर निकलता, सिगरेट फूँकता रहता, मित्रों से अलग रहता और बच्ची को सुलाने के लिए रात को घर लौट आता। माँ की अनुपस्थिति से उसे बचाने के लिए मैं उसे अधिक-से-अधिक समय देने की कोशिश करता था। वह हॉल में मेरे ही बगल में लगे बिस्तर पर सोती थी और मैंने देखा कि उसने बड़ी अच्छी तरह माँ की कमी स्वीकार कर ली है। उसने कभी कोई सवाल नहीं पूछा। उसके चाचा तथा दादी भी घर पर उसका विशेष ध्यान रखते थे और उसका मन बहलाने के लिए चिड़ियाघर, बाज़ार और सिनेमा वगैरह दिखाते रहते थे और हर डाक से उसके लिए ढेर सारे खिलौने भेजते रहते थे। उसकी माँ के कमरे का दरवाज़ा हमेशा के लिए बन्द कर दिया गया था। शव-दाह के दिन उसे बड़े सवेरे ही चिड़ियाघर भेज दिया गया, जिससे उसके सामने कोई क्रिया न दिखायी दे।

जिस दिन उसकी माँ को टाइफ़ाइड हुआ, घोषित किया गया, उसी दिन से उसे माँ के कमरे से दूर रखा जाने लगा था और अब उसे पहले से भी ज़्यादा उस कमरे से दूर रखा जाने लगा। फिर भी दो हफ़्ते बाद बच्ची ने मुझ से धीरे से कहा, ''मैं जानती हूँ, माँ कमरे में नहीं हैं। मैंने दरवाज़े को धक्का दिया, तो वह खुल गया और मैंने भीतर झाँककर देख लिया।''

मैंने उसे समझाने की कोशिश की, ''उसे अस्पताल ले गये हैं।''

इस समय वह केवल तीन साल की थी, लेकिन उसकी समझदारी का जवाब नहीं था। इसके बाद उसने न मुझसे और न किसी और से माँ के बारे में कोई प्रश्न किया।

इससे भी ज़्यादा तकलीफ़ मुझे उन शुभचिंतक परन्तु बेवकूफ़ दोस्तों से होती थी, जो मुझे कल नहीं तो परसों दूसरी शादी करने की बात करते थे। जब कोई यह बात कहता, मैं गुस्से से फूट पड़ता। कॉलेज में एक तमिल पंडित मेरा मित्र था जो एक दिन बाज़ार में मुझे मिल गया और कहने लगा, ''पत्नी नहीं रही? बहुत बुरा हुआ। जल्दी दूसरी शादी कर लेना। पुराने कपड़े फट जाते हैं, तो नये खरीदने पड़ते हैं। वह बिना सोचे-समझे

तुम्हें छोड़ गयी, तो तुम ही क्यों परवाह करो?'' वह इस तरह बात कर रहा था जैसे पत्नी ने मुझे तलाक दे दिया है। मैं तरह-तरह की बातें कहने के लिए भभकने लगा, लेकिन अपने पर काबू कर लिया। हमारे पड़ोसी एक वकील ने फाटक से ही झाँक कर मुझ से कहा, ''सॉरी मिस्टर'', मैंने खुद यह भुगता है। तुम इस पर पार पा जाओगे।'' अपने वैवाहिक इतिहास में उसने चार पत्नियाँ खोयी थीं, और हर बार वह नया विवाह कर लेता था और यह कहते समय भी वह विधुर ही था। मैंने कहना चाहा, ''तुम्हारे उपाय का कोई फायदा तो हुआ नहीं,'' लेकिन ये शब्द मैं भीतर ही भीतर पी गया।

मद्रास में रह रही मेरी बहन ने सुझाव दिया कि मैं कुछ समय उसके यहाँ आकर रहूँ, जिससे वातावरण में परिवर्तन हो जायेगा और बच्ची भी उसके बच्चों के साथ खेलती रहेगी। हरेक ने मुझे मैसूर कुछ समय के लिए छोड़ देने का दबाव डाला, जिससे मैं पुरानी यादों से दूर रह सकूँ। इसलिए एक दिन मैंने अपना सामान बाँधा और बेटी को लेकर शाम की गाड़ी से मद्रास के लिए रवाना हो गया।

बाहर से खुश रहने का दिखावा करने की ज़रूरत ने धीरे-धीरे मेरी मदद की। मुझे बच्ची के साथ खेलना पड़ता था जिससे वह अचानक पलट न जाये और माँ की माँग न करने लगे। उसे रेल की यात्रा बहुत अच्छी लगी और इसके बाद वह मद्रास में दूसरे बच्चों में रम गयी। ढेर सारे खिलौने, गुड्डे-गुड़ियाँ, साथी, और खेलकूद–वह खुश थी। कुछ ही दिन में वह अपनी बुआ के कैथेड्रल रोड वाले घर में पूरी तरह डूब गयी और मुझसे भी अलग-सी हो गयी। बस, रात को जब उसे नींद आती, तब उसे सुलाने मैं जाता था, बाकी समय मैं एकदम अकेला रह गया।

बहन ने मुझे अपने लिए एक अलग कमरा दे दिया था और ज्यादातर मैं उसी में बना रहता। यहाँ मैंने कुछ पढ़ने की शुरुआत की। *दि हिन्दू* के लिए फिर से लिखने की कोशिश करने लगा। कैथेड्रल रोड के पूर्व की तरफ़ समुद्र का तट था, जहाँ मैं ज्यादा-से-ज्यादा समय बिताने की कोशिश

करता था; बालू पर टहलते हुए, और सानथोम की तरह मील भर दूर लहरों के बीच से जाते और लौटते हुए; शाम को चमकता सूरज और समुद्र की नीली लहरें, रात होने पर ऊपर चमकते सितारे और रोशनी से चमकती समुद्र की लहरें, दूर चल रहे स्टीमरों की आवाज़ें और थिरकती रोशनियाँ, मेरे पैरों और घुटनों से टकराती समुद्र की ठंडी लहरें–मैं नंगे पैर, धोती को ऊपर खींचकर जाता और वापस लौटता–और इस सबने मिल-जुलकर मुझे सूनेपन से बाहर खींच निकालने का कार्य किया। जब मैं पैर घसीटता रात को धीरे-धीरे वापस लौटता, तब मुझे बड़ी शान्ति महसूस होती। मेरी यादें तथा कल्पनाएँ मेरा साथ छोड़ रही थीं। इस समय होने वाली छोटी अनुभूतियाँ भी मेरी दृष्टि को परिवर्तित करने लगीं। धीरे-धीरे शव-दाह और बीमारी वाले कमरे की यादें हल्की पड़ने लगीं और उनके स्थान पर समुद्र से स्पर्श, दृश्य तथा ध्वनियों से मेरा मस्तिष्क प्रभावित होने लगा।

चलना मेरा अकेला कार्य था। मेरे कोई मित्र नहीं थे। फिल्मों में मुझे रुचि नहीं थी, किताबें काटने को दौड़ती थीं। सवेरे और शाम, मैं हर वक़्त चलता रह सकता था। चलने से मुझे बड़ी सहायता मिलने लगी: एक पैर दूसरे के पीछे, आगे-पीछे यातायात से बचने की कोई ज़रूरत नहीं, मन एकदम स्थिर और शान्त हो जाता है, उसकी ग्रहण-शक्ति बढ़ जाती है और उसे अपनी स्वतन्त्र गति प्राप्त हो जाती है। जिसमें उसके विचार, भावनाएँ तथा दर्शन, सब कुछ अपना समाधान तथा सही निर्णय स्वयं करने लगते हैं। मैं उन दिनों हर रोज़ कई मील पैदल चलता रहा होऊँगा। मेरे विचार स्पष्ट और भावनाएँ स्वस्थ होने लगीं। लेकिन फिर भी मैं लिखना शुरू करने के बिन्दु तक नहीं पहुँच सका। मन में यह जमकर बैठ गया था कि अब मैं कभी नहीं लिखूँगा। लिखने की शुरुआत करने के लिए कोई प्रेरणा मेरे भीतर नहीं थी–न उत्सुकता, न लोगों या वातावरण में कोई रुचि, कुछ प्राप्त करने की आकांक्षा भी नहीं, न भविष्य की–जो इतना ही शेष रह गया था कि बच्ची को पालना है।

~

एक शाम जब मैं समुद्र तट से घर लौट रहा था, मेरा एक कज़िन, जिसे मैं सालों पहले आखिरी बार मिला था, जॉर्ज टाउन में एक इम्पोर्ट कम्पनी में काम करता था, अचानक एक चौराहे पर मुझे मिल गया और मुझे रोक कर उसने संवेदना व्यक्त की, जिसे मैंने चुप रहकर स्वीकार कर लिया, फिर हम खड़े होकर सोचने लगे कि आगे क्या बात करें। फिर उसने कहा, ''मैं तुम्हें लिखने का विचार करता रहा लेकिन किसी-न-किसी कारण यह टलता रहा..।'' मैंने चुप रहकर यह भी सुन लिया। पिछले महीनों में मुझे इतने ज़्यादा शोक-सन्देश मिलते थे कि उन्हें इसी तरह सुनने का आदी हो गया था। मैं घंटे भर तक किसी की ऐसी बातचीत को खड़े रहकर सुनता रह सकता था। मिलने वाले की उम्र को देखकर मैं समझ जाता था कि क्या कहा जायेगा–सिर्फ़ एक इशारा या खुली नसीहत–कि दूसरी शादी कर लो, या धीरज रखो, दाँत चबाओ, अपने को काम में डुबो दो इत्यादि। जो मैं सोचता, वही बात कही जाती, और जब मैं ''थैंक्स, गुडबाय'' कहने की तैयारी करता और चलने को लौट पड़ता...इस आदमी ने मुझे यह कहकर रोक लिया, ''मेरे एक मित्र हैं, रघुनाथ राव, कभी उनसे मिले हो? बड़े रोचक आदमी हैं। यहाँ पास ही रहते हैं, मेरे साथ चलो। बड़े काम के आदमी हैं।'' पहले तो मैंने ना-नुकुर की, लेकिन उसने ज़िद की तो तैयार हो गया। यूँ भी मुझे कुछ करने को नहीं था। बहन के घर डिनर का समय नौ बजे था और मेरी बेटी तब तक मुझसे बात नहीं करेगी, जब तक उसकी फुफेरी बहनें सोने नहीं चली जातीं।

सड़क पर हुई इस साधारण मुलाकात ने मुझे ऐसे लोगों के सम्पर्क में ला दिया, जिनसे मुझे अद्भुत अनुभव हुए, मेरा भविष्य बड़ी गहराई से प्रभावित हुआ और मैं भी टूटने से बच गया।

रघुनाथ राव मयलापुर के एक छोटे से घर में रहते थे, एक प्राइवेट गली में, रोयापेट्टा ट्राम लाइन के पीछे, एक नारियल के पेड़ के नीचे; यहाँ इतनी शान्ति थी कि कोई सोच भी नहीं सकता था कि सिर्फ़ सौ गज़ की दूरी पर ट्राम धड़धड़ाती चल रही है और उसके नीचे की ज़मीन धँसी जा रही है। मिस्टर राव काफ़ी तन्दुरुस्त और तगड़े आदमी थे, चालीस

से कुछ ज्यादा, जोश और हँसी से भरपूर। उन्होंने वरांडे की सबसे ऊपरी सीढ़ी पर मेरा स्वागत किया और सफ़ाई देते हुए कहा, ''यहाँ खड़े रहने के लिए मुझे माफ़ करना। मैं बहुत कम चढ़ता या उतरता हूँ।'' मुझे अन्दर ले जाकर पत्नी से परिचित कराया, दुबली-पतली और पीली-सी स्त्री, बातचीत और चलने-फिरने में बहुत कोमलता। परिचय में उन्होंने बताया कि ये वही लेखक हैं जिनकी कहानियाँ हमें बहुत पसन्द हैं। उन्हें दो-तीन भूतों की कहानियाँ खास तौर पर याद थीं, जो *दि हिन्दू* में निकली थीं। उनकी लहराती हँसी दूसरों को भी प्रभावित करती थी और हम घंटे भर तक हँसते-खिलखिलाते गपशप करते रहे। ज़ाहिर था कि मेरे कज़िन ने उन्हें मेरी पत्नी की मृत्यु के बारे में बता दिया था, क्योंकि कॉफ़ी पीने के बाद जब हम अलग होने लगे, तो उन्होंने कहा, ''बुधवार के दिन शाम को छह बजे आ जाना..., हम कुछ मनोवैज्ञानिक प्रयोग करते हैं, जो आपको अच्छे लगेंगे।'' मैं नहीं जानता था कि मुझे इनमें कोई रुचि होगी, इसलिए मैंने कहा, ''धन्यवाद, खाली हुआ तो आ जाऊँगा।'' मेरा कज़िन भी साथ था, वह बोला, ''मज़ेदार आदमी है, हर तरह की बातों में दखल रखता है। अब यह इसका नया शौक है, जिसका मैं मज़ाक उड़ाता हूँ। लेकिन यह परवाह नहीं करता। वकालत करता है, पैसेवाला है, इसलिए ज्यादा काम करने की ज़रूरत नहीं पड़ती। इस तरह के कामों में, जो धार्मिक से होते हैं, लगा रहता है। पति और पत्नी दोनों एक जैसे हैं।'' चलते-चलते वह बोला, 'राव से जब चाहे मिल सकते हो, उसका साथ अच्छा लगेगा। बुधवार को न चाहो तो मत जाना।''

बुधवार आया तो मैं सोचता रहा कि जाऊँ या न जाऊँ। मुझे आध्यात्मिकता में बिलकुल विश्वास नहीं था, और उसके जोड़-तोड़ मेरी समझ में नहीं आते थे। जो हो, मैं समुद्र के किनारे घूमने को चला, तो दिमाग में कोई योजना नहीं थी, और पता नहीं किस प्रेरणा से मैं ट्राम के लिए गया और राव के यहाँ जा पहुँचा। वह मुझे देखकर खुश हुए, मुझे हॉल में बैठाया और इधर-उधर की बातचीत करने लगे। साढ़े छह बजे उनकी पत्नी भीतर आयीं और पूछने लगीं, ''तैयार हो?''

''एक कुर्सी इनके लिए भी रख दो, शायद ये भी देखना चाहें और तुम भी आ जाओ।''

वे मुझे एक छोटे कमरे में ले गये जिसमें पर्दे खिंचे थे। एक गोल मेज़ रखी थी जिस पर कागज़ों के बंडल और ढेर सारी पेंसिलें, लिखने के लिए तैयार रखी थीं। उन्होंने मुझे एक कुर्सी पर बैठा दिया और सामने खुद बैठ गये। पत्नी उनकी दायीं तरफ़ बैठी। शुरू करने से पहले उन्होंने कहा, ''अभी हम प्रयोग ही कर रहे हैं और देखने की कोशिश कर रहे हैं–इस विषय पर मेरा कोई निश्चित मत नहीं है। मैं सामान्यतया सन्देही हूँ, लेकिन कुछ महीने पहले जब मैं कुछ लिख रहा था, मुझे महसूस हुआ कि कोई दूसरा हाथ मेरा हाथ पकड़कर चला रहा है, मैंने उसे यह करने दिया और मैंने देखा कि जो लिखा जा रहा है, वह बहुत रोचक है। इसके बाद हमने हर हफ़्ते उसी दिन और उसी घंटे बैठना शुरू कर दिया और जो चीज़ें लिखी जाने लगीं वे प्रार्थनाएँ और स्तुतियाँ होती थीं। अब हम कई हफ़्ते से यही कर रहे हैं। जब मैं अकेला बैठता हूँ, तब कुछ नहीं होता। लेकिन जब पत्नी भी मेरे बगल में बैठती है तब बहुत कुछ लिखा जाने लगता है। जब कोई तीसरा आदमी शामिल होता है तब या तो सब कुछ रुक जाता है, और हमारा साथी मज़ाक उड़ाता हुआ वहाँ से विदा हो जाता है, लेकिन कुछ लोग जो मानसिक रूप से सचेत हैं, हमारी सहायता भी करते हैं। मैं देखना चाहता हूँ कि आपके साथ होने का क्या असर पड़ता है...देखते हैं।''

''आप मुझसे क्या कराना चाहते हैं?''

''कुछ नहीं। आप यहाँ बैठकर देखते रहिये और जब हाथ चलने लगे तो कोई सवाल मत पूछिये। बस अपना दिमाग खुला रखिये। नकारात्मक विचार भी मत आने दीजिये। सिर्फ़ आधा घंटा ही तो देखना है...।''

इन तीस मिनटों में उसने पेंसिल कागज़ पर रखी, तो वह चलने लगी और उसने बड़े-बड़े अक्षरों में लिखना शुरू कर दिया, 'आपके सहायक आ गये हैं, और आपके अतिथि का स्वागत है। हम जानते हैं कि अभी

हाल में वे एक दुर्घटना के शिकार हुए हैं, अपने एक प्रिय को खो चुके हैं। हम देख रहे हैं कि उनका दिल भारी है और वे बहुत परेशान हैं। यदि हम उन्हें जीवन और मृत्यु की वास्तविकता समझाने में सफल हो जायें और उनकी परेशानी कम कर सकें, तो हमें लगेगा कि हम अपने उद्देश्य में सफल हुए हैं।' मृत्यु हमारी शारीरिक रचना का जिसमें एक व्यक्तित्व रहता और काम करता है, एक प्रस्थान-बिन्दु ही है; यह व्यक्तित्व जन्म के पश्चात् ही दिखायी देता है और मृत्यु के बाद गायब हो जाता है, जो हम फिर कहते हैं कि उसका अन्त नहीं होता, उसका परिवर्तन-बिन्दु होता है...।' इस प्रकार वह एक के बाद दूसरे कागज़ पर लिखती रही और उसकी गति भी ऐसी थी, जिसे सामान्य नहीं कहा जा सकता–पेंसिल की नोक कागज़ को या तो फाड़ रही थी, या खुद टूट-टूट जाती थी। एक जगह पेंसिल ने लिखा, 'वह महिला भी यहाँ हैं लेकिन अभी वह अपने पति से सीधी बात नहीं करेंगी। धीरे-धीरे, शायद शान्त होकर करेंगी। आज वह कुछ उत्तेजित लग रही हैं, क्योंकि अपने पति से सम्पर्क करने का यह उनका पहला अवसर है। वह पति की परेशानी से दुःखी हैं। इस पार हम आपकी ओर चल रहे विचारों से सीधे प्रभावित हो रहे हैं और आपके मस्तिष्क को शान्त करने के लिए हम सब कुछ करेंगे। आज महिला प्रसन्न भी हैं कि एक दरवाज़ा खुल रहा है और आपके विचारों को प्रभावित करने के लिए वह प्रयत्न करेंगी... महिला आपको विश्वास दिलाना चाहती हैं कि उनका अस्तित्व है, बस, उसकी दशा भिन्न है। वह चाहती हैं कि आप भी अपने मन को हल्का कर लें। आप अपने दुःख को अपने ऊपर हावी न होने दें। कह रही हैं कि आपको बता दिया गया है कि मैं यहाँ हूँ; धीरे-धीरे जब आप वातावरण का अंग हो जायेंगे; आप बिना प्रमाण या तर्क के मेरी उपस्थिति महसूस कर सकेंगे कि मैं आपके साथ हूँ, और तब आपका दृष्टिकोण बदल जायेगा। वह कह रही हैं कि आप बच्ची की चिन्ता करना बन्द कर दें। वह ठीक है और अच्छी तरह बड़ी होती रहेगी। मैं उसे देखती रहती हूँ। इस समय मैं उसे एक कमरे में देख रही हूँ। वह नीले रंग की स्कर्ट पहने है और एक दूसरे बच्चे के साथ खेल रही है, उनके पास तीन गुड़िया हैं। महिला अगले हफ़्ते तक के

लिए नमस्कार कर रही हैं।''

तीस मिनट खत्म हो गये थे, चौबीस सौ शब्द लिखे गये थे, जो बहुत ज्यादा गति दर्शाता है। अगर आप इस प्रकार पाँच हज़ार शब्द प्रति घंटे की गति से उपन्यास लिख सकें, तो अस्सी हज़ार शब्दों का पूरा उपन्यास सोलह घंटे में तैयार हो जायेगा। लेखक के रूप में मुझे ऐसे सब लोगों से ईर्ष्या होगी जो इस गति से लिख सकते हैं। राव को खुद आश्चर्य होता था, उन्होंने स्वीकार किया : ''यह मत सोचना कि मैं इसी गति से लिखता हूँ। मुझे एक पोस्टकार्ड लिखने में पूरा एक घंटा लगता है, एक-एक लाइन लिखने में मुझे बहुत समय लगता है...। इसी कारण मैं लोगों के पत्रों के उत्तर देने से बचता हूँ और अपने बहुत से मित्रों और परिचितों को खो बैठा हूँ।''

मैं भी कागज़, पेंसिल और गति के अलावा मेज़ पर राजम की उपस्थिति को महसूस करने लगा। वह क्या कहना चाहती है या राव की पेंसिल क्या लिख रही है, यह बात उतनी महत्त्वपूर्ण नहीं थी। इस छोटे से कमरे में दीये की हल्की रोशनी में और चारों ओर फैली परम शान्ति में उसकी उपस्थिति का मुझ पर गहरा प्रभाव पड़ रहा था। शाम को जब मैं घर वापस लौटा, मेरा मन बहुत शान्त था। मुझे याद है, उस दिन आसमान में चौथाई चाँद चमक रहा था–उसकी रोशनी पहले से ज़्यादा स्वच्छ लग रही थी–हवा में ठंडक थी–सब कुछ शान्त और श्रेष्ठतर लग रहा था। जब मैं यहाँ से घर वापस लौटा, तो मैंने पाया कि बेटी एक तस्वीरों की किताब पर सिर झुकाये बैठी थी, उसने मेरे आने पर बिलकुल ध्यान नहीं दिया। इस समय मुझे यह अच्छा लगा। मैं यह देखने के लिए नहीं रुका कि उसके कपड़ों का रंग क्या था–नीला या किसी और रंग का या वह तीन गुड़ियों से खेल रही थी या दो से। ये सब तथ्य मुझे फिजूल लग रहे थे। यदि मिस्टर राव के अपने जानकारी के साधन होते और वह दौड़-दौड़कर सब सूचनाएँ पहुँचा रहे थे, यदि उनके पास टेलीपैथी की भी शक्ति होती, जिसके उपयोग से उन्हें ये सब सूचनाएँ मिल रही थीं–ये सब मेरे लिए महत्त्वपूर्ण नहीं था। भले ही यह सारी घटना धोखेबाज़ी होती, यह भी

महत्त्व की बात नहीं थी। महत्त्वपूर्ण बात उस कमरे में किसी की उपस्थिति थी, जिससे मेरा दृष्टिकोण एकदम बदल गया। माध्यम, आखिरकार मनुष्य ही था, उसका दिमाग और लेखन दुनिया की सचेत और मन के भीतर की तरह-तरह की बारीकियों तथा चालाकियों का शिकार हो सकता था, लेकिन अपने ऊपर उसके अन्तिम प्रभाव की मेरे लिए बड़ी कीमत थी। पूरा हफ़्ता मैं अगली मीटिंग का इन्तज़ार करता रहा। बुधवार आया और मैं राव के घर पर हाज़िर हो गया। अगले बुधवार को भी गया। यह सारा लेखन सन्देह के घेरे में आता था और कुछ लोग इसे एकदम बकवास भी घोषित कर सकते थे। इसके साथ ही बीच-बीच में निश्चित प्रमाण के भी उदाहरण मिलते थे—जैसे एक डिब्बे में किसी ज़ेवर की सूचना जिसके बारे में मैं कुछ भी नहीं जानता था; या उसके भाई के घर पर हुई कोई घटना या बातचीत जिसकी जाँच की जा सकती थी। हालाँकि लेखन के दिनों में मैंने कभी यह जाँच करने की कोशिश नहीं की, लेकिन उसने मुझ पर ऐसा करने का दबाव डाला और उसकी बात रखने के लिए ही मैंने यह भी किया। मेरे सामने अनेक आश्चर्यजनक तथ्य आये। कई दफ़ा बिना पूछे ही, राव के घर जाते हुए मेरे दिमाग में जो व्यक्तिगत प्रश्न उठ रहे होते, उनका वह उत्तर दे देती थी। फिर भी, शुरू में मैंने इस सबको राव के टेलीपैथी के ज्ञान का ही परिणाम माना। लेकिन कुछ तथ्य आश्चर्यजनक थे कि अमुक प्रश्न मैंने कहाँ और कब सोचे और उस समय मेरे साथ कौन था। तब भी मैं यही सोचता कि टेलीपैथी के परिणाम होने पर भी ये बातें अद्भुत हैं। टेलीपैथी? तो क्या? इससे अनुभव का मूल्य तो कम नहीं होता। इस सबके अलावा अन्त में उसने मुझे अपना दिमाग स्पष्ट करने के लिए क्रमश: जो निर्देश दिये, वे सबसे ज्यादा महत्त्वपूर्ण थे।

इसके बाद मैं मद्रास में तीन महीने रहा, बहुत सार्थक सिद्ध हुआ, इसलिए नहीं क्योंकि उससे मेरी दृष्टि बदली, बल्कि इसलिए कि मेरा विकास हुआ। कुछ समय बाद मेरी पत्नी राव साहब के यहाँ की बैठकों में अपना काम स्वयं करने लगी। हफ़्ते दर हफ़्ते वह मुझे सिखाती रही कि किस प्रकार मैं अपने विचारों को सीधे, बिना किसी की सहायता के, उसको भेज सकूँ। तीस मिनट की पहली मीटिंग में उसने मेरे कार्य की आलोचना

की। 'यह ठीक नहीं है, बहुत कसकर ध्यान केन्द्रित करने से कार्य नहीं बनता, मुझे यह नहीं चाहिए। मैं चाहती हूँ कि तुम अपने दिमाग को शान्त रखो, कोशिश करो कि वह निष्क्रिय हो जाये, तुम बिना इच्छा के मेरे बारे में सोच सको और मन को एकदम ढीला छोड़ दो, अरे नहीं, मैं योगी के ध्यान की बात नहीं कर रही हूँ, वह ज़रा ज़्यादा मुश्किल है; बातचीत का एक रास्ता खोल दो और इन्तज़ार करो। दिमाग को एकदम निश्चेष्ट रखो। मैं देख रही हूँ कि तुम बच्ची की बहुत ज्यादा चिन्ता करते हो। उसका ध्यान रखो पर इतना ज्यादा मत कसो कि उसका स्वतन्त्र विकास रुक जाये, यह तुम्हारी आदत हो गयी है। दो रात पहले, जब तुम्हें नींद आने लगी थी, तुम्हारा मन फिर मेरी बीमारी के बिस्तर की ओर चला गया और शव-दाह के दृश्य भी तुम्हें दिखायी देने लगे...। उन बातों को सोचने में कोई हानि नहीं है, लेकिन इस सबकी जड़ में एक कच्चापन है और उसका तुम्हारे भावों पर असर पड़ता है। जब तक तुम दुःखी हुए बिना मेरे बारे में नहीं सोचोगे, तब तक सफल नहीं होगे। अपने दिमाग को अच्छी तरह प्रशिक्षित करो तो तुम पाओगे कि मैं तुम्हारे साथ हूँ। दस मिनट से ज्यादा कभी यह अभ्यास मत करो, ज्यादा करने से सेहत पर असर पड़ेगा। अपना पूरी तरह ध्यान रखो। मैं बच्ची की देखभाल कर रही हूँ, और अक्सर वह जानती है कि मैं उसके साथ हूँ, लेकिन वह तुम्हें यह नहीं बतायेगी। कई दफ़ा वह इसे सपना भी समझ सकती है। मिसाल के तौर पर, पिछले दिनों एक रात तुम्हें याद होगा कि एक शादी का जुलूस सड़क से गुज़रा, तुम सब, उसे सोता छोड़कर, जुलूस देखने बाहर चले आये। उस समय मैं उसके पास गयी; अगर तुम दूसरे दिन उससे पूछते कि क्या सपना देखा, तो वह एकदम बताती कि राजी को देखा...लेकिन कभी वह भूल भी सकती है, या बताने की परवाह भी नहीं करेगी...बच्चे बहुत ज्यादा सतर्क होते हैं, तुम जितना समझते होगे, उससे ज्यादा...यहाँ आने के बाद मैंने मनुष्य के दिमाग के बारे में कितना कुछ जाना है, क्योंकि उसे मैं सीधे देख सकती हूँ, तुम्हारे धरातल की समस्या है पदार्थ का घनत्व, जिसमें तुम बन्द हो...जहाँ हमारे चारों ओर माध्यम भी दूसरा है और हल्का भी है...मैं चाहती हूँ कि जो कुछ मैं देखती हूँ, सोचती हूँ, महसूस करती हूँ, उसे समझा सकती...जब

तुम इसके लिए तैयार हो जाओगे, तुम्हें और भी बताऊँगी...।'

इन बारह हफ़्तों में हमारे लिखे कागज़ों के ढेर तैयार हो गये, जो राव ने मुझे दिये, जब मैं बेटी को लेकर वापस मैसूर लौट आया। इसके बाद उनसे भेंट नहीं हुई। कुछ महीने पत्र-व्यवहार ज़रूर होता रहा। हमने दूर रहकर कुछ बैठकें कीं–यानी, एक निश्चित दिन और निश्चित समय पर मैं अकेला बैठता, मैसूर या कोयंबटूर में उनसे दो सौ मील दूर, मन में उनसे सम्बन्ध जोड़ता और वे नया लेखन मुझे भेज देते। कुछ समय बाद उनका सहारा लेना भी ज़रूरी नहीं रहा। मैं स्वतन्त्र रूप से यह करने में समर्थ हो गया, क्योंकि तब तक मानसिक सम्बन्ध स्थापित करना मेरे जीवन का आवश्यक हिस्सा बन गया था। कुछ महीने बाद मैं कुशल भी हो गया। समय बीतने के साथ मेरी मानसिक क्षमता बढ़ती चली गयी।

एक रात, जब मैं फिर मद्रास जाकर बहन के यहाँ ठहरा, मैंने खिड़की पर ठप-ठप की अजीब आवाज़ें सुनीं जो एक ही जगह बार-बार होती रहीं, रात को साढ़े बारह बजे दस मिनट तक वे जारी रहीं, फिर रुक गयीं और इस तरह दो बजे तक चलता रहा। बहन को डर लगा और उसने बत्तियाँ जलाकर घर के एक दूसरे कमरे में जाकर भीतर से दरवाज़ा बन्द कर लिया, लेकिन मैं कुर्सी डालकर वहीं बैठ गया और खिड़की की तरफ़ देखने लगा। हालाँकि मुझे भी थोड़ा-सा डर लगा, लेकिन मैंने निश्चय कर लिया था कि यह क्या सन्देश दिया जा रहा है, इसे समझने की कोशिश करूँगा। सवेरे पाँच बजे टेलीफ़ोन की घंटी बजी और एक करीबी रिश्तेदार के देहान्त की सूचना मिली–उनका देहान्त पिछली रात के ठीक साढ़े बारह बजे हुआ था जब यह ठप-ठप की आवाज़ आरम्भ हुई थी।

मैं टेलीपैथी की खबरें ग्रहण करना सीख गया और अपने विचार भी दूसरों को भेजने लगा; और मैं सामान्यतया समझने लगा कि क्या होने जा रहा है या दूसरा क्या कहने वाला है। एक अन्य अवसर पर, इस बार भी मैं मद्रास में ही था और नुन्नगम्बक्कम में एक मित्र के यहाँ ठहरा था। मैंने अपने कमरे में एक प्रेत को प्रवेश करते देखा, जब मैं सोने जा ही रहा

था, हालाँकि तब तक सोया नहीं था। मैंने दरवाज़ा खड़कने की आवाज़ सुनी तो उधर नज़र डाली, मैंने देखा कि प्रेत मेरे बिस्तर की तरफ़ तैरता हुआ आया, दो-तीन चक्कर लगाये और फिर गायब हो गया। मुझे हवा में अचानक ठंडक-सी दौड़ती लगी। ऐसा लगा जैसे कोई माचिस की तीलियाँ लेने आया हो। मुझे डर तो नहीं लगा, हालाँकि मैं ज़रा-सा हिल ज़रूर गया और फिर रात भर मुझे नींद नहीं आयी।

मैं निर्देशों के अनुसार इसके बाद वर्षों तक हर रात मानसिक सम्बन्ध स्थापित करने का अभ्यास करता रहा। मैं अपने शरीर से अपना व्यक्तित्व बाहर निकाल सकना सीख गया–यह पॉल ब्रंटन ने मुझे सिखाया था–जिसके बाद मुझे अजीब-सी मुक्ति महसूस होती थी। फिर जब मैं जीवन और मृत्यु की वास्तविकता को समझने लगा, तब यह अनुभूति कम होती चली गयी।

इसके बाद मैंने अपना सामान्य जीवन और कार्यकलाप आरम्भ कर दिये। मैंने अपना चौथा उपन्यास, *दि इंग्लिश टीचर* लिखा, जिसे 1944 में 'आयर एण्ड स्पोटिसवुड' ने छापा, जहाँ अब ग्राहम ग्रीन भी एक डायरेक्टर थे। दूसरा महायुद्ध चल रहा था और कागज़ की कमी के अलावा और भी बहुत-सी चीज़ों की कमियों ने प्रकाशन को प्रभावित किया था, लेकिन ग्राहम ग्रीन ने 3800 प्रतियों का संस्करण छापने के लिए कागज़ प्राप्त कर ही लिया और उसके बाद यह किताब आज तक छप रही है।

इस अनुभव के बाद मेरे भीतर-व्यक्तित्व या स्व या आत्मा का एक दृष्टिकोण विकसित हो गया, जो आज तक कायम है। जैसा सेंट पॉल ने कहा है; "पहले हम थोड़ा जानते हैं, फिर पूरा, फिर उसे सामने देखने लगते हैं..." –हमारी चेतना 'अभी' और 'यहाँ' की भावना से सीमित है। व्यक्तित्व का पूरा दृश्य गर्भ में लिपटे शिशु से आरम्भ होकर उसके क्रमश: विकास और फिर अनन्त में मिल जाने तक स्पष्ट होता है। हमारा सामान्य दृश्य समय द्वारा निश्चित भौतिक व्यक्तित्व तक सीमित है, जैसे किसी एक स्थल पर टॉर्च की रोशनी पड़ रही हो और बाकी सब अन्धकारमय हो।

अगर हम अपना तथा दूसरों का एक समग्र रूप देख सकें, तो हम सबको उनके सम्पूर्ण व्यक्तित्व में देखेंगे, विकास और प्रगति की सब स्थितियों के साथ, बचपन से वृद्धावस्था तक सब अवस्थाओं में, इस जीवन में, अगले जन्म में और पिछले सब जन्मों में।

किसी तरह, किसी नियति के घटित होने के लिए, भौतिक जगत में मनुष्य का जन्म आवश्यक प्रतीत होता है, सेक्स की सब प्रवृत्तियाँ और उसकी क्रियाशीलता के यन्त्र एक विशेष अन्त के साधन मात्र हैं–इसकी अपार शक्ति, क्रियात्मकताओं और सौन्दर्य, इसके उद्देश्य की दृष्टि से ही सार्थक हैं। आधुनिक संस्कृति में यह दृष्टिकोण सही न माना जाये, जहाँ इसे जीवन का केन्द्रीय तत्व मानकर इसकी पूजा की जाती है, साधना की जाती है जैसे वह स्वयं में अपना अन्त और लक्ष्य हो; जिसके लिए इसे फिल्म बनाने वालों, नाटककारों तथा लेखकों द्वारा बढ़ा-चढ़ाकर प्रस्तुत किया जाता है, जिससे इसका सुख बढ़ता चला जाये–परन्तु प्रकृति ने जिसे अल्पकालीन ही बनाया है–जिसके लिए लोग उत्तेजना ढूँढते रहते हैं और सेक्स क्रिया को कभी न समाप्त होने वाली निरर्थक प्रक्रिया बनाकर छोड़ दिया है।

~

पॉल ब्रंटन, जो भारतीय दर्शन और रहस्यवाद का अध्ययन करने भारत आये थे, दो साल मैसूर में रहे और अपनी किताब लिखने का कार्य किया। उन्होंने शहर के उत्तरी भाग 'वोन्टीकोप्पल' में एक घर लिया था, जो हमारे घर से दो मील दूर था। मैं हफ़्ते में एक-दो दिन इधर घूमने जाता और उनके साथ डिनर करता था। उनका भोजन एक उबला हुआ आलू, ब्रेड और दही होता था। वे मांस और शराब नहीं लेते थे और अपने ध्यान तथा योगाभ्यास के लिए यह भोजन सही मानते थे। हमारी रुचियाँ समान थीं। जब वे मिस्र से आये तब उनकी पुस्तक *ए सर्च इन सीक्रेट इजिप्ट* प्रकाशित हुई थी, जिसकी समीक्षा मैंने सामान्य आलोचनापूर्वक *दि हिन्दू* में की थी। लेकिन जब मैं उनसे मिला, वे मुझे सामान्य व्यक्ति

लगे। मैंने पाया कि उनके बहुत से अनुभव, जो मुझे सम्भव नहीं लगे थे, सच थे। उन्होंने पिरामिडों के कमरों में रातें बिताई थीं और अद्भुत मानसिक दृश्य तथा भिड़ंत देखी थीं। मिस्र में रहस्यवादी क्रियाओं के विशेष अभ्यासों के मार्गदर्शन में उन्होंने भी बहुत-सी क्रियाएँ सीख ली थीं, जैसे मारक सर्पों और जंगली जानवरों पर नियन्त्रण, भूत तथा भविष्य का ज्ञान प्राप्त करने की क्षमता और बहुत-सी जादुई तथा चमत्कारपूर्ण विधियों का ज्ञान, जो सामान्य जीवन के लिए आवश्यक नहीं हैं। सोलहवीं शताब्दी के एक तमिल सन्त ने कहा है; ''कोई जल पर चलने की क्षमता प्राप्त कर ले, पागल हाथी पर काबू पा ले, शेर और चीते को दबा ले, आग पर चल सके और अन्य अद्भुत कार्य कर सके, परन्तु इन सबसे बढ़कर अपने चंचल दिमाग पर काबू पाना और अपने स्व की पहचान कर पाना इन सबसे कठिन कार्य है।'' हर आध्यात्मिक शिक्षार्थी किसी स्तर पर रहस्यमय शक्तियों पर भी अधिकार प्राप्त कर लेता है, परन्तु बाद में इन्हें कम महत्त्व का समझ कर छोड़ देता है। ब्रंटन ने भी मैसूर आकर ये सब अभ्यास छोड़ दिये थे और थिरुवन्नामलई पर्वत पर रहने वाले, रमण महर्षि के सान्निध्य में इसकी साधना में लग गये थे। वे कहते थे–'' 'मैं कौन हूँ' की साधना व्यक्ति को सीमित करने वाली भौतिक प्रवृत्ति को समाप्त कर देती है और उसे बड़ी आध्यात्मिक शान्ति और मुक्ति अनुभव होती है।'' जब हम मिले तो हमने अपने अनुभव एक-दूसरे को बाँटे, उनकी समीक्षा की और मूल्यांकन किया। बीच-बीच में वे कई महीने के लिए गायब हो जाते, हिमालय में किसी सिद्ध की तलाश करते और फिर अचानक मैसूर आ जाते।

1942 तक हमारा घर दो भाभियों के आगमन से समृद्ध हो गया था, मेरे बड़े और छोटे दोनों भाइयों का विवाह हो गया था और छोटे भाई की एक सन्तान भी हो गयी थी, जो बेटा था। हमारा घर फिर से जीवन्त हो गया था। मेरी भाभियों ने माँ के बहुत से घरेलू कार्यों को सँभाल लिया था और एक तरह से मेरी बेटी की भी ज़िम्मेदारी ले ली थी, जो सवेरे तो स्कूल चली जाती लेकिन बाद में सारा दिन उन्हीं के साथ बिताती थी।

मैं अपने लेखन और अनुसंधान वगैरह के लिए अकेला रह गया। लेकिन रात को नौ बजे वह मेरा साथ चाहती अगर मुझे देर हो जाती तो परेशान हो उठती थी। जब कभी ऐसा होता तो वह खिड़की में खड़ी लाल आँखें लिये मेरी प्रतीक्षा करती रहती थी। तब माँ मुझे डाँटतीं, कहतीं, ''बच्ची का खयाल करके जल्दी घर आ जाया करो। तुम्हें देर होती है तो उसे परेशानी होने लगती है।''

12

द्वितीय महायुद्ध के कारण हुई अव्यवस्था का प्रभाव मेरे काम-काज पर भी पड़ा। मैसूर के हमारे दूरदराज़ क्षेत्र पर भी अक्सर ब्लैकआउट, खाने पर राशनिंग, चेतावनी और निरन्तर आवागमन का असर पड़ा और जनता ने जो कठिनाइयाँ झेलीं, उनके अलावा मेरी व्यक्तिगत हानियाँ भी शामिल थीं। मेरे एजेन्ट, डेविड हायम, इस समय शायद मेजर जनरल हो गये थे और सैन्य गतिविधियों कार्यों में लग गये थे। ब्रिटेन के प्रकाशक तो जैसे एकदम गायब हो गये थे, मेरी सब किताबें, जो बिकने के लिए तैयार थीं, लन्दन की भयंकर आग में जल गयी थीं और उनसे जो थोड़ी-बहुत रॉयल्टी मुझे मिल सकती थी, खत्म हो गयी। अख़बारी कागज़ की कमी के कारण *दि हिन्दू* भी मेरी कम रचनाएँ छापने के लिए विवश था, छापने की स्याही और पता नहीं क्या-क्या, सबकी कमी हो गयी थी। मेरे लिए यह ज़रूरी हो गया कि ज़िन्दा रहने के लिए कुछ और करूँ। लेखक के लिए जनता तक पहुँचने का कोई साधन नहीं रह गया था। जो पत्रकार और लेखक प्रचार की संस्थाओं से जुड़े थे, वे तो बच गये, लेकिन मैं इस सुरक्षा कवच से जुड़ा नहीं था। राजनीति और युद्ध दोनों मेरी रुचि के दायरे में नहीं आते थे। *दि हिन्दू* ने मेरी रचनाओं के लिए थोड़ी-सी जगह दी, लेकिन अपने चारों तरफ़ हो रही घटनाओं का विवरण देने के इस कार्य से मैं बहुत जल्द थक गया। निरन्तर एक ही बात की चर्चा और आठ हज़ार शब्दों की बंदिश मुझे असह्य लगने लगी—मैं इसे जल्द-से-जल्द खत्म करना चाहता

था, इससे पहले कि पाठक भी यही सोचने और महसूस करने लगे। इस समय मैंने ज़्यादातर आम आदमी की कठिनाइयों के बारे में लिखा था। उसे कैसे हर सुबह लाइन में खड़ा रहना पड़ता था, चाहे वह राशन की दुकान हो, बस-स्टैंड हो, या कपड़े की दुकान हो, वह काला बाज़ार के टेढ़े-मेढ़े रास्तों से अपरिचित था और इस तरह अपने आपको तथा अपने परिवार को बचाये रखने के प्रयत्न में लगा रहता था, जिसमें हम रह रहे थे, लेकिन इस तथा इससे सम्बन्धित विषयों पर वही-वही बातें लिखते-लिखते मैं ऊबने लगा था। एक समय आया जब मुझे इन समस्याओं पर कलम चलाने का काम छोड़ देने की इच्छा होने लगी। इस तरह का लेखन करते रहने के बाद मुझे अपनी साहित्यिक रचनाओं के लिए न समय मिलता था और न प्रेरणा शेष रहती थी। जो भी वाक्य मैं लिखता, वह मुझे महत्त्वपूर्ण लेखन से दूर ले जाता प्रतीत होता था। मेरे भीतर यह भावना बलवती होने लगी कि मुझे कुछ और करना चाहिए

इन दिनों हमारे मिलने का स्थल हंड्रेड (100) फीट रोड पर एक डॉक्टर की दुकान थी। इसका नाम नरसिम्हा फार्मेसी था, और इसे चलाने वाले हमारे पारिवारिक डॉक्टर थे, सर्वगुण सम्पन्न-क्रिकेट खिलाड़ी थे, टेनिस खेलते थे और राजनीति में रुचि लेते थे। ये मेरी बेटी को स्वस्थ रखने के लिए ज़िम्मेदार था। ये हर शाम सात बजे के लगभग उनके सामने हाज़िर हो जाता और अपने परिवार के स्वास्थ्य की रिपोर्ट देता और पूछता कि टॉनिक जारी रखा जाये या नहीं। इस हाज़िरी का व्यावसायिक हिस्सा बहुत ग़ैर ज़रूरी था, क्योंकि उन्होंने अपनी मेज़ के सामने कुर्सियों की कई लाइनें लगा रखी थीं, यानी उन्हें लोगों का जमावड़ा पसन्द था। मेरे मित्र भी यहाँ इकट्ठे हो जाते और ज़िन्दगी तथा साहित्य की चर्चा करते थे। ऐसी ही एक चर्चा में, मुझे याद नहीं पड़ता, किसने यह सुझाव दिया कि एक पत्रिका निकाली जाये और यह काम मैं करूँ। कई कारणों से मैंने इसे एकदम ख़ारिज कर दिया। पूर्णा ने, जो इस गोष्ठी में आता-जाता रहता था, मुँह टेढ़ा करके कहा, ''इसका नाम *इंडियन थॉटलेस* (Indian Thoughtless) क्यों न रखा जाये?

किसी और ने कहा, ''इसका नाम *इंडियन थॉट* रखा जाये, क्योंकि उसका भी मतलब यही है।

~

यह शीर्षक सबको पसन्द आ गया। हम इसकी रूपरेखा बनाने लगे। तय हुआ कि यह पत्रिका त्रैमासिक होगी और साहित्य, दर्शन तथा संस्कृति पर लेख छापेगी। डॉक्टर ने वादा किया कि वह अपने सब मरीज़ों को ग्राहक बनायेंगे। पूर्ण ने कहा कि वह विज्ञापन और लाइब्रेरी की खरीददारी के द्वारा सरकारी समर्थन दिलायेगा। एक और मित्र ने हिसाब-किताब लिखने का ज़िम्मा ले लिया। मेरा काम था सामग्री इकट्ठी करना और पत्रिका को छपाना।

उस रात मुझे नींद नहीं आयी। दिमाग योजनाएँ बनाता रहा और गणनाएँ करता रहा। दूसरे दिन सवेरे मैंने पहला कार्य यह किया कि पत्रिका के आदर्श और उद्देश्यों का एक मसौदा तैयार किया और उसके प्रकाशन की सूचना देते हुए अधिक-से-अधिक लोगों को भेजना शुरू किया। बेटी को पड़ोसी के घर जाकर उनके बच्चों के साथ खेलने को राज़ी किया और अपने कमरे में बन्द होकर बैठ गया। सम्पादन कार्य करते समय कोई मुझे परेशान करे, यह मैं नहीं चाहता था। पत्रिका के घोषणा-पत्र में मैंने अपनी सब महत्त्वाकांक्षाएँ प्रस्तुत कर दीं : अपनी संस्कृति को सही ढंग से प्रस्तुत करना, अंग्रेज़ी भाषा को अभिव्यक्ति का साधन बनाकर अपनी सांस्कृतिक परम्परा का चित्रण करना, संस्कृत तथा बीसियों प्रादेशिक भाषाओं में उपलब्ध प्राचीन ग्रन्थ और दर्शन, जिसमें आधुनिक लेखन भी शामिल किया जायेगा और अंग्रेज़ी भाषा में उच्च-श्रेणी के लेखन को प्रोत्साहित करना। मेरी यह महत्त्वाकांक्षा पूर्ण करने के लिए पाँच हज़ार पृष्ठों का इन्हीं विषयों पर केन्द्रित विश्वकोश प्रकाशित करना पड़ता, यानी हर तीन महीने में 120 पृष्ठों की सामग्री तैयार करके प्रकाशित करना, जो एक पागलपन ही था, डिमाई अठपेजी डिब्बे में हाथी समाने की तरह। मैं हर रोज़ लिखने-लायक बहुत से व्यक्तियों और सहानुभूति रखने वालों को

पत्र लिखता। मेरा पत्र शानदार शब्दों में इस तरह शुरू होता, 'मैं आपको साहित्यिक त्रैमासिक पत्रिका के सम्पादक के नाते यह पत्र लिख रहा हूँ, जिसका मन्तव्य तथा लक्ष्य संलग्न पत्रक में बताया गया है। इसके लिए आप कोई रचना भेजें तो उस पर प्रकाशन के लिए विचार करने पर मुझे प्रसन्नता होगी...। इसके लिए मैं 30 रुपये प्रति लेख का मानदेय आपको प्रदान कर सकूँगा...।' मेरी भाषा से यह ध्वनित होता था कि मुझ पर सम्पादन का दायित्व बहुत से लोगों की एक महत्त्वपूर्ण समिति द्वारा डाला गया है–यह नहीं कि यह सम्मान मैंने स्वयं अपने को प्रदान कर लिया है। मैं हमेशा अपनी योग्यता की उपेक्षा करता रहा, जो सम्पादन है। मुझे *डिवाइन म्यूज़िक* के दिनों के जे.सी. स्क्वायर और उनकी सम्पादकों की टीम की याद आयी और मैंने फैसला किया कि उनके जैसा नहीं बनूँगा। मेरा उद्देश्य होगा कि नये, प्रतिभाशाली लेखकों की एक पीढ़ी तैयार कर दूँ। अगर मुझे कोई लेख अस्वीकार करना होगा तो लेखक के पत्र में मैं दु:ख व्यक्त करूँगा, घमंड नहीं दिखाऊँगा और अस्वीकृति की पर्ची तो कभी नहीं भेजूँगा और सम्पादक होने के कारण मैं अपने लेखन के लिए तो जगह निकाल ही लूँगा। बाद में मुझे पता चला कि अपनी रचनाएँ दूसरी पत्रिकाओं को बेचना ज़्यादा लाभदायक था।

मेरे बैंक खाते में सौ रुपये थे और यही आरम्भिक पूँजी थी। मिस्टर सम्पत मेरे मुद्रक थे–जो बाद में मेरे एक उपन्यास के और दो फिल्म कथाओं में मुख्य चरित्र बने–उन्होंने साफ़ कह दिया कि वे छपाई करेंगे, लेकिन कागज़ मुझे देना होगा, उसे खरीदने के लिए मेरे पास पैसा नहीं है। मैं डबल सिलेन्डर प्रिंटिंग मशीन खरीद रहा हूँ, और रंगीन छपाई के लिए हायडल बर्ग भी खरीदना चाहता हूँ–मेरा सारा पैसा इनमें बँध गया है। तुम्हारा कवर जब रंगीन छपा आयेगा और मैटर सोलह-पेजी फर्मे पर छपते देखोगे, तो तुम्हें बड़ी खुशी होगी। यह कहकर उन्होंने एडवांस माँगा। अपने मित्रों में से ज्यादा पैसेवाले चार लोगों से पच्चीस रुपये प्रतिवर्ष का चन्दा और अपने सौ रुपये बैंक से निकालकर मैंने उन्हें एडवांस दे दिया और आशा करने लगा कि हफ़्ते भर में पत्रिका छप जायेगी। लेकिन यह नहीं हुआ और 120 पृष्ठों का पहला अंक छपने में पूरे तीन महीने लगे–क्योंकि

मिस्टर सम्पत सोलह पन्ने एक साथ छापने का सपना देख रहे थे, लेकिन उनकी ट्रेडिल पर ये चार-चार ही एक बार में छपकर तैयार हुए। मुझे कई हफ़्ते उनके प्रेस के चक्कर लगाने पड़े, तब कहीं आखिरी फर्मा छप कर पूरा हुआ। अन्त में जब मैं निराश होकर घर बैठ गया, तब एक दिन आधी रात को मिस्टर सम्पत ने मेरा दरवाज़ा खटखटाया। मैंने खोल कर देखा तो वे पहले अंक की एक प्रति नाटकीय ढंग से प्रदर्शित करते हुए मेरे सामने खड़े थे और गेट पर खड़े ताँगे में एक हज़ार प्रतियाँ बँधी हुई रखी थीं। उन्होंने विजय-गर्व से मुझे देखते हुए कहा, ''मैंने सारी प्रतियाँ अलग-अलग पैक करवा दी हैं, अब आपको यही करना है कि उन पर पते लिखें और भिजवा दें।...और अगर दूसरे अंक का मैटर तैयार हो तो उसे मैं अभी ले जाना चाहूँगा, नहीं तो मेरी मशीनें बेकार खड़ी रहेंगी, अब वे आपके जॉब के लिए एकदम तैयार हैं। आपको पता नहीं, इस काम के लिए मैंने कितने जॉब छोड़ दिये।

इंडियन थॉट से मैं भर उठा और मुझे डर भी लगा–इसका कवर औरेंज रंग का था, जिस पर मेरा नाम छपा था, बड़े बरगद के पेड़ के ऊपर चाँद चमक रहा था और उसके नीचे एक आदमी साये में लेटा था। मैंने पन्ने पलटे और सोचने लगा कि माँ को सामग्री पसन्द आयेगी, मेरी अपनी रचना एक पेज की कोई कहानी-सी थी और आरम्भ में दूसरे पेज से ही *प्रोबेबिलिटी* (सम्भावना) शीर्षक से छपी जो गणित की गुत्थियों से भरपूर थी। मुझे यह इसलिए शामिल करनी पड़ी, क्योंकि जब मिस्टर सम्पत पहले फार्म का मैटर पूरा करने की जल्दी मचा रहे थे, तब यही लेख मेरे पास आया था। इसे मैंने इसलिए भी शामिल किया क्योंकि इसका लेखक एक मशहूर गणितज्ञ था, जिसने मुझे एक सार्वजनिक परीक्षा उत्तीर्ण करने में सहायता की थी। इसे उसने प्रकाशनार्थ भेजा, तब मैं अस्वीकार भी नहीं कर सकता था, हालाँकि यह मेरी समझ से परे था। इसमें पेज के बाद पेज कल्पना और सिर के बल खड़ा एक फार्मूला–HTTHH वगैरह कुछ। मुझे यह भी उम्मीद थी कि मेरे पाठक शायद इसे मुझसे ज़्यादा समझ लें, लेकिन सिर्फ़ एक पाठक ने मुझे यह निबन्ध खोज निकालने के

लिए बधाई दी। बाकी सब ने या तो इसे नज़रअन्दाज़ किया या इसके लिए मुझे बुरा-भला कहा। एक हँसी-मज़ाक की कहानी, 'अनवेलिंग' (पर्दा हटाना) जिसका किसी भाषा से अंग्रेज़ी में अनुवाद किया गया था, लेकिन बाद में मुझे पता चला कि यह पी.जी. वुडहाउस की एक कहानी का एक भारतीयकरण मात्र था। इनके अलावा किसी की लद्दाख यात्रा का विवरण, एक आर्थिक सिद्धान्त, पॉल ब्रंटन द्वारा कुछ रहस्यवादी कविताओं की समीक्षा जो मेरी समझ से बाहर थी।–एक गड़बड़झाला, पूर्णा द्वारा आरम्भ में सुझाये गये नाम *इंडियन थॉटलेस* का ही वास्तविक रूप। मैंने दूसरा अंक काफ़ी कोशिश करके सुपाठ्य बनाने की कोशिश की–औरेंज मुख पृष्ठ निकाल दिया जिसमें एक आदमी पेड़ के नीचे आराम कर रहा था और इसमें कुछ जान डालने की कोशिश की, कुछ चुटकुले शामिल किये और लेखों के अन्त में बचने वाली खाली जगह को भरने के लिए छिप-पुट सामग्री। मैंने पाया कि ये टुकड़े मुख्य रचनाओं से कहीं ज्यादा अच्छे हैं। मैं तो यह चाहता था कि पत्रिका की मुख्य सामग्री विद्वतापूर्ण होने के साथ-साथ पठनीयता में भी सरल और आकर्षक हो जिसे लोग पढ़ना शुरू करें तो खत्म किये बिना उसे छोड़ें नहीं, और उनके ज्ञान में भी वृद्धि हो। लेकिन यह कुछ ऐसी बनती जा रही थी जो अकादमिक रूप से भारी और अपठनीय थी, जिसे मैं सामान्यतया अपने से दूर रखना चाहता था।

~

मैंने बहुत जल्द अनुभव कर लिया कि लेखों का मेरे चुनाव का ढंग सही नहीं था और एक मामले में बेईमानी का भी था। इस निर्णय पर मैं तब पहुँचा जब मुद्रण के बाद, मैंने एक पागल कुत्ते की कहानी पढ़ी जो गन्दगी में रहता था–यह कुत्ता अपने पूर्वजन्म में मनुष्य था, कुत्ता खुद यह कहानी कहता है। युवा ने शादी की और जब वह नवविवाहिता के साथ बिस्तर पर गया तो उसने पाया कि अब तक उसने प्रतिज्ञाएँ तो ली ही नहीं हैं। इस कारण उसे अपराध-बोध हुआ और उसने आत्महत्या कर ली और नये जन्म में सड़क के कुत्ते की योनि प्राप्त की। गर्मी का मौसम आया तो एक दिन उसे बड़ी प्यास लगी, जिसे बुझाने के लिए वह गटर का

पानी पी गया और इससे पागल हो गया। उसने आने-जाने वालों पर हमला करना शुरू कर दिया, जिसके परिणामस्वरूप लोगों ने उसे मार डाला। इस कहानी में एक उद्देश्यहीन, बर्बर हिंसा थी, जिससे मैं प्रभावित हुआ। मेरे नये मकान-मालिक ने मुझे यह कहानी दी थी–क्योंकि पुराना मालिक मर चुका था। यह युवा था और दूसरे बहुत से कामों के अलावा लेखक भी बनना चाहता था। पुराने मालिक से मेरा यह समझौता कि मैं उसे छह महीने बाद किराया दूँगा, पसन्द नहीं था, वह मासिक पैसा चाहता था और किराया बढ़ाना भी चाहता था। 'पर्ल हार्बर' पर हुए हमले और मद्रास पर भी एक बम गिरने से मैसूर की सुरक्षा भी कठिन हो गयी लगती थी, किराये पर रहने वालों की संख्या बढ़ने लगी थी, जिसका लाभ उठाकर मकान-मालिक पुराने किरायेदारों को हटाने और ज़्यादा किराये पर नये किरायेदार लाने का दबाव बनाने लगे थे। मेरे मकान-मालिक ने भी यही रवैया अख़ितयार कर लिया था और वह बार-बार बंगलोर से मैसूर आकर मुझे मकान खाली करने को कहता कि वह इसमें मरम्मत करायेगा और नये हिस्से भी जोड़ेगा। इस समय यह सम्भव नहीं था और मेरे परिवार के लिए कोई और जाने की जगह भी नहीं थी, फिर हमें नयी जगह मिल भी जाती तो नया किराया देने की हमारे भीतर क्षमता नहीं थी। मुझे सपने आने लगे थे कि हमारा परिवार अपने बॉक्स और बिस्तर लिये मैसूर की सड़कों पर भटक रहा है और हमारा बड़ा-सा डेन कुत्ता सीता विलाज भवन के वरांडे में लेटा है–जो हंड्रेड फीट रोड पर सार्वजनिक धर्मशाला की तरह बड़ा-सा मकान था, जहाँ यात्री आकर ठहरते थे और बे-घर लोग भी आश्रय प्राप्त कर लेते थे। हमारे लिए यह भयंकर स्थिति थी। लेकिन मेरा बड़ा भाई मकान-मालिक की माँगों को गम्भीरता से नहीं लेता था। उसने कहा, ''चिन्ता मत करो। हमें कोई नहीं हटा सकता। उसका किराया थोड़ा-सा बढ़ा दो और आराम से रहो।'' हमने दस रुपये बढ़ाने की बात की और वह तैयार हो गया। कुछ महीने तक वह चुप रहा, फिर एक दिन अपनी पुरानी कहानी लेकर आ खड़ा हुआ कि मुझे मकान में सुधार करवाना है, उसे बात करने के लिए घर पर मैं ही मिलता था, क्योंकि बड़ा भाई अपनी फर्टिलाइज़र फैक्टरी में देर रात तक काम करता और छोटा राजमहल में व्यस्त रहता था। यह

जवान घर में आता, कुर्सी लेकर बैठ जाता और मकानों की समस्या पर सामान्य ढंग से बातचीत करते हुए उसका अन्त इस सूचना से करता कि हम शीघ्र ही बंगलोर से यहाँ रहने आ रहे हैं, इसलिए जल्दी-से-जल्दी यह मकान ठीक कराना है। वह कहता कि जापानी अब मद्रास तक पहुँच गये हैं, इसलिए बंगलोर भी सुरक्षित नहीं रहा है।

मैं कहता, ''लेकिन क्यों, इस तरह तो मैसूर भी ज़्यादा दूर नहीं है, जापानी यहाँ भी तो आ सकते हैं।'' इस पर वह बहाना बदल देता और कहता कि वह मैसूर में 'एप्सम साल्ट' की फैक्टरी शुरू करने जा रहा है, उसे लड़ाई के ठेके मिलने वाले हैं, इसलिए मकान की फौरन आवश्यकता है। हम इस घर में वर्षों से रह रहे थे। इस समय इसे खाली करना बहुत मुश्किल था। एक दफ़ा वह आया और उसने जेब से निकालकर अपनी कहानी पढ़ना शुरू कर दिया। मुझे कहानी के पागलपन ने प्रभावित किया और मैंने उसकी प्रशंसा में दो-चार शब्द कह दिये। वह खुश हुआ लगा और इस बार मकान के बारे में कुछ न कहकर वापस चला गया, मुझे भूरे रंग के सूट में उसकी वापस लौटती आकृति बहुत अच्छी लगी–वह हमेशा इसी रंग का सूट, टाई के बिना, पहनता था। मुझे भी उसके खुशी-खुशी वापस लौटने की खुशी हुई।

लेकिन इस स्थिति से लटकते खतरे का मुझे अनुमान नहीं था। दो ह:फ़्ते बाद फिर भूरा सूट मेरे कमरे में प्रविष्ट हुआ और उसने जेब से कहानी की टाइप की हुई प्रति मुझे निकालकर दी। इस समय मैं मिस्टर सम्पत की माँग पूरी करने की कोशिश में लगा था। वह कही हुई तारीख पर काम लेने में कठोर होता जा रहा था, लिख-लिख कर मुझे भेजता, 'हम दूसरे काम करने से पहले आपके फर्मों की छपाई पूरी कर देना चाहते हैं, जिससे हमें भी हानि न हो और आपको भी यह शिकायत करने का मौका न मिले कि बहुत देर कर दी।' यह आदमी रोज़मर्रा के व्यवहार में मीठा और सहज था, लेकिन काम के मामले में कठोर और 'मैं' की जगह 'हम' का प्रयोग करके दबाव बनाता था। जब मैं दरवाज़े पर खड़े सम्पत के आदमी से निपट रहा था, यह मकान-मालिक मुझसे विनती करने लगा,

''इसे अपनी पत्रिका में कहीं जगह दे दें, तो मुझे बड़ी खुशी होगी।'' मैंने भी सोचा कि इसे कृतज्ञ होने का अवसर मैं क्यों गँवाऊँ और मैंने झट से कहा, ''अगर तुम मुझे वादा करो कि मकान के लिए तुम मुझे दो वर्ष तक परेशान नहीं करोगे, तो तुम इसे छपी देख सकते हो। नहीं तो इसे ले जाओ और जो चाहे करो।''

''दो साल तक कुछ न कहूँ! नहीं, किसी भी तरह नहीं,'' वह चीखा और गुस्से में लौट पड़ा। मैंने सोचा, 'यह अन्तिम बात है और हमें सीता विलाज धर्मशाला में रहने की तैयारी करनी चाहिए।' उसी रात भूरा सूट मेरे दरवाज़े पर फिर आकर खड़ा हो गया। वह भी मेरी ही तरह परेशान लग रहा था। मैंने पूछा, ''अब क्यों आये हो?'' चूँकि मैं धर्मशाला में रहने का निश्चय कर चुका था, इसलिए मैं भी कठोरता बरत सकता था। वह मेरा रुख देखकर धीरे से बोला, ''नारायण साहब, हम पुराने मित्र हैं। हमें समझौता कर लेना चाहिए दो साल तो बहुत ज़्यादा हैं, उसे एक कर लें।'' मैंने कहानी स्वीकार कर ली, उसका सम्पादन किया, उसका पागलपन कुछ हद तक दूर किया और उसे छपने भेज दिया। तीसरे अंक में जब कहानी छपकर आयी और मैंने उसे फिर पढ़ा, तो सम्पादक के रूप में मुझे अपने ऊपर शर्म आयी, मैंने महसूस किया कि मैंने अपने घरेलू काम के लिए अपने दायित्व से गद्दारी की है और मेरे पाठक इसे पढ़कर मुझ पर हमला कर सकते हैं, जो गलत नहीं होगा।

पत्रिका का चौथा, अक्टूबर-नवम्बर-दिसम्बर 1942 का अंक मई 1943 में प्रकाशित हुआ। इन दिनों सम्पत को कोऑपरेटिव सोसाइटी की वार्षिक रिपोर्ट, एक स्वर्ण-जयन्ती विशेषांक और बीस अन्य ज़रूरी चीजें छापनी थीं, इसलिए उसने पत्रिका को पीछे डाल दिया। फिर भी वह इसकी ज़िम्मेदारी लेने को तैयार नहीं था। उसने कहा कि मैंने कागज़ समय पर नहीं भिजवाये, हालाँकि उसने बाद में मुझे विश्वास दिला दिया था कि अब मुझे इसकी चिन्ता करने की आवश्यकता नहीं है, क्योंकि उसके अपने साधन हो गये हैं। यह सारा काम इतना कमर तोड़ हो गया था कि मैंने चौथे अंक से पत्रिका का प्रकाशन बन्द करने का फैसला कर लिया।

आर्थिक दृष्टि से तो यह ठीक चल रहा था, लेकिन मुझे लगने लगा कि इसके कारण मेरा लेखन का काम समाप्त हो जायेगा। मेरे छोटे मामाजी, जो इस बीच अपने कामों में बहुत आगे बढ़ चुके थे, सैकड़ों लोग उनके प्रभाव से रोटी खा रहे थे, उन्होंने भी *इंडिया थॉट* को बेचने में बहुत मदद की थी। वे हर रोज़ एक दर्जन नये ग्राहकों की सूची भेजते थे। वे हर तरफ़ से लोगों से चन्दा वसूल कर लेते थे; जिन लोगों ने कभी किताब के पन्ने नहीं पलटे थे, वे मैसूर से प्रकाशित उच्चस्तरीय पत्रिका मँगवाते थे। मुझे शक है कि मामाजी उन्हें एक पैग पिलाते होंगे और फिर चन्दा वसूल कर लेते होंगे। जब मैंने, या सम्पत ने, प्रकाशन बन्द किया, तब उसके हज़ार से अधिक ग्राहक थे।

अब मैं एकदम हल्का हो उठा। अब न कागज़ की चिन्ता थी, न छपाई की, न लेख इकट्ठे करने की और न ग्राहकों की। लेकिन इस प्रेस से मेरा सम्बन्ध खत्म नहीं हुआ। सम्पत बहुत अच्छा मित्र बन गया था, हमेशा हँसता रहने वाला, उत्साह से लबालब, योजनाओं से भरपूर और बीसियों तरह-तरह के कामों में लगा रहने वाला, वह नाटक का विशेषज्ञ था, सब तरह से इस कला में माहिर उसके दफ़्तर की दीवारों पर तरह-तरह के पोज़ों के और वेशभूषाओं में उसकी अपनी फोटो लगी थीं। वहीं अपने कलाकारों से अभ्यास कराता, जबकि मैटर के प्रूफ़ मेज़ पर पड़े उड़ते रहते, मुकदमेबाज़ी में भी वह लोगों की मदद करता, अपने भाई से परिचित कराकर, जो मशहूर वकील था; जिन्हें घर की ज़रूरत होती, उनके लिए मकान तलाश देता; छपाई के अलावा वह और सब कामों में बहुत उत्साह दिखाता था। उसने मुझसे कह रखा था; ''आप चाहें तो हर रोज़ यहाँ आयें, इसे अपने ही दफ़्तर की तरह इस्तेमाल करें, यहाँ लोगों से मिलें, यहीं लिखें, लेकिन छापने के लिए कुछ न कहें। मित्रों के बीच ऐसे कोई बन्धन नहीं होने चाहिए। मैंने उसकी बात मान ली और सवेरे तथा शाम उसके यहाँ ही रहता। उसके यहाँ मैंने छपाई की वर्णमाला सीखी, यहाँ मुझे अनेक चरित्र मिले जिन पर मैंने लिखा और मैसूर के मनुष्यमात्र के बारे में जाना, क्योंकि शहर के सारे लोग सय्याजी राव रोड पर इकट्ठे होते थे और किसी-न-किसी कारण से सम्पत के यहाँ भी चक्कर लगाते थे।

मेरे एक उपन्यास में सम्पत फिल्म डायरेक्टर का रोल करता है। आज मुझे यह जानकर खुशी होती है कि वह सचमुच फिल्म जगत की एक बड़ी हस्ती बन गया है और हर रोज़ मैसूर या मद्रास के स्टूडियो में उसकी शूटिंग होती है। उसका प्रेस का काम भी चल रहा है, उसी पुरानी ट्रेडिल मशीन पर और उसने डबल सिलेंडर मशीन या हायडेल बर्ग लगाने की गलती कभी नहीं की।

13

जब मैंने पत्रिका *इंडियन थॉट* बन्द कर दी और अपने युवा मकान-मालिक का लिखा कुछ भी देखने से साफ़ इनकार कर दिया, तो वह एकदम आक्रामक हो उठा, इसलिए हर सवेरे मैं मकान की तलाश में जाने लगा। यह मुश्किल काम था, क्योंकि हमारी ज़रूरतें भी जटिल थीं–तीन भाइयों और उनके परिवारों के लिए स्वतन्त्र कमरे, एक माँ के लिए; और अपने ग्रेट डेन कुत्ते, शेबा के लिए भी, जिसे घर से बाहर जगह चाहिए थी, जहाँ उसका मीट पक सके–जिसकी ज़रा-सी भी हवा हमारे शुद्ध शाकाहारी परिवार तक नहीं पहुँचनी चाहिए थी; और हमारे बूढ़े नौकर के लिए भी जगह जो मीट वगैरह पकाने का काम कर सकता था। हमारे राम विलाज में ये सब सुविधाएँ थीं, और बिलकुल उसी जैसा घर हमें चाहिए था। युवा मकान-मालिक का दबाव बढ़ता जा रहा था, शायद वह मैसूर रहने आ भी गया था। वह अक्सर हमारे यहाँ आता और बगीचे का चक्कर लगाकर नारियल के पेड़ों तथा उनमें लगे फलों को गिना करता, जिससे उन पर उसका स्वामित्व स्थापित हो सके। हम खिड़की से उसे यह सब करते देखते रहते, हालाँकि कानूनी तौर पर इन चीज़ों पर हमारा ही अधिकार था। अपने सिर पर छत होने की सुविधा के बदले में नारियल की कीमत अदा करना बहुत सस्ता था। मैं उससे बचने लगा। इसके बाद उसने मुझे वकील का नोटिस भिजवाया कि मैं पन्द्रह दिन के भीतर मकान खाली कर दूँ।

मेरा भाई पहले की तरह शान्त रहा। ''नोटिस आया तो क्या हुआ?

किरायेदार को निकालना इतना आसान नहीं होता। हम चौदह साल से यहाँ रह रहे हैं और अदालत इस पर भी .गौर करेगी। उन्हें कम-से-कम हर साल के पन्द्रह दिन हमें देने होंगे और इस तरह सात महीने बनते हैं।''

उसे कानून का यह ज्ञान कहाँ से हुआ, यह मुझे ज्ञात नहीं। लेकिन मैं परेशान था और हर दिन मैं मकान की तलाश में इधर-उधर घूमता, और कुछ बिचौलियों से भी मैंने सम्पर्क किया। गली-गली घूमकर मैं 'टुलेट' की पट्टियाँ देखता। हम यह भी चाहते थे कि अपने वर्तमान दायरे से ज़्यादा दूर भी न जायें। हमारे दूधवाले, बच्चों के स्कूल, मित्र और परिचित, सम्पर्क और बाज़ार सब इधर ही थे, और इनसे एकदम सम्बन्ध तोड़ देना असम्भव के समान था, इसलिए हम वीवर्स लाइन्स, चामुंडी एक्सटेंशन और चामराजपुरम से आगे नहीं जाना चाहते थे। मैं हर रोज़ कम-से-कम दो घर देखता, अब रात-दिन यही मेरे दिमाग में चलता रहता था। मुझे यह भी विचार आया कि किराये के मकान में हमेशा रहना बहुत सम्मानजनक भी नहीं है, इसलिए मैंने ज़मीन के लिए सिटी बोर्ड ट्रस्ट को अर्जी भेज दी।

इस बीच मकान-मालिक ने मुझे दूसरा नोटिस भेज दिया, जिसमें दस दिन में मकान खाली करने को कहा गया था। मेरी परेशानी और भी बढ़ गयी और मैं अपने मित्र सम्पत से मिलने चला गया कि इस स्थिति में क्या करूँ। वह तुरन्त मुझे सीढ़ियाँ नढ़ाकर अपने बहनोई के दा़फ्तर ले गया और मेरा मामला समझा कर बता दिया। बहनोई मशहूर वकील था ही, उसका लम्बा-चौड़ा व्यक्तित्व भी साहस बढ़ाने का काम करता था। उसने मेरे कागज़ों की जाँच की और कहा, ''तुम्हारे मकान-मालिक से निबट लूँगा। चिन्ता की कोई बात नहीं है।'' लेकिन मेरी माँ ने कहा कि कानूनी ढंग से बचाव करने की ज़रूरत नहीं है और हमें यह घर छोड़ ही देना चाहिए। मेरी खोज जारी रही।

एक दिन सवेरे अपने टहलने के दौरान अपनी गली से तीसरी गली में मैं प्रो. हिरियन्ना के घर से निकला; वे मशहूर विद्वान थे और यूनिवर्सिटी में संस्कृत तथा भारतीय दर्शन पढ़ाते थे। वे बाहर ही खड़े थे, और मैं

उनसे बातचीत करने के लिए रुक गया। यद्यपि वे मुझसे बहुत सीनियर थे, लेकिन हम अक्सर किताबों और प्रकाशकों की चर्चा किया करते थे। इस समय वे भारतीय दर्शन पर अपनी किताब के प्रकाशन के लिए 'एलेन एण्ड अनविन' से बात चला रहे थे। अनुबन्ध की कुछ धाराएँ उनकी समझ में नहीं आ रही थीं, जिनकी चर्चा वे मुझसे करने लगे। इन सब बातों की चर्चा करते हुए मैंने उन्हें अपनी मकान की समस्या के बारे में बताया।

''तुम वह घर क्यों नहीं ले लेते?'' यह कहकर उन्होंने बगल के एक बँगले की तरफ़ इशारा किया। ''मेरी बेटी का है। मेरा खयाल है, खाली भी है। किराये वगैरह की बातें तुम उसी से कर लेना।''

अच्छा समय आ गया था। हफ़्ते भर में हम 963 लक्ष्मीपुरम, चले गये, जो हमारे घर से बहुत पास ही था। काफ़ी बड़ा था, लम्बा-चौड़ा आँगन, कई कमरे और हम सबके तथा शेबा के लिए पर्याप्त स्थान—और पड़ोस भी जाना-पहचाना पुराना।

~

1948 में जनवरी के आख़िरी दिन से एक दिन पहले मैंने मैसूर की उत्तरी सीमा पर यादवगिरी उप-भाग में प्राप्त ज़मीन के एक टुकड़े पर, जो मुझे ट्रस्ट से प्राप्त हुआ था, बकायदा धार्मिक रीति से धरती से मिट्टी का एक टुकड़ा खोदकर अपने घर का शिलान्यास किया। यह हिस्सा अभी तक अविकसित पहाड़ी के समान था, जहाँ से चारों तरफ़ का शानदार दृश्य दिखायी देता था। यह स्थान हमने इसलिए चुना क्योंकि इस पर एक फ्रंगीपानी का फूलों से भरा वृक्ष खड़ा था। सौन्दर्य से भरी होते हुए भी, जो हमें बहुत प्रिय था, यह जगह सुनसान थी। जहाँ हम रहते थे, उससे मीलों दूर, न कोई सड़क, न पानी, और न बिजली। शिलान्यास का कार्यक्रम हमने बड़े ज़ोर-शोर से किया और मिठाइयाँ तथा चिवड़ा लोगों को बाँटा, जिसका आयोजन हमारे ठेकेदार ने किया था—वह नापने की पट्टी और सफ़ेद चूना लेकर चारों तरफ़ निशान लगाता फिरा, जिसे देखकर हम सब आशा और कल्पना से भर उठे।

लेकिन यह इस कार्य का सर्वोत्तम हिस्सा था, इस शानदार आरम्भ के बाद मकान का निर्माण लँगड़ाते और रुकते हुए पाँच साल तक चलता रहा, कभी पैसे की कमी, कभी सीमेंट, लोहा और लकड़ी का अभाव, और इस सबसे ज्यादा ठेकेदार का व्यवहार जो हमेशा पैसे माँगता रहता था। लेकिन समय पर काम पूरा नहीं करता था। मैं कर्ज ले-लेकर उसकी माँग पूरी करता रहा। वह बड़े अजीब ढंग से अपने बिल बढ़ाकर बनाता था, तरह-तरह के खाने खींचता, उनमें नाप, रेट और पेमेंट के आँकड़े लिखकर इतनी ज्यादा रकम बना देता कि जो भी मैं देता, वह उसके सामने बहुत कम दिखायी देने लगता, फिर भुनभुनाते हुए कहता, ''अगर पैसा नहीं मिलेगा, तो मैं कार्य कैसे करूँगा?'' मैं और पैसा लाकर उसे देता। मुझे यह समझ पाने में बहुत समय लगा कि उसका दृष्टिकोण स्वप्नदर्शी का था, उसकी ज्यादातर माँगें दुष्कर काल्पनिक योजनाओं की होती थीं और अनेक वस्तुएँ दिखायी नहीं देती थीं, इसलिए मुझे उसे काफ़ी पहले हटा देना चाहिए था। घर बनने में कोई प्रगति दिखायी नहीं देती थी और मेरा खर्च बढ़ता चला जाता था, और यादवगिरी तथा लक्ष्मीपुरम के बीच पैदल आते-जाते, कई दफ़ा दिन में दो चक्कर लग जाते, मैं बेतहाशा थक जाता था और मेरी हड्डियाँ जवाब देने लगती थीं। एक बार फिर सम्पत के वकील भाई की सहायता से मैंने ठेकेदार बदलने का काम किया और कार्य को पूरा कराया।

निर्माण आरम्भ करने के पाँच वर्ष बाद मकान रहने के योग्य हुआ। मेरे अलावा परिवार के अन्य सदस्य काफ़ी समय बाद रहने आये, क्योंकि उनके स्कूल, दफ़्तर और पड़ोसी वगैरह, यहाँ से बहुत दूर थे। इसलिए मैंने यादवगिरी के इस मकान को लिखने की स्थली ही रखने का फैसला किया। मैं स्वयं दोनों स्थानों पर आता-जाता रहता और एक जगह परिवार के साथ होने का सुख भोगता और दूसरे में अपनी किताबों और कागज़ों का साथ लेता।

मैंने अपने काम का कमरा छोटा ही बनाया–लेकिन काफ़ी खुला-खुला और चारों तरफ़ आठ खिड़कियाँ, जहाँ से सब कुछ दिखायी पड़ता था;

दक्षिण दिशा में चामुंडी हिल का मन्दिर, तरह-तरह की बुर्जियाँ, छज्जे और गुम्बद पूर्व की तरफ़, चारों दिशा में चरागाह जहाँ भेड़-बकरियाँ और गायें चरती दिखायी देती थीं, और पूर्व-पश्चिम के ढलाव पर रेल की पटरी। दूसरे कम्माउंड में एक पड़ोसी था और पश्चिम की तरफ़ उठती हुई ज़मीन पर आधा मील दूर एक पड़ोसी का निशान—जहाँ कभी-कभी खिड़की पर रोशनी दिखायी देती थी। निस्तब्ध शामों को कभी-कभी तित्तरी की चीख सुनायी देती थी और फ्रंगीपानी पेड़ पर बहुत से चहकते पक्षियों की आवाज़ें। अद्भुत शान्ति का वातावरण था चारों ओर, जो मुझे कॉलेज के समय प्राप्त होता था, लेकिन यह लेखन के अनुकूल नहीं था। मैं घंटों इस अपार शान्ति का सुख भोगने में बिता देता और लिखने तथा सोचने-विचारने का कार्य एकदम नहीं हो पाता था। अन्त में मैंने एक बड़ी-सी खिड़की पर एक पर्दा खींच दिया, जिसके कारण बाहर का सौन्दर्य मुझे दिखायी देना बन्द हो गया—और यहाँ रहने के दौरान मैंने दो उपन्यास तथा कुछ कहानियाँ लिखकर पूरी कीं।

14

फ़रवरी 1956 में मेरी बेटी ने अपने कज़िन चन्दू से विवाह कर लिया। मकान बनवाने के साथ ही मैं इतना पैसा बचाता जा रहा था कि गाने-बजाने, खाने-पीने और जगमगाती रोशनी के बीच उसका विवाह कर सकूँ, जिसमें सारे दक्षिण भारत से अतिथि आये थे और उनका मनोरंजन किया गया और यह सब काम मैंने शास्त्रों में वर्णित रीतियों के अनुसार ही सम्पन्न किया था।

मेरी बेटी अपना सामान समेटकर पति के साथ रहने चली गयी, तो पहले तो मुझे बहुत अटपटा महसूस हुआ। पिता के रूप में सारा जीवन मैंने उसकी पूरी देखभाल की थी, इसलिए अब मुझे लगा कि मैं बिलकुल बेकार हो गया हूँ, लेकिन शीघ्र ही मुझे श्वसुर होने का सुख भी प्राप्त होने लगा। दोनों मुझे नियमित रूप से पत्र लिखते थे, जिनसे उनका भरोसा तथा भविष्य में उन्नति का विश्वास व्यक्त होता था। मैं प्रसन्न था कि वे बहुत सुखी हैं।

राकफ़ेलर फाउंडेशन के लिए यह सही क्षण था, जब उन्होंने मुझे यात्रा के लिए ग्रांट देने की पेशकश की। मैंने प्रस्ताव स्वीकार कर लिया और अगले कई हफ़्ते कुछ नये तरह के काम करने में व्यस्त हो गया—जैसे पासपोर्ट बनवाना, टीका लगवाना, बैंक परमिट प्राप्त करना, तरह-तरह के फ़ार्म भरना—बार-बार अपना 'पूरा नाम', 'पिताजी का नाम', 'जन्म-तिथि,' इत्यादि लिखना—और अन्त में मैं मैसूर, मद्रास और कोयम्बटूर के तिकोने

घेरे से निकलने में सफल हुआ और अक्टूबर 1956 में अमेरिका के लिए रवाना हो गया।

इस समय मैं एक नये विषय पर उपन्यास लिखने के बारे में सोच रहा था: एक ऐसा आदमी जिसे ज़बरदस्ती सन्त बनना स्वीकार करना पड़ता है। मैसूर की एक पिछले दिनों गुज़री स्थिति ने इसके लिए कहानी का विषय दे दिया। यहाँ भयंकर सूखा पड़ा था जिससे न केवल सब नदियाँ सूख गयी थीं, बल्कि 'कृष्ण राज सागर', जो अनेक जलधाराओं का जनक था, जिनसे हज़ारों एकड़ ज़मीन की सिंचाई होती थी, वह भी सूख गया था और इसका डेढ़ सौ फीट गहरा तल आसमान के नीचे खुलकर सामने आ गया, जिसमें एक प्राचीन मन्दिर प्रकट हुआ, और नारियल के बड़े-बड़े टुकड़ों के साथ घड़ियालों के खुश्क हुए शव निकले। हार कर म्युनिसिपल कॉरपोरेशन ने वर्षा के लिए सार्वजनिक प्रार्थना का आयोजन किया, ब्राह्मणों का एक दल घुटनों भर पानी में खड़े होकर–जो भारी मूल्य देकर प्राप्त किया गया था–ग्यारह दिन तक निरन्तर मन्त्र-जाप और प्रार्थनाएँ करता रहा। बारहवें दिन वर्षा आरम्भ हुई और जनता को जल प्राप्त हुआ।

दि गाइड उपन्यास का आरम्भ यहीं से होता है। अमेरिका की यात्रा के दौरान यह विचार मेरे मन में पनपता रहा। बर्कले में मैं तीन महीने ठहरा, एक होटल में कमरा लिया और उपन्यास लिख डाला। उस समय मैंने जो डायरी रखी, उसका कुछ हिस्सा यहाँ प्रस्तुत करता हूँ :

बर्कले :

सारा दिन घर की तलाश करता रहा, क्योंकि मैंने तय कर लिया है कि पालो आल्टो में न रहकर बर्कले में रहकर उपन्यास लिखूँगा। *बर्कले गज़ेटियर* में विज्ञापन देखता, लोगों से सुनी हुई बातों के अनुसार कि अमुक जगह पर मकान उपलब्ध है। वहाँ के चक्कर लगाता, एड हार्पर की सहायता से यूनिवर्सिटी के निवास केन्द्र में जाकर पता लगाता, और एक मिसेज़ कीहो से कहकर उनसे तलाश करवाता–मुझे यह सन्देह होता

रहा कि यह नाम कहीं 'की होल' (चाबी का छेद) का बिगड़ा हुआ रूप तो नहीं है। ''यहाँ एक सज्जन हैं जिन्हें लिखने के लिए कमरा चाहिए, जिसमें किचन की सुविधा हो, स्नान-गृह हो...इत्यादि।'' वे टेलीफ़ोन पर यह सूचना हर एक को देती रहीं और अन्त में हमारी सूची तैयार हो गयी और हम देखने निकले, लेकिन इनमें से कोई उपयुक्त नहीं प्रतीत हुआ। कैम्पस में टेलीग्राफ़ के पास एक बुक स्टोर में घूमते हुए मैं ऊपर देखता हूँ तो वहाँ 'होटल कार्लटन' का बोर्ड लगा था, जिसे मैंने अब तक नहीं देखा था। मैं भीतर जाता हूँ और कैप्लान से मिलता हूँ, जो मैनेजर है, जो बहुत सहायक सिद्ध होता है और अनेक सुझाव भी देता है—वह मुझे कमरा देने को तैयार है जिसमें हॉट प्लेट पर मैं खाना बना सकता हूँ, रोज़ कमरा साफ़ कराया जायेगा, अलग बिस्तर और पढ़ने का स्थान, हर तरह से आदर्श, मेरे लिए सर्वोत्तम होटल। महीने का किराया पिचहत्तर डॉलर।

दूसरे दिन मैं अपने सात डॉलर प्रतिदिन वाले होटल को दो बजे दोपहर छोड़कर दो बजकर 5 मिनट पर नये होटल में दाखिल हो जाता हूँ। उसी रात बिजली की हॉट प्लेट, कटोरी, चावल, सब्ज़ियाँ खरीद लेता हूँ और शाम का खाना बनाने की कोशिश करता हूँ। बहुत अच्छा लग रहा है कि अब मुझे कैफेटेरिया में जाकर गाजर और टमाटर से पेट नहीं भरना पड़ेगा।

पहली दफ़ा मुझे ऐसी जगह रहने के लिए मिली है जहाँ अपना सामान, कभी भी छोड़ने के लिए बँधी स्थिति में नहीं रखना पड़ेगा। अब मैं अपना काम आराम से कर सकूँगा। यह जगह मुझे बहुत जँच गयी है, पड़ोस में ही सब कुछ है, दो सिनेमा घर, तीन-चार किराने की दुकानें, और ज़रूरत की और चीज़ों की बहुत-सी दुकानें। मैं बाहर जाकर जो चाहे खरीदकर ला सकता हूँ, सामने खड़े घंटाघर में समय पता चलता है, उसकी आवाज़ कितनी मधुर है।

कुछ लिखने को नहीं है, सब कुछ वैसा ही चल रहा है। मेरा लिखना शुरू हो गया है—डेढ़ से दो हज़ार शब्द तक रोज़ लिख लेता हूँ। मेरे दिमाग में सारा प्लॉट साफ़ है, सिवाय छोटी-मोटी बातों के जो यहाँ-वहाँ भरनी

हों, सिर्फ़ उनका लिखना बाकी है, कभी-कभी जब मुझे लगता है कि मैं वक्त बर्बाद कर रहा हूँ, मैं कैप्लान की मेज़ के सामने जाकर कहता हूँ, ''अगले कुछ सप्ताह मैं अपनी किताब में बहुत बिज़ी रहूँगा।'' जिससे मेरी आत्मा को शान्ति मिलती है। इन परिस्थितियों में उद्देश्य का पुनर्कथन सहायक होगा। ग्राहम ग्रीन को लन्दन में जब कहानी सुनायी, तो उन्हें पसन्द आयी थी। मैं स्वयं यह निश्चय नहीं कर पा रहा था कि हीरो को अन्त में जीवित रखूँगा या मृत्यु दे दूँ, लेकिन ग्रीन का यही मत था कि मृत्यु ही सही रहेगी। इसलिए अब मेरे सामने समस्या है, एक आदमी की जो जन्म और वृद्धि से पहले ही मृत मान लिया गया है और मुझे अपनी कहानी इसी दिशा में ले जानी है। यह मेरे मन-मस्तिष्क को घेरे हुए है। मैं मन-ही-मन कुछ गणना करता हूँ : प्रतिदिन एक हज़ार शब्द लिखूँ तो फरवरी में पहला ड्राफ्ट तैयार हो जायेगा। अपना काम आसान करने के लिए मैं एक टाइपराइटर किराये पर ले लेता हूँ। तीन दिन टिप-टिप करने के बाद मैं इससे परेशान हो जाता हूँ और सोफ़े पर लेट जाता हूँ फिर हाथ से लिखने लगता हूँ। मैं जो भी तरीका इस्तेमाल करूँ, जब तक मैं दिन में दो हज़ार शब्द न लिख लूँ, मेरा मन सन्तुष्ट नहीं होता, नाश्ते और लन्च के बीच में मैं दो सौ शब्द लिख पाता हूँ, और जब तक स्टोव पर चावल पकता रहता है, दो सौ शब्द और लिख लेता हूँ, लन्च के बाद छह बजे तक, बीच-बीच में चिट्ठियाँ पढ़ने और उनके जवाब लिखने या पहाड़ी की पगडंडी पर टहलने और मिलने-जुलने वालों से बात करने की बाधाओं के साथ लिखता ही रहता हूँ।

उपन्यास का आखिरी वाक्य लिखने के बाद मैं हफ़्ता भर बर्कले में इधर-उधर घूमूँगा, फिर आगे की यात्रा पर निकल पड़ूँगा। मैं इस भ्रम में जीता रहा हूँ कि मैं बर्कले कभी नहीं छोड़ूँगा, और मेरे दुनिया भर के मित्र यहाँ इकट्ठे हो गये हैं। बर्कले के दिन लिखने, सोचने और घूमने, पहाड़ों की सैर करने और मित्रों से मिलने के दिन थे। इसलिए जब मुझे वापस लौटने की तैयारी करनी थी तो मुझे बुरा लगा। सादरगेट, बुक शॉप पर नज़र डाले बिना, टॉवर की घड़ी की आवाज़ सुने बिना, नीचे फैली सड़क पर

तेज़ी से आते-जाते लड़के-लड़कियों को देखे बिना, किराना, लॉण्ड्री और एंटीक, की दुकान वगैरह के बिना मैं कैसे रह पाऊँगा? यहाँ के संगीतमय नाम—ड्वाइट वे, चार्मिंग, एक्टन, प्रॉस्पेक्ट, पीडमौंट, शास्ता, ओलिम्पस, सैक्रामेन्टो—इनको मैं कितना मिस करूँगा—और इन बीसियों दोस्तों को जो वहाँ मेरे साथ जुड़ गये हैं, मिस करूँगा। टेलीफ़ोन पर लायला की आवाज़ को मैं कितना मिस करूँगा, सूरज चमकता तो फौरन उसका फ़ोन आता और वह कहती, ''कितना खूबसूरत दिन है।''

इतवार को सारा दिन मैं सोमवार को लौटने की आरम्भिक योजना रद्द करने में लगा रहा। सोमवार का पूरा दिन बैंक की खिड़कियों पर, सामान भेजने वाली एजेन्सी और तारघर में बीता। शाम को देर से बिलिगिरी मिलने आया। जॉन यह पूछने आया कि क्या मैं कल आपको एयरपोर्ट तक पहुँचा दूँ—लेकिन विन्सेन्ट्स ने यह वादा कर दिया है। एड हार्पर केन्डीज़ का डिब्बा लेकर आया और भारतीय ढंग से, मुझे सूचना दी कि उसके बेटा हुआ है। सवेरे पागलों की तरह व्यस्त रहा क्योंकि मेरी पैकिंग अभी पूरी नहीं हुई थी। जॉन और आयरिन विन्सेन्ट मुझे एयरपोर्ट छोड़ने आ गये। डेस्क पर बैठा कैप्लान भावुक हो उठा है। जॉन विन्सेन्ट सारे रास्ते मेरा सामान लादे रहा, मेरे विरोध की परवाह नहीं की। सीमा के आखिरी इंच तक वे आये, और गुडबाय कहने से पहले फल और केन्डीज़ का थैला मुझे पकड़ाया।

15

दि गाइड को पर्याप्त लोकप्रियता प्राप्त हुई, जो, खुश करने के बावजूद, बहुत-से झंझटों को साथ लेकर आया और अन्त में त्रासदी साबित हुआ।

सितम्बर 1964 में, देवानन्द ने, जो बम्बई का फिल्म अभिनेता और निर्माता था, न्यूयॉर्क से मुझे पत्र लिखा और यादवगिरी में आकर मुझ से मिला, कि मैं इस पर फिल्म बनाना चाहता हूँ।

मेरे फाटक पर हस्ताक्षर लेने वालों की छोटी-सी भीड़ इकट्ठी हो गयी, और ड्राइंग रूम में, आवश्यक नमस्ते-नमस्ते करने के बाद उसने अपनी चेक बुक निकाली, पेन खोला, और चेक पर उसे टिकाकर *दि गाइड* के फिल्माधिकार की क़ीमत बताने के लिए मेरी ओर नज़र टिका दी। लगा कि जो मैं कहूँगा, लिख देगा। इससे मैं चकित रह गया। इस अचानक लाभ से मेरी विचार-प्रक्रिया लकवा मार गयी। मैंने उसका हाथ नीचे कर दिया और फिल्म के चलने पर उसकी आमदनी से बहुत कम प्रतिशत रॉयल्टी के अलावा मामूली एडवांस के साथ अनुबन्ध स्वीकार कर लिया।

मैंने गर्व से घोषणा की, ''तुम्हारी फिल्म के साथ उठूँगा या गिरूँगा। बेजा लाभ नहीं उठाऊँगा।''

उसने कहा, ''आपके उदार सहयोग से हम ज़रूर आगे बढ़ेंगे, सारा आकाश हमारी सीमा होगी।''

जैसे-जैसे हम आगे बढ़े, यह आकाश नीचा ही होता चला गया, और जब लाभ से हिस्सा प्राप्त करने का समय आया, आप इसमें छाते से छेद कर सकते थे। अन्त में मुझे बताया गया कि 'दि गाइड' फिल्म से कोई लाभ नहीं हुआ है।

उन्होंने मुझे लिखा, 'हम आपको विश्वास दिलाना चाहते हैं कि जब भी कुछ लाभ होगा, आपका हिस्सा बिना कहे आपके पास पहुँच जायेगा।'

इस बात को सात साल हो चुके हैं। फिल्म में उनके एक करोड़ रुपये लगने का अनुमान था, लेकिन इसका ज्यादातर हिस्सा उन्होंने अपने ऊपर खर्च किया, मोटे-मोटे वेतन और निर्माण के समय आलीशान होटलों में रहना और शाही ढंग से खाना-पीना। कभी-कभी मुझे फ़िजूल-सी मीटिंगों में सलाह करने बुला लेते, या प्रेस से मिलवा देते जहाँ वे अपने अतिथियों को शराब पिलाकर बड़ी-बड़ी बातें करते और घोषणाएँ करते।

एक दफ़ा मुझे लॉर्ड माउंटबेटन के साथ गवर्नमेंट हाउस में भोजन करने के लिए बम्बई बुलाया गया कि मैं उन्हें लन्दन में फिल्म के वर्ल्ड प्रीमियर पर क्वीन एलिज़ाबेथ की उपस्थिति के लिए राज़ी करूँ। मुझे एयरपोर्ट से सीधे गवर्नमेंट हाउस के बैंक्वेट हॉल ले जाया गया। यह विलक्षण प्रस्ताव था–जो शायद (स्व.) पर्ल बक की कल्पना की उपज था, जो फिल्म के निर्माण में देवानन्द की भागीदार थीं। शाही बैंक्वेट समाप्त होने के बाद, हमारी मेजबान, जो बम्बई की गवर्नर थीं, फिल्म की यूनिट के लोगों को कुशलतापूर्वक अतिथियों से अलग करके हिज़ लॉर्डशिप की तरफ़ ले गयीं, जो बगल के एक वरांडे में बैठे हुए थे। हम अपनी पंक्तियाँ बोलने के लिए तैयार थे। लॉर्ड माउंटबेटन अचानक पूछ बैठे, '' 'दि गाइड' की कहानी क्या है?'' पर्ल बक ने बताना शुरू किया लेकिन वे ज्यादा नहीं बता सकीं। ''एक आदमी था, राजू नाम का–वह गाइड था।''

''कैसा गाइड?'' हिज़ लॉर्डशिप ने गहरी आवाज़ में पूछा।

इससे उनका विवरण रुक गया। उन्होंने मेरी तरफ़ देखकर कहा,

''नारायण, तुम बताओ।''

लेकिन मैं बोलना नहीं चाहता था। मैंने अस्सी हज़ार शब्दों में कहानी लिखी थी, अब मैं इसके झमेले में नहीं पड़ना चाहता था। प्रेस घोषणाओं में कहा गया था कि पर्ल बक ने स्क्रीन प्ले लिखा है, और कहा जा रहा था कि उन्हें पच्चीस या दो लाख डॉलर एडवांस में दिये गये हैं, और अब मैं उनकी मदद नहीं करना चाहता था। उन्होंने दयनीय भाव से मेरी तरफ़ देखा, और दूसरों ने भी मुझे बोलने के लिए प्रेरित किया। मैं अकड़कर बैठा रहा। पर्ल बक ने आगे कहा, ''और थी रोज़ी-एक नर्तकी।''

''अच्छा,'' लॉर्ड चौंके, ''यह कौन है? इसके साथ क्या हुआ?'' उन्होंने रुचि लेते हुए पूछा, जिससे पर्ल बक का तार फिर टूट गया। मैं कहना चाहता हूँ कि उनकी परेशानी मुझे अच्छी लग रही थी और उन्होंने ज्यों-त्यों करके उल्टी-सीधी कहानी सुनाकर खत्म की। अन्य अतिथि दूर-दूर से उठकर हमारे दल में शामिल होने लगे। ''बड़ी मज़ेदार है, मुझे मानना पड़ेगा,'' लॉर्ड माउंटबेटन ने अन्त में कहा। फिर वे अपने सहायक की ओर मुड़कर बोले, "विलियम जब हम लन्दन जायें तो मुझे याद दिलाना। पता नहीं, क्वीन के पास समय होगा या नहीं। फिर भी, मैं कर सका, तो करूँगा।'' जिस आदमी ने वायसराय के रूप में 1947 में ब्रिटेन से सत्ता लेकर भारतीयों को सौंपी थी, अब 'दि गाइड' के प्रचार में सहायक होने जा रहा था–कितनी अजब बात थी। लेकिन इस प्रस्ताव के बारे में फिर कभी कुछ नहीं सुना गया।

~

अमेरिकी डायरेक्टर ने अचानक एक सीन की माँग की, जिसमें दो चीते एक हिरन के लिए आपस में लड़ते हैं और एक-दूसरे को मार डालते हैं। निर्माता भुनभुनाया कि यह व्यावहारिक नहीं है और खर्चीला भी बहुत है। लेकिन डायरेक्टर ने, जो कला के लिए अपने को एलिया कज़ान की परम्परा में मानता था, स्पष्ट किया, ''लेकिन यह प्रतीकात्मक ही होगा। इसके अलावा, फिल्म रंगीन होने के कारण खून का लाल रंग स्क्रीन पर

फैलेगा तो लोग उसका ज़बरदस्त नोटिस लेंगे और फिर आकाश की तो कोई सीमा नहीं है।'' उपमा देव आनन्द को प्रभावित कर गयी और उसने प्रस्ताव स्वीकार कर लिया, और मद्रास में चीतों की लड़ाई फिल्माई गयी। परन्तु सम्पादन के बाद स्क्रीन पर यह दृश्य आधे सेकिंड का रह गया, हालाँकि इसके साथ शेरों की गर्जनाएँ आसमान को फाड़े दे रही थीं।

आरम्भ में, काम शुरू करने से पहले, उन्होंने मुझसे सहायता करने की मिन्नतें कीं और मैं पूरा एक दिन उन्हें मैसूर का चप्पा-चप्पा दिखाता फिरा, नदी का किनारा, जंगल, गाँव, लोगों की भीड़, ग्रेनाइट की सीढ़ियाँ और एक प्राचीन मन्दिर के खंडहर, जो सब मिलाकर मेरी कहानी की मालगुडी का निर्माण करते थे, जिसे देखकर वे यह वादा करके चले गये कि शूटिंग के लिए पूरा दस्ता लेकर आयेंगे, लेकिन फिर वापस नहीं लौटे। बाद में मुझे पता चला कि उन्होंने मैसूर छोड़कर जयपुर का चुनाव कर लिया और कुछ सीन शूट भी कर लिये—मालगुडी से यह जगह इतनी दूर थी, जैसे आइसलैंड है। जब मैंने एतराज़ किया, तो उन्होंने उल्टा सवाल कर दिया, 'मालगुडी क्या है, कहाँ है? ऐसी कोई जगह नहीं है। इस क्षण से इसका नाम मत लेना। बड़ी स्क्रीन के लिए और रंग के लिए जयपुर ज़्यादा अच्छी जगह है—हम अपने साधन ज़ाया तो नहीं कर सकते।''

मालगुडी का बहिष्कार करके उन्होंने वातावरण तथा मानवीय चरित्र में मेरे मूल्यों का भी त्याग कर दिया। मेरे चरित्र बहुत सीधे और सहज हैं और उन्हें खुली आँख से देखा जा सकता है; उनकी स्पष्ट रूपरेखा है, उन पर शहरी तीव्रगति, आकार और गति का प्रभाव नहीं पड़ता। मैं चाहता था कि मेरी नर्तकी हीरोइन सामान्य अभिनेत्री से ज़्यादा महत्त्व की हो, लेकिन फिल्म की हीरोइन राष्ट्रीय महत्त्व की अभिनेत्री बन गयी, जिसके प्रतिदिन के कार्यक्रम बोइंग 707 से सैंकड़ों मील इधर-उधर घूमने के बनने लगे, जो प्रशंसकों की डायरियों पर दस्तखत करती, फोटोग्राफरों से फोटो खिंचवाती, पंचतारा होटलों में ठहरती और नियोन की रोशनी से चमकते शाही थियेटरों में नृत्य करती। उन्होंने उसे वी.आई.पी. बना दिया, जिसके कारण अपने मरते हुए प्रेमी से मिलने के लिए उसे हवाई जहाज़ और

जीप से जाना पड़ा–जो व्यवस्था दिल्ली के सुरक्षा विभाग द्वारा की गयी। जिससे मृत्यु का दृश्य भी नयनाभिराम हो गया। सबसे बुरा दृश्य अन्तिम था, जिसमें शवदाह और शोक संगीत को बेइन्तहा खींचा गया है, जो ग्यारह धनदाताओं के आग्रह पर ऊपर से जोड़ा गया था–जो अपनी गोद में पैसों के थैले दबाये बैठे रहे कि जब तक शोक का दृश्य उनके सन्तोष योग्य नहीं होगा, तब तक वे अपनी थैलियाँ बन्द रखेंगे।

इसके बाद *दि गाइड* के एक नाट्य रूपान्तरण से मुझे शिकायत हुई, जो मेरे एक मित्र हार्वे ब्रेट ने किया था, जो किसी समय *न्यूयॉर्क टाइम्स* का साहित्य सम्पादक रह चुका था। यह मेरी रचना से इतना भिन्न था कि मैंने उसे मंच पर खेलने की अनुमति वापस ले ली। जैसे, उसके नाटक में हीरोइन ही एकदम गायब थी। इसकी जगह उसने दो निरर्थक चरित्र इसमें डाल दिये थे। इसके अलावा उसका हीरो मंच पर घूमकर पेशाब करने लगता था। इससे हमारी मित्रता में इतनी खटास आ गयी कि हमारी बातचीत वकीलों के ही माध्यम से होती थी। 1965 में एक दिन सवेरे वकील ने न्यूयॉर्क के चेलसी होटल में मुझे फ़ोन किया–‘‘आर.के. सुनो! अगर तुम्हें यहाँ कोई विशेष काम नहीं है, तो न्यूयॉर्क तुरन्त छोड़ दो। इससे भी अच्छा होगा कि देश ही छोड़ दो। हार्वे ब्रेट तुम्हारे ऊपर मुकदमा कर रहा है। मैंने उसके वकील से कहा है कि मुझे तुम्हारे बारे में कुछ पता नहीं है। ये तुम्हें चेलसी में ढूँढ लें, उससे पहले तुम निकल जाओ। हाँ, फौरन, अभी। अगर तुम दिख जाते हो और समन देने वाला तुम्हारे सामने नोटिस डालकर चला जाता है, तो तुम बँध जाओगे। अगर समन का पालन नहीं करोगे तो कानून की अवहेलना के मामले में फँस जाओगे। जिससे परेशानी होगी। तुम छह महीने या साल भर तक देश नहीं छोड़ पाओगे।’’

यह भयंकर सम्भावना थी। मैं न्यूयॉर्क छह महीने रहकर अदालत का खर्चा केसे सँभाल पाऊँगा। घंटे भर में मैंने अपना सामान बाँधा, टैक्सी में सवार होकर सारे न्यूयॉर्क का चक्कर काटता रहा–जो दुनिया में खो जाने का सबसे अच्छा ढंग है–और विदेश विभाग के अपने मित्र नटवर सिंह की सहायता से उन्हें धन्यवाद!–दूतावास में शरण लेने जा पहुँचा, और

शाम को वहाँ से एयरपोर्ट रवाना हो गया। मैं अपराधी की तरह भागता रहा, डाकुओं के दल के एक सदस्य की तरह। जब तक विमान उड़ने नहीं लगा, मैं डरता रहा कि कहीं आखिरी क्षणों में उसे रोक न लिया जाये। इसके दो हफ़्ते बाद, समन मुझे सादे लिफ़ाफ़े में बन्द कोयम्बटूर में मिला। अन्त में मुकदमा हुआ और निर्णय मेरे पक्ष में रहा।

लेकिन मामला यहाँ खत्म नहीं हुआ। हार्वे ब्रेट अच्छा दोस्त था और उसे इस तरह छोड़ा नहीं जा सकता था। उसने मुझसे फिर सम्पर्क किया और स्क्रिप्ट पर फिर काम शुरू किया, इस वादे के साथ कि एक-एक लाइन मुझे दिखायेगा और मेरी बात मानेगा। मार्च 1968 में 'दि गाइड' का मंचन आरम्भ हुआ और एक हफ़्ते से कम में बन्द हो गया। मैं सूटकेस पैक करके जाने की तैयारी कर ही रहा था–जिसमें मेरे तीन लाख या ज़्यादा डॉलर खर्च हो जाते। हार्वे का मुझसे सम्पर्क खत्म हो गया। एक सप्ताह बाद मुझे पता चला कि वह गिर कर मर गया। उसे दिल का दौरा पड़ा, अपने छठवीं मंज़िल के फ्लैट पर चढ़ते हुए।

16

अपनी ग़ैर-साहित्यिक रुचियों में, मुझे 'आराम कुर्सी' 'खेती' सबसे ज़्यादा प्रिय रही है। मैं अखबारों से गाँवों के समाचार काटकर इकट्ठा करता रहा हूँ और रेडियो पर फार्म प्रोग्राम देखना पसन्द करता हूँ। मैं जानता हूँ कि झाड़-झंखाड़ और कीड़े-मकोड़े कैसे खत्म किये जायें, गमलों में चावल कैसे उगाया जाये, मिट्टी के बिना टमाटर कैसे पैदा किये जायें, और इन विशेष कार्यों के लिए क्या और कैसी खाद दी जाये। मैं एक व्यावहारिक बागवान की यह कहानियाँ बड़े ध्यान से सुनता हूँ और उसकी प्रशंसा भी करता हूँ कि कैसे एक एकड़ ज़मीन में चमेली या क्राइसेंथिमम के लाखों फूल उगाता है और उन्हें हवाई जहाज़ से विदेशों में बिकने भेजता है। मैंने उस पर कभी अविश्वास नहीं किया।

मैं कभी-कभी सोचता हूँ कि अगर मेरे पास ज़मीन होती, तो मैं तड़के पाँच बजे घर से निकल जाता, और चिड़ियों की चहचहाहट सुनता ज़मीन में फावड़ा चलाता, गोड़ता, बोता, सफ़ाई करता, और फसल उगाता। धरती की खुशबू और खेत-खलिहान की ज़िन्दगी मुझे बड़ा सुकून देती। शाम का समय मैं अपने बगीचे में व्यतीत करता डूबते सूरज की झलक देखकर मैं आराम करता और इस तरह प्रकृति के चक्र के अनुसार, व्यवसाय और भाग-दौड़ से एकदम मुक्त जीवन बिताता—यह शायद थोरो के *वाल्डेन* और इस तरह का अन्य साहित्य पढ़ने का असर था।

धरती के प्रति इतना लगाव होने का परिणाम यह हुआ कि मैंने दो

साल पहले बंगलोर में एक एकड़ ज़मीन खरीदी, जो मेरे निवास से करीब सौ मील दूर है। शहर से बाहर होते हुए भी यह म्युनिसिपल सीमा के अन्तर्गत थी, बंगलोर से मैसूर जाने वाली सड़क के बगल में। यह एक पहाड़ी का टुकड़ा थी, और मेरी ज़मीन में एक छोटा-सा पहाड़ पूरा का पूरा, उत्तरी सीमा पर था। ऊपर से भरी ज़मीन ढलान पर नीचे उतरते हुए सतह पर समान हो जाती थी। जगह इतनी काफ़ी थी कि मैं एक कॉटेज तथा बड़ा वरांडा बनाने की सोच सकता था। जिसमें वरांडा ही मुख्य होता, और छोटी-सी पहाड़ी की एक दिशा ऊपर से नीचे तक कॉटेज, गैराज और बेसमेंट को सँभाल लेता और दृश्य भी प्रदान करता। इसका नक्शा तैयार करने के लिये अच्छा वास्तुकार ढूँढना होगा। बगल में छोटा-सा गाँव था जिसमें सौ घर रहे होंगे, और सबसे बड़ा दो मंज़िला मुखिया का था। मुझे सबसे पहले इसी से सम्पर्क करना पड़ा, क्योंकि मेरी ज़मीन पर खाद के ढेर पड़े थे–जो उसी के थे और मक्का के बीज बिखरे हुए थे। इससे मुझे परेशानी हुई। मुझे उसके साथ कूटनीतिक ढंग से बात करनी थी कि किस प्रकार यह ज़मीन अब मेरी हो गयी है और किस प्रकार मैं उसका पड़ोसी होने से स्वयं को भाग्यशाली महसूस कर रहा हूँ। मैंने ध्यान रखा कि ज़्यादा आक्रामक न बनूँ, क्योंकि ज़मीन के झगड़े इसी तरह आरम्भ होते हैं और इनके कारण ज़मीन में कुछ उगाने का समय ही नहीं मिल पाता।

मुखिया ने वादा किया कि वह कुछ समय में खाद हटवा देगा, और सफ़ाई दी कि 'लड़के' बेध्यानी में यह कार्य करते रहते हैं। मैंने भी उससे वादा किया कि चट्टान की चोटी पर मैं मन्दिर बनवा दूँगा, और गाँव के बच्चों को इकट्ठा कर उन्हें पढ़ना-लिखना सिखाऊँगा और आधुनिक जीवन की जानकारी भी देता रहूँगा। यह कहते हुए मुझे एहसास हुआ कि मेरे जीवन को एक उद्देश्य मिल गया है। यदि हरेक आदमी, जो पढ़ा-लिखा है, इस तरह बच्चों को इकट्ठा कर उन्हें शिक्षा प्रदान करे, देश के 50 करोड़ लोग पाँच साल में साक्षर हो जायेंगे, जो एक बड़ी क्रान्ति होगी। जहाँ तक मेरा सवाल है, मेरे पास तो इतना समय भी नहीं बचा है, कि ऐसा कोई काम उठा सकूँ।

मैं मैसूर में रहता था, और एक खेती के विशेषज्ञ को जगह की साफ़-सफ़ाई करवाने की ज़िम्मेदारी देकर, जिससे वहाँ खेती की जा सके, शहर आ गया और बीच-बीच में जाकर खुद भी देखभाल करने लगा। यह आदमी बहुत व्यावहारिक था, और मिट्टी, बीज तथा मौसम के बारे में बहुत कुछ जानता था। उसने खेती शुरू करवा दी और कुछ ही समय में मक्का के चार फुट ऊँचे पौधे लहलहाने लगे। मुझे यह दृश्य बहुत अच्छा लगा, लेकिन वहाँ से लोग गुज़रते भी थे। एक पुरानी पगडंडी उसके बीच से गुज़रती थी, जो सड़क को भीतर के गाँवों से जोड़ती थी, और न जाने कब से उसका उपयोग किया जा रहा था। मैंने ज़मीन के चारों तरफ़ ग्रेनाइट के खम्भे लगवाकर उस पर तार खिंचवाकर बाउंड्री बना दी थी, लेकिन आने-जाने वालों पर उससे कोई फ़र्क नहीं पड़ा, उन्होंने दो खम्भे उखाड़ दिये और उस पर लगे तार नीचे दबा कर रास्ता बना लिया था–इस तरह पुराना रास्ता फिर चालू हो गया। मेरे खेती-विशेषज्ञ ने सफ़ाई दी और समझाया, कि ये राहगीर नहीं हैं, ये यहीं के ग्रामीण किसान हैं, जो हमेशा यहाँ से निकलते हैं।

उसने कहा, ''ये कुछ नुकसान नहीं पहुँचायेंगे।''

''हमें इनके दाने निकलते हुए भी देखने हैं।'' मैंने सन्देह करते हुए कहा। मुझे अपनी फ़सल के ऊपर यह सब अच्छा नहीं लग रहा था।

उसने कहा, ''हम धीरे-धीरे यह सब कर लेंगे, नहीं तो ये लोग हमारे खिलाफ़ हो जायेंगे। मुझे भी यह लगने लगा कि यहाँ गड़बड़ करने वाला मैं हूँ, ये नहीं। यहाँ से आवागमन पहले से निश्चित था और इसे रोकने के लिये कानून भी मेरी सहायता नहीं करेगा। यहाँ पहुँचने के लिए मुझे भी किसी दूसरे की ज़मीन पार करके आना पड़ता था। जिस आदमी की खाद मेरी ज़मीन पर पड़ी थी, वह मेरी ज़मीन के चारों तरफ़ की सारी ज़मीन का मालिक था, और वह जब चाहे मेरा आना-जाना बन्द कर सकता था। मेरी कार आधा मील दूर एक पथरीले रास्ते पर खड़ी होती थी, और वहाँ से मुझे उसकी ज़मीन पर पैदल चलकर यहाँ आना पड़ता

था। इसलिये अगर वह चाहता, तो जब चाहे मेरा आना-जाना रोक सकता था। इन छोटी-छोटी बातों से मेरी परेशानी बढ़ती जा रही थी।

इसके अलावा खेती के अर्थशास्त्र ने पहले तो मेरा दिमाग ही चकरा दिया। इस दुनिया में आपका खर्च तो ज़्यादा होता, लेकिन जो प्राप्त होता, उसकी कीमत उससे बहुत कम होती थी, और आप यह खुशी से स्वीकार करते थे। मुझे यह ज्ञान तब प्राप्त हुआ जब फसल की कटाई के बाद पैदावार मेरे सामने लाई गयी। एक बार जब मैं गया, एक बोरी मुझे पेश की गयी, और कार के पिछले हिस्से में रख दी गयी–इसके आधे हिस्से में मक्का अच्छी तरह साफ़ करके रख दी गयी थी। मैसूर पहुँचकर जब मैंने उसे गर्व से खोला, तो पाया कि इनकी कीमत रुपयों में पन्द्रह रही होगी। फिर जब इस पर हुए खर्चे का बिल मुझे भरना पड़ा, तो वह साढ़े चार सौ रुपये था। जब मैंने आदमी से पूछा तो उसने जवाब दिया–मज़दूरी, चौकीदार, ज़मीन पर काम–हम सारी एक एकड़ एक ही बार में तो तैयार नहीं कर सकते, काम तो धीरे-धीरे ही होगा, और यह तो विनिवेश है पूँजी का। बाद में फ़ायदा होना शुरू होगा।''

अगले साल भी यही कहानी दोहराई गयी। कुछ और वर्ग गज़ भूमि साफ़ करके बोयी गयी थी। इस बार भी पाँच सौ रुपये में उतना ही अनाज आया। तीसरे साल कुछ भी पैदा नहीं हुआ, क्योंकि बारिश नहीं हुई और पौधे मर गये। लेकिन ज़मीन की जुताई और गुड़ाई जारी रही, और खर्च तथा आमदनी को नज़रअन्दाज किया गया। मैं सोचने लगा कि बाज़ार से अपनी ज़रूरतों की चीज़ें खरीदना कहीं ज़्यादा सस्ता है और आसान है, लेकिन सोच का यह ढंग गलत और अमानवीय है। कृषि के कार्य आदान और प्रदान की भावना से किये जाने चाहिए, तरह-तरह की विरोधी शक्तियों से लड़ते हुए जैसे मज़दूरों की कमी, खराब मौसम और कीड़े-मकोड़ों का उपद्रव, और यह सब अहिंसा की भावना तथा मनुष्य की विजय के विश्वास से संचालित किये जाने चाहिए इस क्षेत्र में नगरों की गहमा-गहमी काम में नहीं आयेगी। मक्के की तरह कृषि को भी कई स्तरों से गुज़रता मानना चाहिए–पहले कच्चा दाना, फिर उसका पकना, और अन्त में झड़ जाना।

17

मैं इस अध्याय को अन्तिम बनाना चाहता हूँ—लेकिन आत्मकथा का कोई भी अध्याय अन्तिम कैसे हो सकता है? यह ज्यादा-से-ज्यादा अन्तिम से पहले का, हो सकता है; और इसको गोल-मोल करके अन्तिम रूप भी कैसे दिया जा सकता है, जैसा उपन्यास में किया जाता है। इस तरह की किताब का अन्त तो अचानक और जहाँ चाहें किया जा सकता है।

मैं कुछ समय तक वर्तमान काल का प्रयोग करना चाहूँगा, हालाँकि मैं जानता हूँ कि, अपना तत्कालीन अनुभव किसी साफ़-सुथरे और निश्चित ढाँचे में नहीं समेटा जा सकता, और इसका ढीला-ढाला तथा टुकड़े-टुकड़े विवरण ही दिया जा सकता है। भूतकाल, यहाँ तक कि अभी-अभी घटी घटनाएँ अपनी स्पष्ट सीमाओं में बँध जाती हैं, जबकि वर्तमान निरन्तर उबलता रहता है और चारों दिशाओं में बहता रहता है।

कई साल तक नज़रों से दूर रहने के बाद एक पुराना मित्र पिछले दिनों अचानक प्रकट हो गया। वह अर्थशास्त्र का विशेषज्ञ था, जिसने तीन दशक तक शैक्षणिक और व्यापारिक संस्थाओं में काम किया था। मुझे लगा, कि मेरा समवयस्क होते हुए भी वह ज्यादा बुढ़ा गया है। पचास की उम्र में भी वह बहुत जीवन्त और हँसमुख हुआ करता था। लेकिन अब वह कॉलेस्ट्राल, ब्लड-प्रेशर और डायबिटीज़ से ग्रस्त था। वह कुछ भी खाने-पीने से मना करता रहा। किसी डॉक्टर ने कभी उसको यह या

वह न करने के लिये नहीं कहा था, लेकिन बेवजह बहुत-सी मेडिकल जानकारी इकट्ठा करके उसने ख़ुद अपने ऊपर बहुत से बन्धन लगा लिये थे। उसने मुझसे पूछा कि मेरी सेहत कैसी रहती है। जब मैंने उससे बहुत हल्केपन से कहा कि अभी मैंने इसकी चिन्ता करना शुरू नहीं किया है, तो वह निराश हुआ लगा, और सोचने लगा होगा कि कॉलेस्ट्रोल वगैरह के अभाव में हमारे बीच बातचीत का कोई मुद्दा ही नहीं रह गया। मैंने बातचीत का विषय बदल दिया, लेकिन मैंने महसूस किया कि विषय कोई भी हो, चिन्ता करना उसे अच्छा लगता है। उसने कहा, ''तीस साल की सार्वजनिक सेवा के बाद, तुम क्या सोचते हो, मुझे मानसिक शान्ति की आवश्यकता नहीं है?''

''तो इसमें परेशानी क्या है?''

वह आश्चर्य से मेरी तरफ़ देखने लगा और बोला, ''पता नहीं–मैंने घर दोबारा बनवाया, जिससे बेटी और दामाद मेरे ही पास और आराम से रह सकें, लेकिन हर सवेरे जब मैं देखता हूँ कि लड़की अपने बच्चे को स्कूल भेजने के लिये परेशान करती रहती है, फिर होमवर्क कराती रहती है–यह सब देखकर तकलीफ़ होती है।'' फिर कुछ देर रुक कर वह सोचता रहा कि दूसरी परेशानी क्या बताऊँ, और बोला, ''और मेरी बीवी...उसकी ख़रीददारी की लगन। जब भी बाज़ार जाती है, घंटों बाद उसकी सूरत नज़र आती है। तब तक मैं कार में बैठा ऊँघता रहता हूँ। अगर मैं ड्राइवर रख लूँ तो वह तो गाड़ी बर्बाद कर देगा और आजकल अच्छे ड्राइवर मिलते ही कहाँ हैं?''

अपनी इस उम्र में, किसी समवयस्क से मिलना, शीशे में अपने को देखना है। वह चला गया, तो मैंने अपने से पूछा, ''मुझे भी मानसिक शान्ति चाहिए या नहीं? चाहिए तो कितनी, और अभी मेरे पास कितनी है?'' अगर मुझे चिन्ता करनी हो, तो सब बाहरी बातों की करनी होगी, जिनका मुझ से कोई सम्बन्ध नहीं होगा। मैं चिड़चिड़ाता हूँ तो म्युनिसिपेलिटी की कमियों के बारे में, जैसे सड़कों पर ज़रूरी रोशनी नहीं होती, तो मैं

अफ़सरों को टेलीफ़ोन करता हूँ और चिट्ठियाँ लिखने लगता हूँ। हर क्षण मुझे लगता है कि कोई-न-कोई समस्या है, जो इतनी गम्भीर है कि मुझे अखबारों को तीखे खत लिखने चाहिये–कि यह भ्रष्टाचार हो रहा है या इस काम में ढिलाई बरती जा रही है। मैंने अपने ऊपर एक असम्भव कार्य यह भी ले लिया है कि मैसूर के हज़ारों पेड़ों को कैसे बचाया जा सकता है, और बराबर अधिकारियों को लिखता और फ़ोन करता रहता हूँ कि इन्हें भेड़-बकरियों से और बदमाशों से बचाया जाये। मेरे घर के सामने खड़ा फ्रंगीपानी का पेड़ बड़ा और चौड़ा होता जा रहा है, और उसकी मुझे हमेशा चिन्ता बनी रहती है। अक्टूबर से शुरू होकर चार महीने तक इसके पत्ते झड़ते रहते हैं, और उनकी जगह हज़ारों पीले रंग के फूल खिलकर सारे वातावरण को हलकी सुगन्ध से महका देते हैं। पड़ोसी गाँवों से ढेरों पुरुष, स्त्री और बच्चे इकट्ठे होकर इन फूलों को चुनते हैं और पैलेस पोर्ट के छोटे-से मन्दिर में देवी को चढ़ाते हैं। मैं अपने तारों के भीतर खड़ा उन्हें कहता रहता हूँ, ''फूल ज़मीन से उठाना, डाली मत तोड़ना।'' अब मेरा एक कार्य यह भी है कि कूकनहल्ली तालाब को कैसे बचाया जाये, जो *डिवाइन म्यूज़िक* के दिनों में मेरे लिए बहुत महत्त्वपूर्ण था। तालाब की सतह बड़ी तेज़ी से घट रही है, क्योंकि जल की घास उसका पानी पीती चली जा रही है, लेकिन किसी को इसकी चिन्ता नहीं है।

सवेरे कॉफ़ी पीकर मैं वरांडे में कुर्सी पर बैठकर भाई से देश और दुनिया की चर्चा करता हूँ, सवेरे के अखबार की सुखियों पर एक नज़र डालता हूँ, जो सब तरह की–राजनीतिक, आर्थिक और दूसरी–परेशानियों से उस दिन की शुरुआत करती हैं। कई दफ़ा हम इन समस्याओं को हल करने के ढंग पर विचार करते हैं, या किसी पौराणिक कहानी का सहारा लेते हैं, जिसमें एक बलवान दैत्य ने धरती को अपने कन्धों पर उठा लिया था और उसे सृष्टि के एक विशाल समुद्र में ले जाकर छिपा दिया था। जिसके बाद भगवान विष्णु ने स्वयं अवतार लेकर धरती को जल से निकाला और इसी के साथ उस दैत्य का भी वध कर दिया। यानी आशा रखनी चाहिए, नहीं तो हम धीरे-धीरे जीवित बने रहने की समस्याओं को

ही भूलने लगेंगे–और हमारे क्रोटोन की झाड़ियों के बीच जो घुमावदार टीक का लट्ठा खड़ा है, जंगल का एक अजूबा, जिसमें कभी आये ज़बरदस्त तूफ़ान ने दो अगल-बगल खड़े टीक के वृक्षों को एक-दूसरे के आलिंगन में इस तरह जकड़ दिया होगा, कि वे इसके बाद इसी तरह बढ़ते रहे। उस पर उतरते पक्षियों को ही देखते रहेंगे। इस खम्भे के नीचे एक बर्तन में पानी रखा है, जिसमें ज़्यादातर पक्षी उड़ने से पहले डुबकी लगाते हैं, जब मैं यह घर बनवा रहा था, उस समय जो कठफोड़वे और अन्य पक्षी यहाँ थे, वे अभी भी हैं, या शायद ये उनके बच्चे होंगे, ये पिछवाड़े के पेड़ों में रहते हैं–जहाँ उस समय लगाये आम, कटहल वगैरह के जो बीज बोये थे, जिनके उगने की उम्मीद ही नहीं थी, और जो अब जंगल में तब्दील हो गये हैं।

~

मेरा खयाल है कि कागज़ों का जमा होना, किसी व्यक्ति के कैरियर का दृश्यमान प्रमाण होता है। मेरे चार दशक के लेखन में मेरे चारों ओर कागज़ों का एक पर्वत-सा खड़ा हो गया है–पांडुलिपियाँ पूरी या आधी लिखीं, चिट्ठियाँ, दस्तावेज़, फोटो, स्मारक पत्र, और इनके बारे में सोचकर मैं निराश हो उठता हूँ। इनके ढेर के ढेर मैं समय-समय पर जलाता रहता हूँ, जिनमें पांडुलिपियाँ भी होती हैं, लेकिन फिर भी एक बड़े ट्रंक में, जो पीछे रखा है और जिसमें मैं सब कुछ डालता रहता हूँ, चीज़ें इकट्ठी होती चली जाती हैं। मैं हमेशा सोचता रहता हूँ कि इन्हें एक बार ही नष्ट कर दूँ या संगठित कर दूँ–लेकिन अब इस समय मैं सोचता हूँ कि अब दूसरे ही इसका फैसला करेंगे। मेरे प्रकाशक मित्र, मार्शल बेस्ट, जब कई वर्ष पहले मैसूर आये, तो मैं एक ज़रूरी कागज़ ढूँढता रहा, जिसे वे देखते रहे। बाद में उन्होंने कहा कि मुझे सेक्रेटरी नहीं, सहायक पादरी चाहिए यह अच्छा विचार था।

मेरी ज़िन्दगी अब पूरी तरह मेरे काम के दायरे में बँध गयी है : किताबें, एजेन्ट, अनुबन्ध और परिचित तथा अपरिचित दोनों तरह के लोगों

को ढेर सारे पत्र लिखना, और इनके साथ, बार-बार यात्राएँ करना। लेकिन मेरी व्यक्तिगत ज़िन्दगी ज्यादा रोचक हो गयी है। हालाँकि मेरा पता मैसूर का ही है, मैं बहाने ढूँढ-ढूँढकर 120 मील गाड़ी चलाकर पहाड़ के रास्ते से अपनी बेटी के घर जाता रहता हूँ, और ज्यादा से ज्यादा दिन वहाँ रहता हूँ–वहाँ मेरे लिये एक अलग कमरा है जिसमें मैं सोता, पढ़ता या बिना किसी बाधा के लिखता रहता हूँ, और अपने नाती-नातिन के साथ खुश रहता हूँ। मेरी नातिन अब अपने को 'नातिन' कहलाना भी पसन्द नहीं करती। जब मैं *दि मैन ईटर ऑफ़ मालगुडी* लिख रहा था, वह मेरी कुर्सी पर मेरे साथ आराम से बैठ जाती और, जब तक मैं लिखता, अपनी गुड़िया से धीरे-धीरे बातें करती रहती; लेकिन इस समय वह हाई-स्कूल में पढ़ती थी और उसकी रुचि के विषय थे एनिड ब्लायटन की पुस्तकें, रेडियो पर फ़िल्म संगीत, और मालगुडी की कहानियाँ। कुछ महीने पहले उसने मालगुडी का एक मॉडल तैयार किया, छोटी-छोटी सड़कें और इमारतें, नवरात्रि के त्यौहार के समय, जो गुड़ियों से मनाया जाता है; अब वह मुझसे डिक्टेशन लेती है और मेरी चिट्ठियाँ टाइप करती है। मेरा नाती ग्यारह साल का है, *स्वामी एण्ड फ्रेन्ड्स* के स्वामी का हूबहू नमूना, जैसा मैं खुद भी था। नाती बहुत व्यस्त रहता है, स्कूल की राजनीति में उसका गहराई से प्रवेश है, होमर्क, क्रिकेट की टीम, साइकिल चलाने और पिंग-पोंग में उसका सारा समय जाता है। जब कभी उसे लगता है कि वह कला की उपेक्षा कर रहा है, वह बाँसुरी उठाकर बजाने लगता है, या संगीत में उलझ जाता है या ढोल बजाने लगता है। तीन साल पहले, जब वह एपेंडिक्स के ऑपरेशन के बाद आराम कर रहा था, उसे लेखन में रुचि पैदा हुई। मैंने उसे अपना टाइपराइटर दे दिया। वह बिस्तर में उठकर बैठ गया और सारा दिन दो उँगलियों से टाइप करता रहा। कभी वह किताब से पढ़कर कहानी टाइप करता, फिर अपनी मौलिक रचना लिख डाली। एक कहानी का शीर्षक था–ग्रैन्ड (महान)–यह नाम उसने क्यों लिखा, उसने नहीं बताया, और यह मैं नीचे दे रहा हूँ:

'कुछ समय पहले एक आदमी था और उसका पिता था। वे बहुत

गरीब थे। कोई उनकी मदद नहीं करता था। एक दिन पिता का जन्मदिन आया। उस दिन वह आदमी बहुत अमीर हो गया। फिर उसका बेटा गरीब हो गया। फिर एक दिन उसका चाचा आया। जब चाचा के बेटे का जन्मदिन आया तो उसका चाचा बहुत अमीर हो गया। ''मुझे पैसा दो,'' आदमी ने कहा। तब उसका चाचा बहुत गरीब हो गया। तब पिता ने चाचा से कहा, ''तुम आर.के. नारायण के पास जाओ और उनसे पैसा लो। तब वह भी गरीब हो जायेगा।''

कहानी मुझे अच्छी लगी, क्योंकि यह सम्बन्धों की जटिलताएँ, और मनुष्य के भाग्य के उतार-चढ़ाव बड़े सरल शब्दों में व्यक्त करती है–जो उपन्यास का अच्छा विषय है; इसके अलावा इसमें मेरे नाम का उल्लेख मेरी सच्चाई को भी स्पष्ट करता है। अभी हाल में मैंने उसे उसकी यह रचना दिखायी–आजकल कुछ मिनट के लिए भी उसका ध्यान आकर्षित करना आसान नहीं है, लेकिन जब वह स्कूल से लौट रहा था, तो मैंने उसे गलियारे में ही पकड़ लिया, नहीं तो वह एकदम खेलने निकल जाता। उसने कहानी पर एक नज़र डाली और नजरअन्दाज़ करते हुए कहा, ''यह तो मैंने बहुत पहले लिखी थी, तब मैं बच्चा था। इसे फेंक दीजिये।'' मैंने बताया कि मैं क्यों नहीं फेंक सकता। वह कुछ देर सोचता रहा, फिर बोला, ''वह असली चाचा नहीं है, सिर्फ़ पड़ोस में रहते हैं। वे लोग बर्थडे पार्टियों में बहुत पैसा खर्च करते थे, सैकड़ों आइसक्रीमें खरीदते, मिठाइयाँ और पता नहीं क्या-क्या...और आखिर में उनका सारा पैसा खत्म हो जाता है। उन्हें आपसे पैसे नहीं माँगने चाहिए। वे औरों से जाकर माँगें। कहानी में ये गलतियाँ ठीक कर दें...।''

यह कहकर वह गेट की तरफ़ दौड़ा। जहाँ उसके दोस्त उसका इन्तज़ार कर रहे थे। वहाँ पहुँचकर उसने एक क्षण मेरी तरफ़ देखा और कहा, ''हमने एक क्रिकेट क्लब स्टार्ट कर दिया है और इसका नाम रखा है सी.सी.सी–कॉस्मिक क्रिकेट क्लब।''

❑❑❑

राजपाल एण्ड सन्ज़ की स्थापना एक शताब्दी पूर्व 1912 में लाहौर में हुई थी। आरम्भिक दिनों में अधिकतर धार्मिक, सामाजिक और देश-प्रेम की पुस्तकें प्रकाशित होती थीं और हिन्दी के अतिरिक्त अंग्रेज़ी, उर्दू व पंजाबी भाषा में भी पुस्तकें प्रकाशित की जाती थीं।

1947 में भारत-विभाजन के बाद राजपाल एण्ड सन्ज़ को नए सिरे से दिल्ली में स्थापित किया गया और साहित्यिक पुस्तकों के प्रकाशन का आरम्भ हुआ। रामधारी सिंह दिनकर, महादेवी वर्मा, बच्चन, अज्ञेय, शिवानी, आचार्य चतुरसेन, विष्णु प्रभाकर, राजेन्द्र यादव, मोहन राकेश, रांगेय राघव, कमलेश्वर और अन्य साहित्यिक लेखकों की कृतियाँ यहाँ से प्रकाशित होने लगीं। राजपाल एण्ड सन्ज़ से प्रकाशित *मधुशाला, कुरुक्षेत्र, मानस का हंस, आवारा मसीहा, कितने पाकिस्तान, आषाढ़ का एक दिन* जैसी पुस्तकें हिन्दी साहित्य की 'क्लासिक पुस्तकें' मानी जाती हैं और आज भी लोकप्रियता के शिखर पर हैं। भारत के राष्ट्रपतियों और प्रधानमंत्रियों की पुस्तकें प्रकाशित करने का गौरव भी राजपाल एण्ड सन्ज़ को प्राप्त है। नोबेल पुरस्कार से सम्मानित अर्थशास्त्री डॉ. अमर्त्य सेन की सभी पुस्तकों के हिन्दी अनुवाद यहाँ से प्रकाशित हैं। अन्तरराष्ट्रीय चर्चित पुस्तकों के अनुवाद, विश्वविख्यात कोशकार डॉ. हरदेव बाहरी द्वारा सम्पादित 'राजपाल' शब्दकोशों की शृंखला और किशोरों के लिए सेकड़ों पुस्तकें राजपाल एण्ड सन्ज़ से प्रकाशित हुई हैं।

पाठकों के स्वस्थ और सुरुचिपूर्ण मनोरंजन और ज्ञानवर्धन के लिए समर्पित राजपाल एण्ड सन्ज़ से हिन्दी और अंग्रेज़ी में पुस्तकें प्रकाशित होती हैं जो देश के सभी बड़े पुस्तक-विक्रेताओं और विश्व भर के ऑनलाइन विक्रेताओं के यहाँ उपलब्ध हैं।

राजपाल एण्ड सन्ज़

1590 मदरसा रोड, कश्मीरी गेट, दिल्ली-6, फोन: 011-23869812, 23865483
email: sales@rajpalpublishing.com, facebook: facebook.com/rajpalandsons
website: www.rajpalpublishing.com

आर. के. नारायण की चर्चित पुस्तकें

मालगुडी की कहानियां

अपने उपन्यास 'गाइड' के लिए साहित्य अकादमी पुरस्कार से सम्मानित तथा पद्मविभूषण द्वारा अलंकृत उपन्यासकार आर. के. नारायण विश्वस्तरीय रचनाकार हैं।

'मालगुडी की कहानियां' आर. के. नारायण की अद्भुत व रोचक कहानियों का संकलन है। दक्षिण भारत के अपने प्रिय क्षेत्र मैसूर और चेन्नई में घूमते हुए उन्होंने आधुनिकता और पारंपरिकता के बीच यहाँ-वहाँ ठहरते साधारण चरित्रों को देखा और उन्हें अपने असाधारण कथा-शिल्प के ज़रिये, अपने चरित्र बना लिया। 'मालगुडी के दिन' नाम से दूरदर्शन ने धारावाहिक बनाया जिसे दर्शकों द्वारा बेहद सराहा गया।

ISBN: 9788170287278
पृष्ठ: 248

सभी प्रमुख पुस्तक विक्रेताओं पर उपलब्ध या
इस वेबसाइट से मंगवाएं
www.rajpalpublishing.com

स्वामी और उसके दोस्त

स्वामी एक चुलबुला और शरारती लड़का है जिसका एकमात्र मकसद है अपने दोस्तों के साथ मस्ती करना एवं स्कूल और होमवर्क से पीछा छुड़ाना। लेकिन स्वामी की एक मासूम शरारत उसे मुसीबत में डाल देती है और नौबत यहाँ तक आ जाती है कि उसे घर से भाग जाना पड़ता है....

अपने अनूठे अन्दाज में लिखा आर. के. नारायण का यह उपन्यास उनकी पुस्तक 'मालगुडी की कहानियाँ' की तरह ही अत्यंत मनोरंजक है, जो कभी तो पाठक के चेहरे पर हँसी लाता है और कभी स्वामी का दुःख उसके मन को छू लेता है।

ISBN: 9788170287858
पृष्ठ: 148

सभी प्रमुख पुस्तक विक्रेताओं पर उपलब्ध या
इस वेबसाइट से मंगवाएं
www.rajpalpublishing.com

आर. के. नारायण की चर्चित पुस्तकें

गाइड

आर. के. नारायण उन पहले भारतीय लेखकों में से थे जिनको विश्व-स्तर पर साहित्यिक ख्याति मिली। 'गाइड' उनका सबसे बेहतरीन उपन्यास है जिसे साहित्य अकादमी पुरस्कार मिला।

इस उपन्यास में प्रेम का उत्कर्ष तो है ही, इसमें जीवन के बहुत-से अर्थ खुलकर सामने आते हैं। इसमें उलझी हुई परतों को बहुत ही मार्मिक ढंग से व्यक्त किया गया है।

इस उपन्यास पर इसी नाम से बनी फिल्म की लोकप्रियता आज भी कायम है। आर. के. नारायण का यह उपन्यास बार-बार पढ़े जाने लायक एक क्लासिक रचना है।

ISBN: 9788170287506
पृष्ठ: 160

सभी प्रमुख पुस्तक विक्रेताओं पर उपलब्ध या
इस वेबसाइट से मंगवाएं
www.rajpalpublishing.com

मालगुडी का चलता पुर्ज़ा

इस चुलबुले और रोचक उपन्यास का मुख्य पात्र मार्गेय्या अपने आपको बहुत बड़ा वित्तीय सलाहकार समझता है लेकिन वास्तव में वह एक चलता पुर्ज़ा के अलावा कुछ नहीं जो औरों को सलाह-मशविरा देकर और अनपढ़ किसानों को छोटे-मोटे फार्म बेचकर अपनी अच्छी खासी आमदनी कर लेता है।

ISBN: 9789350640920 पृष्ठ: 192

मालगुडी का मिठाई वाला

साठ साल की उम्र में जगन आज भी अपने-आपको पूरी तरह जवान रखता है और कड़ी मेहनत से अपनी मिठाई की दुकान चलाता है। आराम से चल रही जगन की ज़िंदगी में उथल-पुथल आ जाती है, जब उसका बेटा माली अमरीका से अपनी नवविवाहिता कोरियन पत्नी के साथ मालगुडी आता है और यहां से शुरू होता है दो पीढ़ियों के विचारों के बीच टकराव।

ISBN: 9789350641088 पृष्ठ: 152

प्रमुख स्थानीय व ऑनलाइन पुस्तक विक्रेताओं के यहाँ उपलब्ध या
इस वेबसाइट से मँगवाएँ
www.rajpalpublishing.com

बरगद के पेड़ तले

यह पुस्तक भारत के श्रेष्ठ कहानीकार आर.के. नारायण के प्रिय काल्पनिक नगर मालगुडी की अमूल्य धरोहर में एक अनूठे नग की तरह है जिसमें सौदागर, भिखारी, साधु-सन्त, अध्यापक, चरवाहे, ठग जैसे अलग-अलग चरित्रों की दिलचस्प कहानियाँ हैं।

ISBN: 9789350643570 पृष्ठ: 192

मालगुडी का मेहमान

लेखक आर.के. नारायण ने अपने से मिलता-जुलता एक किरदार रचा है जो बेहद दिलचस्प किस्से-कहानियाँ सुनानेवाला बातूनी है। एक बार उसकी मुलाकात मालगुडी में आये डॉ. रोन से होती है। मेहमान बनकर आये डॉ. रोन मालगुडी की किसी लड़की को बहकाने के चक्कर में हैं। क्या होता है इस सबका अंजाम - पढ़िये इस रोचक उपन्यास में।

ISBN: 9789350642566 पृष्ठ: 112

प्रमुख स्थानीय व ऑनलाइन पुस्तक विक्रेताओं के यहाँ उपलब्ध या
इस वेबसाइट से मँगवाएँ
www.rajpalpublishing.com

आर. के. नारायण की चर्चित पुस्तकें

मालगुडी का प्रिन्टर

मालगुडी का प्रिन्टर सम्पत और श्रीनिवास की कहानी है। सम्पत मालगुडी में एक प्रिंटिंग प्रेस चलाते हैं और श्रीनिवास एक पत्र निकालते हैं, जो सम्पत के प्रेस में छपता है और यहीं से शुरू होती है दोनों की दोस्ती की कहानी जिसमें कई मज़ेदार किस्से, रोचक मोड़ और अजीबोगरीब परिस्थितियाँ आती हैं।

ISBN: 9789350640258 पृष्ठ: 200

नागराज की दुनिया

नागराज के पास रहने को एक बड़ा-सा घर है और करने को सिर्फ मनपसन्द काम। पर उनकी शांत जिंदगी में तब उथल-पुथल मच जाती है जब उनका भतीजा टिम वहाँ रहने आ जाता है। उसकी रहस्यमयी हरकतें नागराज और उसकी पत्नी की समझ से परे हैं। इसी कड़ी में एक-एक कर अनेक दिलचस्प घटनाएँ घटती हैं इस उपन्यास में....

ISBN: 9788170289197 पृष्ठ: 172

प्रमुख स्थानीय व ऑनलाइन पुस्तक विक्रेताओं के यहाँ उपलब्ध या
इस वेबसाइट से मँगवाएँ

www.rajpalpublishing.com

आर. के. नारायण की चर्चित पुस्तकें

मिस्टर बी. ए.

इस उपन्यास की कहानी चन्द्रन नाम के एक युवक पर केन्द्रित है जिसने बी.ए. पास कर लिया है और जिसे अब यह तय करना है कि जीवन में आगे क्या किया जाये? दिलचस्प विषय के साथ ही किरदारों के जीवंत चित्रण और जगह-जगह हास्य के तड़के से उपन्यास बहुत रोचक बन गया है।...

ISBN: 9788170289135 पृष्ठ: 136

इंग्लिश टीचर

काल्पनिक नगर मालगुडी पर आधारित यह रोचक उपन्यास कहीं न कहीं लेखक आर.के. नारायण के जीवन से प्रेरित है। कहानी का मुख्य पात्र कृष्ण एक कॉलेज में प्राध्यापक है और उसकी पत्नी व बेटी उसके माता-पिता के पास रहती हैं। फिर अवसर मिलता है सारे परिवार को साथ रहने का, लेकिन विवाहित जीवन का आनन्द कृष्ण कुछ ही दिन तक भोग पाता है और....

ISBN: 9788170287896 पृष्ठ: 188

प्रमुख स्थानीय व ऑनलाइन पुस्तक विक्रेताओं के यहाँ उपलब्ध या
इस वेबसाइट से मँगवाएँ
www.rajpalpublishing.com

महात्मा का इंतज़ार

महात्मा गांधी और उनके राष्ट्रीय आन्दोलन की कहानी के साथ यह दो युवा दिलों की प्रेम कहानी है। दोनों प्रेमी अपनी चाहत को तब तक दबाये रखते हैं जब तक स्वतंत्रता के लिए संघर्ष पूरा नहीं हो जाता। वर्षों चले इस इन्तज़ार में उन्हें किन-किन मुसीबतों से गुज़रना पड़ता है इसका बेहद रोमांचक वर्णन करता है यह उपन्यास....

ISBN: 9788170288787 पृष्ठ: 192

पेन्टर की प्रेम कहानी

उपन्यास की कहानी पेन्टर रमन की है। एक दिन उसके जीवन में डेज़ी नाम की युवती आती है। रमन डेज़ी के सौन्दर्य के मायाजाल में फँसता जाता है। क्या होता है इस अनूठी प्रेम कहानी का अंजाम जानिये इस उपन्यास में...

ISBN: 9789350640159 पृष्ठ: 152

प्रमुख स्थानीय व ऑनलाइन पुस्तक विक्रेताओं के यहाँ उपलब्ध या इस वेबसाइट से मँगवाएँ

www.rajpalpublishing.com

मालगुडी का आदमखोर

उपन्यास का मूल कथानक नटराज और उसके मकान पर कब्ज़ा जमाने वाले वासु के इर्द-गिर्द घूमता है। दोनों के बीच की तकरार और अन्य पात्रों का चुटीला संवाद पाठकों को हँसी के समंदर में गोते लगाने को मजबूर कर देता है। हास्य और गंभीरता के चरम का ऐसा मेल और कहीं मिलना मुश्किल है....

ISBN: 9788170288688   पृष्ठ: 192

डार्क रूम

इस उपन्यास में पति-पत्नी के बनते-बिगड़ते सम्बन्धों का बहुत ही मार्मिक और हृदयस्पर्शी चित्रण किया गया है।

ISBN: 9788170288114   पृष्ठ: 128

प्रमुख स्थानीय व ऑनलाइन पुस्तक विक्रेताओं के यहाँ उपलब्ध या इस वेबसाइट से मँगवाएँ

www.rajpalpublishing.com

www.ingramcontent.com/pod-product-compliance
Lightning Source LLC
LaVergne TN
LVHW040015200726
843493LV00005B/1275